〔英〕亨利·布拉德利 著
王艳霞 译

# 哥特王国史

## THE STORY OF THE GOTHS

FROM THE EARLIEST
TO THE END OF
THE GOTHIC DOMINION
IN SPAIN

图书在版编目（CIP）数据

哥特王国史 /（英）亨利·布拉德利著；王艳霞译. -- 北京：华文出版社，2020.1

（华文全球史）

ISBN 978-7-5075-5250-8

Ⅰ.①哥… Ⅱ.①亨… ②王… Ⅲ.①西哥特王国—历史②东哥特王国—历史 Ⅳ.①K546.31

中国版本图书馆CIP数据核字(2019)第298894号

## 哥特王国史

作　　者：[英] 亨利·布拉德利
译　　者：王艳霞
选题策划：盛世华章
插图供应：029—85504182
责任编辑：李艳芬
出版发行：华文出版社
社　　址：北京市西城区广外大街305号8区2号楼
邮政编码：100055
网　　址：http：//www.hwcbs.com.cn
电　　话：总编室010—58336239
　　　　　发行部010—58336212
经　　销：新华书店
印　　刷：三河市国英印务有限公司
开　　本：710×1000　1/16
印　　张：31.25
字　　数：420千字
版　　次：2020年1月第1版
印　　次：2020年1月第1次印刷
标准书号：ISBN 978-7-5075-5250-8
定　　价：105.00元

版权所有　侵权必究

# 出版前言

随着中国开放的大门越开越大,关注世界各国尤其是西方国家文明的源流、发展和未来已经成为当下世界史研究的一个热点,为了成系统地推出一套强调"史源性"且在现有世界史出版物中具有拾遗补阙价值的作品,我们经过认真论证,推出了"华文全球史"系列,首次出版约为一百个品种。

"华文全球史"系列从书目选择到人名地名的规范,从书稿中图片的采用到译者的确定,都有比较严格的遴选规定、编审要求和成稿检查,目的就是要奉献给读者一套具有学术性、权威性的高质量的世界史系列图书。

书目的选择。本系列图书重视世界史学科建设,视角宽阔,层级明晰,数量均衡,有所突出。计划出版的华文全球史中,既有通史,也有专题史,还有回忆录,基本上是世界历史著作中的上乘之作,同时填补了国内同类作品出版的空白。

人名地名规范。本系列图书中人名地名,译名规范,重视专业性。在人名翻译方面,我们坚持"姓名皆全"的原则,加大考据力度,从而实现了有姓必有名,有名必有姓,方便了读者的使用。在注释方面,书中既有原书注,完整地保留了原著中的注释;也有译者注,体现了译者的研究性成果。

书中的插图。本系列图书的一个重要特征是书中都有功能性插图,这些插图全方位、多层次、宽视角反映当时重大历史事件,或与事件的场景密切相关,涉及政治、军事、经济、社会、外交、人物、地理、民俗、生活等方面的绘画作品与摄影作品。功能性插图与文字结合,赋予文字视觉的艺术,丰富了文字的内涵。

译者的确定。本系列图书的翻译主要凭借的是一个以大学教师为主的翻译团队,团队中不乏知名教授和相关领域的资深人士。他们治学严谨,译笔优美,为确保质量奉献良多。

"华文全球史"系列作为一套具有较高学术价值的优秀的世界历史丛书,对增加读者的知识,开阔读者的视野,具有积极的意义。同时要看到,一方面很多西方历史学家的观点符合事实,另一方面不少西方历史学家的观点是错误的,对于这些,我们希望读者不要不加分析地全盘接受或全盘否定,而是要批判地吸收外国文化中有益的东西。

华文出版社<br>2019年8月

# 序 言

据我所知，本书是用英语写哥特人历史的首部著作。哥特人未能在文学作品中留下浓墨重彩的一笔，这着实令人诧异，却也是不争的事实。想要弥补这一缺憾远非我能力所及。也许有朝一日，会有学富五车的人能将哥特人的历史用英文进行完整叙述。在期许之余，我只愿这部简史能经得住考验，证明其有存在的价值。我始终恪守还原历史本色之心，力求语言简洁。这也是编写本书的初衷，即预设读者是对通史几乎一无所知之人，而非满腹经纶的学者。

专家学者如果偶然读到此书，或许能看出来我曾阅读大部分原始资料。因为时刻谨记"一知半解"造成的危害，所以为避免疏漏，我尽量不发表未经至少一位享有声望的学者论证过的观点。

我要对以下英国作家表达我诚挚的谢意。首先是爱德华·吉本。我曾将爱德华·吉本的名著中的一小部分内容与相应的史料进行对比，从中受到了很多的启发。因此，我不得不赞叹爱德华·吉本的伟大之处。同时，我也从托马斯·霍奇金先生及其著作《意大利及其入侵者》，以及爱德华·奥古斯都·弗里曼写的大量文章中获益匪浅。在外国作家中，我最主要的引路人是费利克斯·达恩。此外，我还借鉴了贝塞尔、乔治·魏茨、约瑟夫·阿施巴赫、约翰·卡什帕·弗里德里希·曼索和伦布克等人的作品。因为只是参考了上述著作中某些知识点，故书名便不再一一赘述。因为如果缺乏详尽的解释，仅看这些书名，或许还会对读者造成误导。

亨利·布拉德利

于伦敦

# 目 录

001 **第 1 章**
哥特人的发源地

021 **第 2 章**
从波罗的海到多瑙河

031 **第 3 章**
亚洲和希腊的血雨腥风

043 **第 4 章**
哥特人与君士坦丁大帝的战争

051 **第 5 章**
哥特人的"亚历山大大帝"

061 **第 6 章**
西哥特人的"判官"

071 **第 7 章**
哥特使徒

| 083 | 第 8 章 |
| --- | --- |
| | 阿德里亚堡战役 |

| 095 | 第 9 章 |
| --- | --- |
| | 哥特人与狄奥多西大帝 |

| 103 | 第 10 章 |
| --- | --- |
| | 巴尔的斯家族的阿拉里克 |

| 125 | 第 11 章 |
| --- | --- |
| | 阿陶尔福国王与来自罗马的王后 |

| 137 | 第 12 章 |
| --- | --- |
| | 图卢兹王国及卡塔劳温战役 |

| 167 | 第 13 章 |
| --- | --- |
| | 西罗马帝国的覆灭 |

| 177 | 第 14 章 |
| --- | --- |
| | 早年的狄奥多里克 |

| 185 | 第 15 章 |
| --- | --- |
| | 两个"狄奥多里克" |

| 195 | 第 16 章 |
| --- | --- |
| | 维罗那大战及东哥特人攻占意大利 |

| 203 | 第 17 章 |
| --- | --- |
| | 狄奥多里克大帝的治国智慧 |

| 223 | 第 18 章 |
| --- | --- |
| | 狄奥多里克大帝与邻邦的恩怨 |

| | |
|---|---|
| 235 | **第 19 章**<br>狄奥多里克大帝的昏聩统治 |
| 245 | **第 20 章**<br>摄政太后阿玛拉逊莎 |
| 259 | **第 21 章**<br>不像国王的国王 |
| 271 | **第 22 章**<br>准备不周的维蒂吉斯及罗马围城战 |
| 285 | **第 23 章**<br>长达一年的罗马围城战 |
| 309 | **第 24 章**<br>隐匿幕后的维蒂吉斯 |
| 321 | **第 25 章**<br>东哥特人痛失拉韦纳 |
| 331 | **第 26 章**<br>东哥特人重获大捷 |
| 343 | **第 27 章**<br>贝利撒留落败 |
| 355 | **第 28 章**<br>东哥特王国的覆灭 |
| 373 | **第 29 章**<br>再谈西哥特人 |

| | | |
|---|---|---|
| 387 | **第 30 章** | |
| | 利奥维吉尔德及众子嗣 | |

| | | |
|---|---|---|
| 399 | **第 31 章** | |
| | 西哥特人皈依天主教 | |

| | | |
|---|---|---|
| 409 | **第 32 章** | |
| | 教会支配的王国 | |

| | | |
|---|---|---|
| 425 | **第 33 章** | |
| | 万巴国王 | |

| | | |
|---|---|---|
| 435 | **第 34 章** | |
| | 衰退的三十年 | |

| | | |
|---|---|---|
| 447 | **第 35 章** | |
| | 西哥特王国覆灭 | |

| | | |
|---|---|---|
| 455 | **第 36 章** | |
| | 不复存在的民族 | |

| | | |
|---|---|---|
| 463 | **附　录** | |
| | 有关哥特人名 | |

| | | |
|---|---|---|
| 469 | **译名对照表** | |

# 第1章
# 哥特人的发源地

**精彩看点**

哥特人初印象——哥特人的故事值得一提的原因——哥特人与格皮特人——哥特人的亲族——哥特人的外貌——哥特人的民族特性——哥特人的生活方式及政体——哥特人是异教徒——如尼字母——哥特人与盖塔人——迁离波罗的海

早在耶稣出生的三百年前，皮西亚斯①，一个来自希腊殖民地马赛的探险家，便向文明世界宣告了歌德人（Guttones）的存在。歌德人居住在维斯图拉潟湖附近被称作"东普鲁士"的地方，并且买卖产自波罗的海岸边的琥珀②。在之后的四百年的时间里，这些波罗的海海岸边的琥珀商人仿佛销声匿迹了。根据公元79年去世的罗马作家老普林尼的说法，老普林尼在世时歌德人仍活跃于东普鲁士。当又过了一代人的时间后，罗马最杰出的历史学家塔西佗曾两次提及歌德人。塔西佗对"歌德人"的拼写不同于前人。他将之拼写为"Gotones"，而非前文提及的"Guttones"。

在自己一本关于日耳曼人的书中，塔西佗以一种很难翻译成英文的、单刀直入的方式写道："利吉尼亚人与歌德人比邻而居。当时歌德首领拥有的权力已然比其他日耳曼各民族的首领的权力要大很多，不过歌德首领的权力还没有大到能够一手遮天的程度。"此外，根据塔西佗的《编年史》记载，歌德人曾经庇护过另外一个日耳曼部落的首领之子，这个首领之子因不敌外来侵略者而

---

① 皮西亚斯，希腊航海家，是第一个到访并向世人宣告发现西班牙、法国及不列颠岛海岸的希腊人。——译者注
② 书中前两句话一直备受质疑，伟大的德国学者卡尔·穆伦霍夫认为"Guttones"一词是老普林尼引用皮西亚斯的故事时发生的错译。卡尔·穆伦霍夫还声称皮西亚斯当年谈及的民族其实是居住在易北河河口的条顿人，但我们认为这种推测尚缺乏论证。——原注

被赶出了自己的部落。塔西佗让我们了解到颇多关于古日耳曼人的趣事,但涉及歌德人的只有以上两处。如果塔西佗能够预料到这支位于偏远之地、貌似默默无闻的部落的最终命运,那么我们确定歌德人将会引起他的更大的关注,因为歌德人正是日后声名远扬的哥特人。几个世纪后,哥特人将部落首领推上了罗马至高无上的宝座,同时将哥特人的法律施用于包括从亚得里亚海至西海<sup>①</sup>的整个欧洲南部。

塔西佗

---

① 因东哥特王国濒临亚得里亚海,西哥特王国濒临西地中海,故推测文中西海指西地中海,所指区域即亚得里亚海沿岸的意大利到西地中海沿岸的西班牙。——译者注

恺撒大帝

　　本书讲的正是哥特人的故事。故事从最初籍籍无名地居住于波罗的海及维斯瓦河附近的"北方发源地"时期的哥特人讲起，一直到哥特人的独立历史融入南方诸国的历史中为止。哥特人曾战胜过南方诸国，南方诸国最终却同化了哥特人。从许多方面来讲，哥特人的经历与其他在历史上享有同样声誉的王国大相径庭。从塔西佗在世时期算起到之后的三百年中，关于哥特人的历史记载充斥着野蛮杀戮及掠夺的沉闷色彩。再往后一个世纪，哥特人成了欧洲最强大的族群。在哥特人的两个领袖中，有一人坐上了由恺撒大帝①奠基的王座，

---

① 恺撒大帝，罗马共和国独裁者、政治家、将军，同时是一位杰出的拉丁散文家，颠覆罗马共和国、缔造罗马帝国的关键人物。——译者注

加冕为王,成为意大利历史上施行仁政的一代明君。另一人则统治了西班牙及高卢地区最富饶的区域。二百五十年后,东西哥特王国均已覆灭,哥特人也退出了历史舞台,无迹可寻。我们讲的故事中亦缺乏其他大部分民族史里让人们感兴趣的很多元素。在文学方面,哥特人给后人留下的唯有零星的《圣经》译作。哥特人讲述的关于上帝和英雄事迹的传奇几乎全部失传,甚至当我们想去了解关于哥特人的那段短暂而又辉煌的历史时,也只能去参考一些对历史一知半解的作家书写的内容,而这些书中并未提及我们真正想去了解的关于哥特人的大量的史料。然而,哥特人的历史本身是极具吸引力的。纵观历史长河,哥特人能够迅速崛起,到达权力顶峰,继而又突然坠入悲剧般的覆灭,这种剧烈的变化让人扼腕叹息。后人该永世铭记我们讲的哥特人故事中的主人公的高贵品格和事迹。本书中记载的事迹曾影响了整个文明世界的发展。哥特人的历史

迁徙中的哥特人

哥特战士

也是意大利、法国及西班牙历史的一部分，因此，哥特人的历史的重要性不言而喻。而对以英语为母语的人来说，哥特人的历史也别有深意，因为从某种程度来讲，哥特人是我们的近亲民族。我们民族是由多民族融合而来的，这是不争的事实，但从很大程度上讲我们是日耳曼人的后代，我们的语言也来自日耳曼人。哥特人也是日耳曼人的一个分支。通过乌尔菲拉斯主教翻译的《哥特圣经》，读者可以发现哥特人的语言与最古老的英语非常相似，但更像瑞典人和挪威人的祖先讲的语言。公元1世纪，毫无疑问，日耳曼各部族之间的语言是相通的，但即便如此，当时肯定还有各种不同方言的存在。这些差异随着时间的流逝变得日益显著。现在看来，因为《哥特圣经》比当时其他方言所著书籍要早几百年问世，所以《哥特圣经》无疑是一个非常重要的线索，它可以帮助我们探索古日耳曼语在演变成为现在我们称之为英语、德语、荷兰语、瑞典语和丹麦语等不同语言之前的原貌是什么。也正因如此，研究消失已久的哥特语能够让研究英语词汇起源和英语语法规则的学者受益匪浅。

除《哥特圣经》外，另有两到三篇用哥特语书写的短篇文本。其中一篇是不完整的历法节选，包含了"Gut-thiuda"这个词，也就是"哥特人"的意思。"thiuda"这个词与古英语中"théod"一词相同，意为"人"。借助"Gut-thiuda"这个合成词及其他证据，我们也许能推断出依据罗马传统将哥特人的名称拼写为"Goths"的这个词或许本该拼写为"Gutans"，单数形式为"Guta"。①

如同其他民族的称谓一样，"Gut-thiuda"一词最初肯定蕴含着某种含义，但具体含义已不得而知。通常，有说法认为哥特人的名称"Goths"一词与上帝"God"（哥特语中拼写为"guth"）一词有某种关联。我们有理由相信一个古老的民族很有可能会称自己为"上帝的崇拜者"，但即便提出"哥特人名称与上帝一词相关"这一非常有趣的说法的是史上最伟大的学者之一的雅各布·格林，现在我们也能够确定这种说法是错误的。现在，人们普遍认为"Gutans"一词的含义是"出身高贵"。

公元200年左右，哥特人生活在黑海北岸。他们分裂成了两个分支，即瑟维宁斯与格兰特斯。在历史上，这两个分支还拥有更加为人熟知的称谓：瑟维宁斯也被称作维斯哥特，又名西哥特；格兰特斯也被称作奥托哥特，又名东哥特。这种以方位命名的方式起初是为了划分当时两个分支各自占领的领地，即两个分支当时各自位于德涅斯特河的东侧与西侧。无巧不成书，以东西方位来命名哥特人两个分支的方法一直适用且贯穿于整个哥特历史。哥特人征服了欧洲南部后，维斯哥特人一路向西迁徙，最终到达高卢和西班牙地区。奥托哥特

---

① 从严格意义上讲，"Gut-thiuda"一词实际上是从更早期的"Gutos"（单数"Guts"）一词演变而来的，但随着历史进程的发展，主要以"Gut-thiuda"这个合成词形式使用。——原注

西哥特人

人则定居在了意大利。从严格意义上讲,"Goths"这个词也许就是代指当时的瑟维宁斯人与格兰特斯人所处历史时期的哥特人。除上文提到过的两个分支外,还有第三个分支——格皮特人。维斯哥特与奥托哥特人认为,严格来说,格皮特人不算是哥特人,但无论如何格皮特人也是与哥特人血缘关系最近的一个分支,而且曾与哥特人一起建立了国家。哥特历史学家约旦尼斯[①]用一则奇异的故事讲述了格皮特人的起源,他也许是在远古时期的一些传唱度很高的民谣中获得的线索。约旦尼斯认为哥特人最初的家园是斯堪尼亚岛,即斯堪的纳维亚半岛,哥特人是在一个叫贝里格的首领的领导下,乘坐三艘船抵达欧洲大陆的。其中一艘大型帆船抵达的时间远远晚于其他两艘船。也正因如此,这艘抵达时间较晚的船上的人被称为格皮特人。"格皮特"源于一个哥特词语"gepanta",意为缓慢。当然,"格皮特"的真实含义并非如此,这只是哥特人

---

① 也许是意大利克罗托纳的主教。——原注

货币上的格皮特人

在戏谑格皮特人罢了。根据约旦尼斯的形容,格皮特人身材高大而智力不高。事实上,格皮特人在向南迁徙的征程中确实落后于哥特人。

哥特人是否来自斯堪的纳维亚半岛,这是一个争议很久的问题。一个族群的歌谣中有关体现该族群来历的内容不该被轻易忽视。此外,毋庸置疑的是,哥特人曾在波罗的海的南北海岸居住过,但除了传说,再无其他证据能支撑这种说法。的确,位于瑞典南部的一个地区依然被称作哥特兰岛,可作为这个地区名称由来的耶阿特人①与哥特人并非同类。但毫无疑问,二者之间存在某种关系。这座位于波罗的海海域的哥特兰岛在古时被称作哥德兰岛。严格说来,

---

① 盎格鲁-撒克逊人则用"Géatas"一词来称呼耶阿特人。——原注

盎格鲁-撒克逊人

这似乎预示着该岛的早期居住民的确是哥特人。此外，根据挪威人的传说及盎格鲁-撒克逊人的诗篇，北欧的日德兰半岛在古时曾被哥特人的一个分支占据过，这个分支被后世称作赫瑞哥特，又名赖德哥特。

哥特人同期存在的还有其他许多较小的部族，诸如赫鲁利人、斯克里安人、鲁吉人及特斯林人等。这些小部族曾与哥特人一道南下，具体是臣服于哥特人还是作为哥特人的同盟不得而知。值得一提的是，文中列举的这些小部族与哥特人的相似度远远高于日耳曼数量众多的其他分支部族。此外，伟大的汪达尔人最初分布在哥特人西侧，两族人毗邻而居。几乎是在哥特人南下的同一时期，汪达尔人选择了与哥特人不同的道路，从波罗的海一路行进至多瑙河河岸。汪达尔人为之后的历史添上了浓墨重彩的一笔，扮演了举足轻重的角色。曾有罗马作家称，在语言、法律及习俗方面，汪达尔人与哥特人均如出一辙。罗马人经常会混淆二者，并且总是将所有曾向南发起攻势的日耳曼人各部族统称

汪达尔人

狄奥多西一世

为哥特人。在本书中,我们主要关注维斯哥特与奥托哥特人命运的跌宕起伏。至于其他部族,本书只会在必要时顺便提及。

史料中记载的哥特人通常身材高大、体格健壮、肤色较浅、金发碧眼。在现代社会,瑞典人比其他国家的人都更符合上述特征。为了纪念父亲狄奥多西一世,阿卡迪乌斯大帝曾在君士坦丁堡建造了一个叫"历史风云柱"的雕塑,雕塑上刻画了一场凯旋游行,从中可以看到很多哥特人俘虏。①从这个雕塑中,我们可以了解有关哥特人的服饰及外貌特征。

哥特人通常身穿缠着腰带的短款束腰外衣。外衣是大翻领,袖偏短。内

---

① "历史风云柱"的雕塑在两百年前就已被损毁,但关于雕塑内容的高仿真临摹画被收录在班杜里的《东方帝国》之中。——原注

搭服饰较长，直达膝盖。哥特人的裤子长短不一，有的到达脚踝处，有的刚刚没过膝盖。史上最后谈及哥特人服饰的文章的主要目的是将哥特人与光腿的罗马人区分开来。雕塑中可以看到一位坐在牛车上、由两名侍者随身伺候、身份或许是国王或许是首领的人。尽管他的穿着与其他俘虏非常相似，但这个国王或首领的衣领及束腰外套的裙边剪裁非常讲究，颇具装饰效果，由此来体现他的身份地位较高。雕塑中所有人都留长鬈发，蓄长须。除个别未戴帽子的人，其他人都戴着造型奇异的帽子。游行队伍中的有些哥特人似乎并不是俘虏，而是为罗马人服役的后备军。这些哥特人身上没有任何受辱的痕迹，而且很多人穿着罗马盔甲。后备军的领导骑在马背上，衣着与其他沦为俘虏的哥特同胞相似，唯独多了一件长款皮质斗篷。而长款皮质斗篷是哥特人的标志性服饰，这是尽人皆知的。女性俘虏均穿着覆盖住腿部的长袍。有些女性裹着头巾；有些则没有佩戴任何饰品，披散着一头长发。我们完全可以相信，这幅颇有趣味的雕像呈现出的内容准确性很高，因为到4世纪末，君士坦丁堡的居民已经非常了解哥特人了。

　　哥特人拥有很多令对手都常常心服口服的高贵品质。历史中大量的事件能充分说明这一点。哥特人果敢刚毅、慷慨无私、不惧贫苦、百折不挠，对家人情深义重、忠贞不贰。罗马作家抨击哥特人未能恪守条约。文明化的民族通常乐于指责荒蛮民族失信于某项所谓的条约，而荒蛮民族往往有足够的理由予以驳斥。在最初的较量中，为了取得胜利，哥特人的确有些残暴，但纵观哥特人的历史，最熠熠生辉的却是哥特人对待战败部族时表现出的人道精神与公平正义。此外，大量史实证明，罗马人为了躲避统治者的残暴镇压，宁愿向施行仁政的哥特人寻求庇护。然而，史料证明，直到信奉基督教后，原本荒蛮的哥特人才逐渐显露出温和的品性。信奉基督教无疑对哥特人的性格产生了深远的影响，就连原本痛恨哥特人、斥责哥特人为外来侵略者和异教徒的罗马牧师，也不得不承认这些所谓野蛮人比罗马人更加恪守《福音书》里规定的各项清规戒律。

日耳曼人

　　到目前为止，没有关于哥特人住在波罗的海附近古老家园时的社会风貌的描写。或许，当时社会的主要特征与塔西佗描述的其他日耳曼人的社会特征相似。通过整合塔西佗提供的信息和后期了解到的关于哥特人习俗及制度的内容，我们大致能推断出哥特人在南下征战之前的生活方式。我们能够推测出哥特人当年并非生活在城市或者村落，而是散布在森林中和平原上的一些居住地。在奴隶及战争中擒获的战俘后代的帮助下，哥特人开垦土地，使每片居住地都辟有农田。哥特人并非主要依靠农作物维持生计，而是主要依赖广袤土地上放养的规模庞大的牛群。哥特人主要饮用蜂蜜酒和啤酒，而且毫无疑问，哥特人和其他日耳曼人一样经常酗酒。在宴会上，哥特人会高歌娱乐，吟唱过往岁月中享有盛誉的英雄事迹。每当月初，各个地区的男性会在户外聚集，执行审判及制定法律。偶尔，所有族人亦会聚集在一起商讨重大事宜，诸如战争或和平。部族首领按照民意遴选产生，主要来自两大家族：阿马林斯家族和巴尔的斯家族。据说阿马林斯家族的祖先是一位因为各种英雄事迹被称为"阿玛拉"，即"强者"的枭雄。"巴尔的斯"一词与英语中"大胆"一词出处一致。我在后文中会用大篇幅讲述这享有盛名的两大家族的故事，因为阿马林斯家族后来成为奥托哥特的王族，而维斯哥特则从巴尔的斯家族成员中选择自己的首领。

我们几乎无从得知哥特人在荒蛮岁月中信奉的是什么宗教。哥特人本土的历史学家认为哥特人曾一度信奉被称为"安塞斯"的存在。"Anses"（安塞斯）一词其实就是指"AEsir"（阿萨神族）一词，即"Ass"（阿斯）或"Ans"（安斯）的复数形式。阿萨神族是斯堪的纳维亚人在本民族神话中对于无上之神的称呼。诚然，没有远古时期的作家曾提及关于哥特人之神的半点儿信息，但我们有理由相信他们主要信奉的神灵中肯定有被称为"古希腊罗马神话中的孪生神灵"的卡斯托尔与波吕克斯。而且我们确信，如同日耳曼人的其他分支一样，哥特人也崇拜盎格鲁-撒克逊的至高之神，即风暴之神奥丁。奥丁也被认为是启迪诗情及智慧之神。毫无疑问，哥特人信奉的另一个神灵是日耳曼神话中的主神提尔。提尔的名字预示着提尔曾与帝乌斯、宙斯和朱庇特一样，是印欧人、希腊人和罗马人的天神。此外，提尔还是日耳曼士兵在战争中寻求庇佑的神灵。或许，即使我们无从知晓哥特人如何称呼这太阳神和雷神，但哥特人有可能还信奉这二神。斯堪的纳维亚人将太阳神与雷神分别称作巴尔德尔和扫罗。有证据显示，"哈里亚"一词在《哥特圣经》里原指"地狱"，最初应该是地狱女神的名字。至于诸神中究竟谁的地位更高，以及人们当时还信奉哪些神，都已是无法解开的历史谜团了。人们将高高坐落于战车之上的"神

风暴之神奥丁

像"——非完整神像,而是由类似人头形状覆盖的柱子——带往各处供奉。祭品有浸过酒的动物,据说有时也有人类被作为祭品供在祭坛上。但关于人类祭品的说法是否属实,我们不得而知。在哥特神庙中侍奉神灵的既有男牧师,也有女牧师。因战争迁移的途中,哥特人通常用帐篷搭起临时神庙。关于哥特人在信奉基督教之前的信仰状况,我们的了解仅局限于此。因为当哥特人开始信奉基督教之后,基督教的牧师竭尽全力想要抹除掉哥特人关于早期信仰的记忆,而最终基督教牧师们也如愿了。

关于哥特人早期的生活状况还有一个有趣的事实。哥特人拥有自己的一套字母表，其中的字母被称为"如尼字母"。但我们并不能因此妄断哥特人当时有适用于广泛传播的文字，因为哥特人在荒蛮时代用的书写材料无非是很不方便的木板和木棒。哥特人正是用这些木头介质来刻印碑文，但不能因此就说大部分哥特人能够阅读和书写。"如尼字母"一词的字面意思是"秘密"或"神秘"。当时的人们对书写怀有一种神秘的敬畏感，认为书写是一种近乎奇迹般的天赋。很有可能当时只有神职人员或者一些有学问的人才能接触到关于书写的知识。哥特人当时用如尼字母在逝去的英雄们的墓碑上题名，同时在英雄们的刀剑和宝石上刻上主人的名字。哥特人中的一些智者会书写一些巫术符咒并将其悬挂在人们家中来辟邪和祈福。有时，人们会将新制定的法律刻在木头或石头上传给后人。首领之间会互传书信来商讨一些事关重大、不宜说出来的问题。我们几乎可以肯定这些书信都是简短而精练的。诗人们也会时不时地请求懂如尼字母的人将自己的某首诗歌记录下来。也许在历史记载中，还有一些措辞相对粗暴的内容，譬如我们能在那部简短记录历史事件的《撒克逊编年体史书》的开篇章节中读到"某个王去世，之后某某人被立为王，哥特人与格皮特人大战。格皮特人战败，尸横遍野。某位首领被杀"之类的内容。然而，上述关于哥特人文字使用的内容仅仅是猜测，因为只有一块或两块哥特碑文被保存下来，而且是非常简短的碑文。哥特人将如尼字母表传给了居住在波罗的海附近的其他亲族。斯堪的纳维亚半岛、冰岛及不列颠群岛的数百处墓碑和纪念柱上也都发现了如尼字母。如尼字母中的"P"和"p"两个字符被古英语吸收来表达字母组合"th"及字母"w"的发音，因为这两个音在罗马字母表中找不到对应的表达方式。当人们用"ye"替代定冠词"the"，或者用"yt"替代指示代词"that"时——目前英国人仍会用到这两种替换方式——实际上就是在使用两千多年前荒蛮的哥特人使用的如尼字母。1838年，在罗马尼亚首都布加勒斯特附近，一座异教神殿中的断壁残垣里出土了一条金项链。这条金项链上的刻文便是哥特如尼字母。哥特人早在4世纪时便居住在布加勒斯特城。

一些学者认为刻在金项链上的内容是"哥特-阿诺姆海拉格",蕴含着"哥特神圣珍宝"的意思①。

毋庸置疑的是,这些字母并非由哥特人发明。至于哥特人究竟是如何掌握了这些字母,一直存在着巨大的争议。如果我们将最古老的如尼字母与拉丁字母,或者与拉丁字母很相似的早期希腊字母进行对比,那么一看便知很多如尼字母字符其实都是拉丁或古希腊字符,只是稍加改动以便能够以更便捷的方式雕刻在木头上。学者们普遍认为如尼字母起源于拉丁文,但各种证据显示如尼字母最早是在没有受到罗马影响的边远东北部地区开始使用的。我们倾向于艾萨克·泰勒博士的观点,即如尼字母是在黑海西北海岸的一些地区使用的古希腊字母的变体。但我们无法考证居住在离这些殖民地六百英里②以外的哥特人究竟是如何掌握了这些字母的,以及是什么原因导致字母的读音发生了变化。

在本章结束之前,我还必须提及一些内容,因为这些内容会影响我们对于后续内容的某些理解。远古时期,居住在多瑙河河口北面的部族被称为"盖塔"(Getes),拉丁文书写为"Getæ"。关于盖塔人,也许你曾有耳闻,当年盖乌斯·屋大维·图里努斯曾将古罗马诗人奥维德逐出罗马,并且放逐他与盖塔人一起生活。3世纪时,哥特人出现并开始在盖塔人的土地上生存,在某种程度上还与当地居民进行了民族融合。罗马人由此推断哥特人与盖塔人本是同一族群,只是命名不同,甚至说二者本拥有同一个名称,只是发音不同而已。即便是身为哥特历史学家的约旦尼斯也曾将著作命名为《盖塔史》,而且将哥特人的传说与曾在书中读到的关于盖塔人的故事融合在一起。一些伟大的现代学者也曾致力于论证盖塔人就是哥特人,以及哥特人的最早居住地遍及波罗的海至黑海的全部地域。然而,目前最具才能的权威人士认为"盖塔人是哥特人"

---

① 在近期的临摹中,第一个词看起来像是"GUTANIOWI",具体含义不得而知,也许是指某位神灵的姓名。——原注
② 英里,英制长度单位,一英里约合一千六百零九米。——译者注

的说法是错误的。权威人士称,在当年迁徙至多瑙河地域时,哥特人是与一支来自其他种族且所讲语言也与哥特人截然不同的种族定居在一起的。

除非有一种可能性,即地理学家克劳迪乌斯·托勒密的消息是未经考证、全凭剽窃前人信息所得,否则公元2世纪中叶,"吉通人",即哥特人,仍然居住在维斯图拉潟湖东岸沿线。不久后,哥特人开始了恢宏的南迁征程。他们古老的家园亦几经易主,最终被斯拉夫人和立陶宛人的分支占领。

# 第2章
# 从波罗的海到多瑙河

**精彩看点**

哥特人为何南迁——游牧的传统——奥斯特哥特——与罗马人最初的恩怨——克尼瓦首领的胜利——一支罗马军队的覆灭——罗马皇帝加卢斯破财消灾

一个部族放弃了居住数百年的家园并踏上迁徙的征程，这与诸如匈人和鞑靼人的游牧是完全不同的。虽然哥特人只是蛮族，但他们对自己故土的影响远不及对另外一个文明社会——罗马帝国的影响那么错综复杂又意义深远，且哥特人经常长途跋涉去抢夺战利品或者攻击周围其他部族。即便如此，当哥特人决定放弃古老的家园，去遥远未知的地方寻找新家园时，他们肯定也曾反复权衡思量过，而且肯定有某种极具诱惑力的原因使哥特人最终下定了决心。至于究竟是什么原因，我们也只能猜测而已。人们通常认为哥特人并不是因受到更强大的邻邦侵略驱逐而南迁，因为后来占据了波罗的海沿岸的部族在战斗力方面似乎比哥特人逊色很多。哥特人南迁最有可能的原因是：随着哥特人口的自然增长、农作物歉收或者瘟疫的爆发，哥特人逐渐意识到本土的贫瘠，继而将眼光投向了更加富饶且宜居的遥远南方。哥特人对南方早有耳闻，并且有一些哥特人曾经去过南方诸地。

　　关于哥特人的迁徙之路，我们了解的所有信息均来自约旦尼斯在6世纪撰写的关于哥特人的传说故事。然而，作为历史学家的约旦尼斯讲述的故事似乎大多是基于自己的猜测，或者是从盖塔人和斯基泰人的历史中剽窃来的。抛开这些不说，我们发现哥特人、格皮特人、赫鲁利人，以及其他一些部族的人共同组成了一支庞大的队伍。这支队伍起初是经现在的俄罗斯西部南下，继而到达黑海及亚速海海岸，之后再向西扩散到多瑙河北岸。在南迁途中，被这支队伍

斯拉夫人

征服的斯拉夫人的加入使总人数增加了不少。当然也有斯拉夫人是自愿加入，而非因战败被迫加入。此外，史料曾提及，这支以哥特人为主组成的队伍在南迁途中曾征服过一个被称为斯帕利的部族。约旦尼斯曾讲述过两个关于这支早期迁徙队伍的故事。有证据显示，这两个故事都是根据哥特人的流行民谣演绎而来。其中一个故事讲道，在首领菲利默——冈萨里克之子的带领下，哥特人须跨越一条大河前往美丽富饶的欧维姆，亦称作欧克姆国。当首领菲利默及大部分民众安全渡河后，桥突然断裂，导致部族中的部分领头人被迫留在了一片如同被施了魔法的土地上。这片土地被沼泽带环绕，没有人从中走出去。成功渡河的人在多年以后依然能够在这片沼泽地附近听到牛的哞叫声及远远传来的哥特人的说话声。另外一个故事体现了哥特人对匈人的深仇大恨。据说首领菲利默将一些舞弄号称哈里鲁诺妖术的妇女从本族营地中驱逐了出去。当时，这些妇女号称手握如尼字母及地狱女神哈里亚的秘密。被放逐到荒漠后,这些妇女遇见了邪恶的荒蛮之灵。之后,这些妇女与荒原中游荡的一些恶灵结合,诞下了令人望而生厌的野人。在此后的岁月中,这些野人令哥特人谈之色变、毛骨悚然。

真正的哥特人的历史起源于约245年。当时,哥特人居住在多瑙河河口附近,被阿马林斯家族第一位叫奥斯特哥特的首领统治。奥斯特哥特在传说中一向以"耐心"著称,但我们无从考证奥斯特哥特的耐心是如何具体体现的,因为历史中流传的都是关于奥斯特哥特功成名就的记载。奥斯特哥特声名远扬,或许是基于耐心,或许是基于赫赫战功。在盎格鲁-撒克逊人的一首最古老的诗歌中,奥斯特哥特被称为"伊斯特哥塔"。伊斯特哥塔是尤文的父亲。约旦尼斯将尤文称为亨尼尔,但或许盎格鲁-撒克逊人的命名方式更加恰当。

史料表明,约225年,哥特人曾与罗马人结盟。罗马人每年给哥特人一笔钱,让他们去镇守罗马帝国边境,抵御盘踞在后方的萨尔马提亚蛮族。但罗马帝国皇帝阿拉伯人腓力在执政期间停止发这笔钱。奥斯特哥特随即带领民众

罗马帝国皇帝阿拉伯人腓力

跨过了多瑙河，洗劫了罗马帝国的默西亚行省和色雷斯行省。时任罗马帝国将军，后来成为罗马帝国皇帝的德西乌斯挥军镇压哥特人，而哥特人却安然无恙地撤退到了多瑙河对岸。据说数量众多的罗马士兵也追随哥特人而去，并且准备协助哥特人再次发动攻击。哥特首领奥斯特哥特成立了一支由本族人和其他蛮族共同组成的共计三千名士兵的军队，然后派遣该军队在阿盖特将军和冈萨里克将军的指挥下横渡多瑙河。冈萨里克将军曾大肆洗劫过下默西亚行省，并且率军直逼下默西亚行省的首府——一座由图拉真大帝为了纪念姐姐尤皮亚·玛西亚而建，命名为玛西亚波利斯的城市。当时，玛西亚波利斯城的民众给哥特人许以重金以求撤兵。哥特人随即撤军。

罗马帝国皇帝德西乌斯

图拉真大帝

之后，奥斯特哥特率领的部族受到了格皮特人的攻击。格皮特人当时已经宣告独立，并在首领法斯提达的带领下战胜了日耳曼人的勃艮第分支。格皮特人出言要求分割奥斯特哥特麾下的一些领土。虽然耐心的奥斯特哥特百般尝试劝阻格皮特人莫要手足相残，但按照格皮特人的要求划分领土是奥斯特哥特万万无法接受的。最终，双方在一个叫盖尔提斯的城镇兵戎相见。这场战役历时久远且惨烈无比。约旦尼斯写道："然而，在战争的最后阶段，哥特人大获全胜，对已经溃不成军的格皮特人尽露鄙夷之色。"法斯提达不得不落荒而逃，返回本族的驻地。

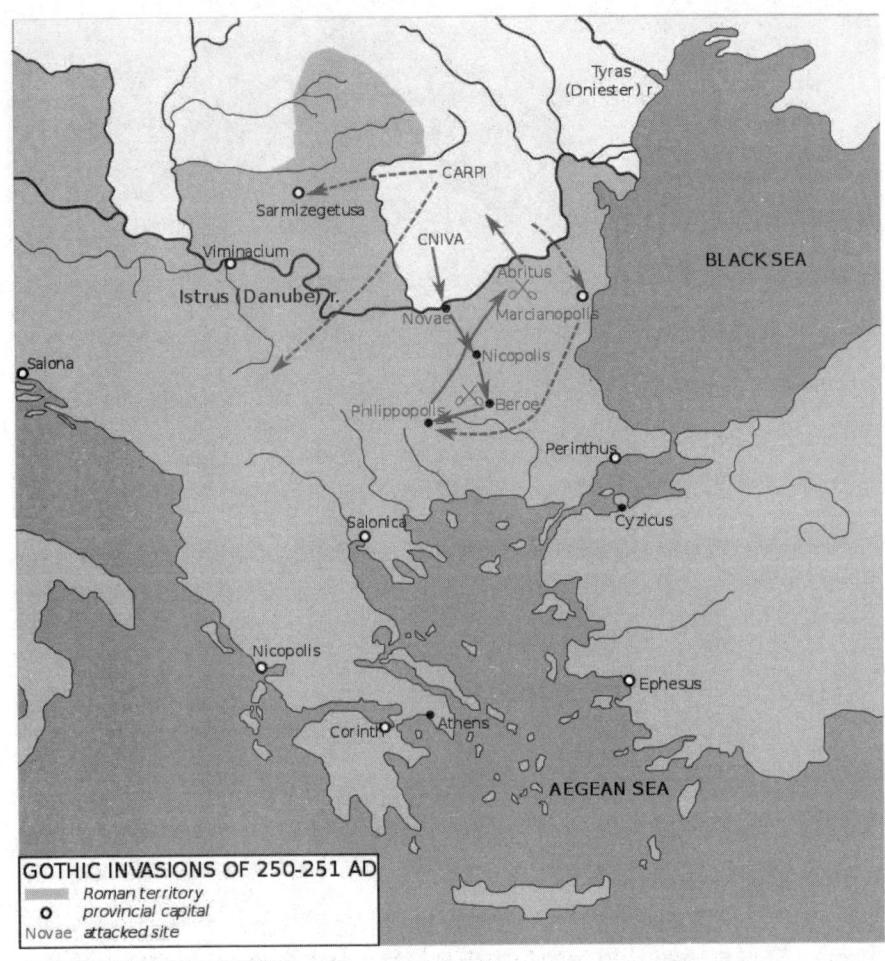

克尼瓦进攻巴尔干半岛路线示意图

大约在250年，奥斯特哥特去世。首领之位并未由儿子尤文①继承，而是由一个叫克尼瓦的首领继承。克尼瓦并非来自阿马林斯家族。克尼瓦成为首领后，立即开启了一次横渡多瑙河，直达默西亚行省与色雷斯行省的征程。克尼瓦令部分军队分头洗劫罗马帝国的不同地域。同时，克尼瓦本人则率军围攻尼科波利斯镇。尼科波利斯现称尼科皮，位于亚特拉。尼科波利斯是"胜利之城"的

---

① 前文提到过，又称亨尼尔，为后期多位哥特首领的先祖。——原注

意思,用以纪念图拉真大帝大败荒蛮民族的一次战役。249年被军队推选为皇帝的德西乌斯是一个精力旺盛且品德高尚的人,得知尼科波利斯镇被困,他当即率军前去解救。哥特人听闻罗马军队将至,随即弃城而去,在巴尔干半岛的丛山之中游击,伺机进攻大城市菲利波波利。德西乌斯率军紧追不舍,但哥特人在此时对罗马军队发起了出其不意的主动攻击,并且大获全胜,继而占领了罗马军队的营地。这样一来,哥特人便可高枕无忧,继续围攻菲利波波利城。当地民众发起了勇猛的反击,杀死了数千名侵略者。然而,菲利波波利城民众最终战败了,城池被哥特人攻陷。据说共有十万民众被屠杀。哥特人缴获了数量庞大的战利品,除此之外,还有许多拥有贵族头衔的人沦为哥特人的阶下囚,其中包括盖尤斯·尤利乌斯·普利斯库斯——已故阿拉伯人腓力的哥哥,而且当年正是哥特人怂恿阿拉伯人腓力登上帝位并与哥特人签订了和平条约。

　　与此同时,罗马皇帝德西乌斯并未坐以待毙。德西乌斯将散落的军队重新整顿集结,同时在多瑙河流域及巴尔干半岛的要塞设立了驻防军。哥特人也明显感觉到长期战事的消耗严重削弱了自身力量,随即致信罗马人,祈求能够安然返回故土,并且承诺放弃所有战利品及俘虏。但德西乌斯坚信胜利在望,他命令哥特人无条件投降。哥特人随即决定为自由而战。双方军队对峙于默西亚行省的一个小镇附近。哥特人将此镇称为阿布里塔,而罗马人则称其为弗罗姆·特雷博尼。战争刚刚打响,与德西乌斯同掌帝位的长子赫伦尼乌斯便被一箭射倒在地。一群哥特人瞬间围过来,接连将长矛刺向赫伦尼乌斯。目睹赫伦尼乌斯被杀后,罗马士兵瞬间士气大减。痛失爱子的德西乌斯向士兵们喊话:"一个士兵的战死不会影响整个战局!"他激励士兵们重整士气。满腔悲愤的德西乌斯随即投入到了硝烟弥漫的战斗中,决心为儿子赫伦尼乌斯报此血海深仇,也做好准备追随儿子赫伦尼乌斯而去。战役惨烈无比,一时间血流成河。哥特人的两支军队按预定线路发起攻击,另一支军队则在一片沼泽地的掩护下负责埋伏罗马军队。反观罗马军队,因为对地势不熟悉,同时受累于沉重的盔甲,最终一败涂地。德西乌斯也不幸殒命,其尸身也不翼而飞。这是罗马

阿布里塔战役的浮雕

帝国史上最黑暗的一天：一支伟大的军队殒没于此，荒蛮的哥特人杀死了罗马史上最有名的皇帝之一。

溃不成军、颓然败北的罗马军队已无力继续抵抗哥特人，只能眼睁睁看着哥特人扫荡洗劫默西亚行省、色雷斯行省和伊利里亚行省。新继位的加卢斯发现用武力驱逐哥特人是不现实的，便允诺哥特人继续拥有俘虏及战利品，同时每年支付哥特人巨额佣金，条件是哥特人不再侵袭罗马领土。

# 第3章
# 亚洲和希腊的血雨腥风

**精彩看点**

悲催的罗马皇帝加卢斯——痛苦的十五年——雅典惨遭洗劫——"让希腊人留着自己的书"——昆提卢斯——五十年的和平时光

加卢斯为乞和而贿赂哥特人的消息令罗马人义愤填膺,引发了人们强烈的抗议。人人都控诉加卢斯是叛徒,甚至有人指责正是加卢斯在战争中故意提出糟糕的建议才直接导致德西乌斯丧命。屋漏偏逢连夜雨,正在人心惶惶的关

加卢斯

键时刻，罗马城爆发了一场瘟疫。罗马人臆测这场瘟疫是因为加卢斯背叛上帝而降怒于罗马的。没过多少时日，事实证明加卢斯与哥特人签的屈辱条约并未能保住罗马城的太平，因为有一部分哥特人背弃了与罗马人签订的条约，继续马不停蹄地掠夺伊利里亚行省。埃米利亚努斯将军带兵打败了哥特人，之后登上了罗马皇位。加卢斯则丧命于一些倒戈的士兵手中。历史在不久后又重新上演：埃米利亚努斯也因遇刺而驾崩。罗马帝国再次易主。瓦勒利安及儿子盖利恩努斯登上了帝位。

埃米利亚努斯

在瓦勒利安及盖利恩努斯执政的253年到268年，罗马帝国国运惨淡、民不聊生。日耳曼人在罗马帝国西部虎视眈眈，东部则因波斯的问题而危如累卵，各行省相继叛乱并自立为王的消息不绝于耳。如果要解决上述一系列危机，那就需要一位睿智过人的领袖来担此重任。瓦勒利安为人英勇而正直，却做出了一个欠妥甚至愚蠢的决定——远征波斯。260年，瓦勒利安被俘，从此家国茫茫再无归期。当盖利恩努斯得知父亲瓦勒利安成为波斯人的阶下囚时，他并未表现出一丝波动。当时一些趋炎附势之流非但没有责备盖利恩努斯的

瓦勒利安被俘，遭到波斯国王的羞辱

盖利恩努斯

麻木不仁，反倒称赞盖利恩努斯这是"卧薪尝胆"。盖利恩努斯并不懦弱，他的性格中也没有残暴或者邪恶的成分，但他唯一在乎的只有自娱自乐这一件事。每每有边远行省遭受巨大不幸的消息传来时，盖利恩努斯通常只会讲一些愚不可及的玩笑话来应付一番，之后便继续去写辞藻浮华的诗词，又或者去收集绘画和雕塑。当时的罗马帝国就是处在这样一位帝王的统治之下，整个帝国危机四伏。这是过往历史中从未有过的。罗马帝国亟待一位英雄和统帅横空出世，能够力挽狂澜，帮助罗马帝国摆脱危机。

我们回过头来看哥特人在这令罗马帝国暗无天日的十五年中的历史，便会发现这是一段残酷的屠杀史，也是一段对富饶美丽的城市的毁灭和掠夺史。

哥特人的一个分支攻占了克里米亚半岛,继而穿越黑海,拿下了赫赫有名的特拉布宗城,并在此带走了数不胜数的战利品和俘虏。此外,哥特人在另外一次远征中攻占了卡尔西登和尼科美底亚地区许多美丽的城市,以及比提尼亚地区众多富饶的城镇。尽管沦陷的城市都有装备精良的强兵驻守,但哥特人骁勇善战、名声在外。因此,在哥特人兵临城下后,对手便都闻风丧胆,不攻自破。然而,最值得引起后世关注的是哥特人的第三次掠夺式进攻。这不仅是因为第三次掠夺式进攻作战涉及范围更广,还因为我们对这次进攻途经的一些古老地域的兴趣。一支有五百艘船,载着由哥特人和赫鲁利人组成的强大水师,穿行经过伊斯坦布尔海峡及达达尼尔海峡。这支水师在行军途中毁灭了岛城库齐库斯,沿途还在小亚细亚半岛西海岸的多个据点登陆。哥特人大肆进行烧杀抢掠,甚至烧毁了被列为古代世界七大奇迹之一的雄伟的"阿耳忒弥斯神庙"。这个希腊最伟大的工匠们的杰作,随着神庙中的数百根高耸的大理石柱及颇多精美绝伦的雕塑一道被付之一炬。随后,哥特军队渡过爱琴海,在雅典登

阿耳忒弥斯神庙

陆。雅典曾孕育了世界上精美绝伦的诗歌、哲学及艺术，此刻却在泣血，惨遭野蛮的哥特军队的践踏与洗劫。

哥特人在雅典大肆破坏，却并未将其焚毁。据我所知，是土耳其人在许久之后毁坏了雅典的很多宏伟的建筑及精美的艺术品。关于哥特人当时具体的所作所为，我们只能从传说中得知。相传哥特人曾将雅典所有图书馆里的书收集起来，堆积成巨大的一堆，准备焚毁，或许哥特人是因为惧怕雅典人的文字会同如尼字母一样，具有某种神秘力量并给入侵者带来不幸吧。然而，当时哥特人队伍中有一位以智慧著称的年迈首领力劝哥特人改变主意。这位智者劝道："就让希腊人留着自己的书吧，只要希腊人成天沉迷于书本这些消磨意志的东西中，我们便会高枕无忧，再也不必担心希腊人能在战争中生事了。"这个关于焚书的逸闻并没有权威的依据，但我们也没有理由对此进行反驳。或许哥特人的想法的确有几分道理。然而，一个有着蓬勃生命力的民族是能够在本民族的学者和思想家的探索中汲取新鲜力量的。但当一个民族将重心全部放在书本上，而将其他一切东西都视为身外之物、对其毫不在意时，对文学的沉迷就只能加速该民族的灭亡。此外，孕育在这种环境中的文学也会变得迂腐沉闷、乏味无比，滋生出的作品大多是"全世界均不看好，定会在物竞天择中自然消失"之流。这种现象正是3世纪时希腊的真实写照。然而，即便哥特人在希腊战场势如破竹，雅典也让哥特人意识到学习并非只会将人变成懦夫。当时有一个叫帕布利亚斯·赫伦尼乌斯·德克西普斯的希腊文人，他饱读诗书并深谙古老辉煌的希腊历史，曾率领一众勇士在比雷埃夫斯港焚毁了许多哥特人的船。

然而，像帕布利亚斯·赫伦尼乌斯·德克西普斯一样英勇的希腊人毕竟是少数。哥特人和赫鲁利人在希腊人的土地上所向披靡，不断攻城略地，攻克了一座座赫赫有名的城市，并不断用战利品扩充自己。哥特人将希腊洗劫一空后，便开始向亚得里亚海行进，似乎是动了进攻意大利的念头。在这种紧要关头，盖利恩努斯终于不再一如既往地不作为，亲自率军在阵前与哥特人对峙。哥特人中的蛮族首领们起了分歧，其中一个有着赫鲁利人般壮硕身躯的叫那勒布特斯的首领，背弃了自己的同胞，临阵倒戈加入了罗马军队。盖利恩努斯欣然接受了那勒布特斯，并给那勒布特斯授予"领事"头衔。这是当时罗马国民所能拥有的最高荣誉。从此，哥特人一分为二。其中一支哥特人返回希腊东海岸登船，在色雷斯行省的安基亚卢斯上岸后，安然返回黑海北岸的本族驻地；另外一支哥特人则继续进攻默西亚行省，并且肆无忌惮地扫荡了一年时光。当时的罗马将军们各持己见、争执不下，致使罗马帝国未能做出任何有效的反击。

当时的罗马帝国有一位骁勇善战、能力出众的将军，叫昆提卢斯。268年3月，盖利恩努斯遇刺身亡。之后，昆提卢斯称帝，他随即大力整顿罗马军队，同

昆提卢斯

时着手肃清游荡在罗马帝国的北方荒蛮民族。这注定是一场血战,因为昆提卢斯即将面临的是一场新的攻击,一场罗马帝国史上从未经历过的高强度攻击。当时,哥特人盘踞在德涅斯特河河口附近。听闻南部的土地物产丰饶、黄金遍地,哥特人兴奋不已,下定决心要征服罗马帝国,将其纳为己有并安居于此。哥特人软硬兼施,通过蹂躏征讨和巧言令色劝说,让众多斯拉夫人部落同他们并肩作战。一支浩浩荡荡的船队穿行在黑海及达达尼尔海峡上,满载三十万大军,同时还带着家眷和子嗣。之后,哥特军队在帖撒罗尼迦城登陆。听闻昆提卢斯亲自率兵前来征讨,哥特人便快马加鞭前去迎战,幻想着此次势在必得。在纳伊苏斯战役[①]中,昆提卢斯虽然战胜,却付出了巨大的代价。曾有作家称罗马军队在此次战役中虽死伤无数,但哥特人也损兵折将,有五万将士在此次战役中丧命。哥特人不仅失去了这五万将士,而且失去了信心。战役持续不断。很快,曾经声势浩大的哥特军队便兵败如山倒,彻底土崩瓦解。成千上万的哥特战俘被卖作奴隶。很多年轻的哥特男子被带到罗马军队中服役。剩余的一些已经分崩离析的部族则仓皇逃往巴尔干半岛的大山深处。当地气候严寒再加上一场肆虐的瘟疫爆发,导致很多哥特人因此丧命。然而,昆提卢斯也因这场瘟疫于270年春天去世。为了纪念昆提卢斯的赫赫战绩,罗马民众为其加谥号为"哥特库斯"。罗马民众认为昆提卢斯是极其罕见的伟大君主,其战绩惠泽百世。试想如果当年哥特人的侵略未被阻止,那会给全世界带来什么样的后果?一旦哥特人成功入侵,欧洲南部必定会遭遇残暴无度、横行无忌的大屠杀,而古老的艺术和文学杰作也将消失殆尽,多年以来积累的文明传统也大多会化为泡影。这的确令人毛骨悚然。的确,昆提卢斯的胜利只是暂时推迟了哥特人的胜利,但哥特人后来夺取胜利之时已经信奉基督教。从某种程度上来讲,后来的哥特人已经进化和文明了许多,也知晓了如何以更加柔和且智慧的方式去展现胜利者的姿态。哥特人再度起兵征讨罗马帝国时,已不再是当年野蛮的蹂

---

① 纳伊苏斯战役,发生在公元268年左右,战争发生地位于今塞尔维亚境内,此战最终以罗马帝国胜利告终,并且从很大程度上减缓了日耳曼部落向罗马帝国步步紧逼的步伐。——译者注

躏者，而是将罗马帝国从腐朽堕落的文明及孱弱腐化的统治者手中解救出来的救世主。虽然来自外部的征服通常伴随着累累罪行，但总体来说，哥特人在统治意大利期间极大地造福了当地人民。这甚至会让我们为哥特人统治的骤然终止而扼腕叹息。

昆提卢斯在临危之际授命奥勒良为继承者。奥勒良是将军出身，手下士兵都知道奥勒良的绰号——"刀锋剑客"。军队接受了昆提卢斯的临终任命。奥勒良治国有方，统治了五年时间。奥勒良登基后，哥特人便按捺不住了。在首领坎纳鲍德斯的指挥下，哥特人再次发动了战争。在这场节奏拖沓的战争中，罗

奥勒良

马军队损失惨重，同时哥特人也元气大伤，亟待议和。此时，奥勒良听闻意大利遭到日耳曼人的入侵，需要出兵讨伐。但更明智的做法是给予侵略者一些优惠条件以避免兵戎相见。双方达成共识，即哥特人退至达契亚行省。达契亚行省包含现在的罗马尼亚及匈牙利东部区域，全部作为哥特人的统治范围。当地的原住民可以跨越多瑙河，迁到默西亚行省居住。作为回礼，哥特人需向罗马军队进贡两千名骑兵。同时，为预防哥特人背信弃义，哥特贵族的众多子嗣交由罗马帝国皇帝抚养，接受权贵阶层享有的教育，最终以风光体面的方式任职，从而为罗马帝国皇帝效力。其中，未婚少女将与罗马帝国的主要官员结婚。和平共识的一系列措施换来了哥特人与罗马帝国长达五十年的坚不可摧的同盟关系。哥特人在达契亚行省的原住民身上体会到了和平的好处，同时为日后通过武力东山再起积蓄了力量。

第4章

# 哥特人与君士坦丁大帝的战争

**精彩看点**

哥特人在达契亚行省——打破长期以来的和平局面——胜利女神眷顾的君士坦丁大帝——格贝里克与汪达尔人

在哥特人与罗马帝国和平相处的五十年里，哥特人的历史是一片空白的。这一时期的哥特人历史没有任何编年记载，哪怕是哥特人的某位首领的名讳，抑或是一个简简单单、无论真实或荒诞的逸闻。或许，历史学家们对于这五十年历史的集体缄默也没有让我们错过关键的信息，因为一个荒蛮民族的故事除了战争及迁徙值得记录，并没有多少可歌可泣的成分。然而，我们想知道哥特人与本土的达契亚人是在怎样的条约下共处，因为有充足的证据显示，并非所有的达契亚人都应奥勒良的邀请迁往默西亚行省，有些达契亚人选择了继续居住在自己古老的家园，接受哥特人的统治。我们可以猜想达契亚人并没有沦为奴隶，而哥特人则学会了尊敬邻邦的先进文明。久而久之，原住的达契亚人与后来定居的哥特人逐渐融合成一个族群。如果事实真是如此，我们便能够理解历史记录中没有这五十年的痕迹的原因，就如同我们已经了解到的那样，6世纪的哥特史学家们一提到古达契亚的英雄及圣贤，便会联想到哥特先辈们的荣光。

然而，如果我们认为达契亚行省是当时唯一被哥特人占据的地方，那就大错特错了。269年，虽然有大批哥特人沿黑海北岸返回了原住地，但仍然有众多哥特人留守了下来。至于俄罗斯南部的哥特人是否也与奥勒良签订了和平条约，我们不得而知。但在这平静的五十年中，俄罗斯南部的哥特人一直按兵不动，从未意欲对罗马帝国发动任何攻击。达契亚行省的哥特人和位于东部的本族同胞分别以古老的名称"维斯哥特"与"奥托哥特"来区分。虽然命名方式相同，但达契亚行省的哥特人和达契亚行省东部的哥特人究竟分别与早期的维斯哥特人及奥托哥特人有怎样的血亲关系，我们不得而知。奥托哥特人似乎是建立了一个联合国家，而维斯哥特人则独立于奥托哥特人之外，分散而居，没有一个共同的首领，成了受不同首领指挥的独立部落。

在这五十年中，哥特人没有发生什么事情，生活风平浪静，而罗马帝国在这五十年中发生了一系列惊心动魄的事。在这五十年中，罗马由几任能力卓越的皇帝统治，其中有一位尤其出类拔萃。他就是戴克里先。在位期间，戴克里

戴克里先

君士坦丁大帝

先改革政府，其具体做法我们不再赘述。至于罗马帝国内战、罗马人陷入与法兰克人及其他族群的斗争等，我们也不再详细解说。

当哥特人最终打破与罗马帝国维持的长期的和平状态时，罗马帝国正处在君士坦丁大帝的统治之下。君士坦丁大帝采取的两项举措对后世产生了深远的影响。君士坦丁大帝将基督教立为罗马帝国国教，同时将首都从罗马迁往君士坦丁堡。我们需谨记，帝国虽然仍称作罗马帝国，但罗马帝国自古以来以之命名的首都罗马城现在已经变成了屈居第二的城市。

322年，哥特人与君士坦丁大帝之间爆发了第一次冲突。323年，君士坦丁大帝大败共治帝国的对手李锡尼，继而成为罗马帝国的独裁统治者。维斯哥特人与奥托哥特人组建了一支有远东斯拉夫人加盟的联合军队。在首领阿利夸卡（也称阿尔瓦卡尔斯）的指挥下，这支联合军队对多瑙河南部的罗马行省发动了攻击。君士坦丁大帝在三场战役中接连获胜，连败哥特军队，迫使哥特人投降。君士坦丁大帝授意给哥特人一些优惠条款作为投降条件。后来的事实证明，君士坦丁大帝当时的决定是明智的。因为在323年，君士坦丁大帝在亚得里

李锡尼

亚得里亚堡战役

亚堡[1]与李锡尼背水一战时,受到了阿利夸卡麾下军队的支援。据说当时哥特援军由四万人组成。

然而,331年,君士坦丁大帝在战场上与哥特人狭路相逢。当时,具体人数不详的汪达尔人大约居住在今天的匈牙利西部区域。该区域以底比斯河[2]为界,河两侧分别为汪达尔人和哥特人的领地。汪达尔人与哥特人纷争不断。之后,哥特人以绝对优势侵袭了汪达尔人的领土。汪达尔人转而向君士坦丁大帝求助。听了汪达尔人的哭诉后,君士坦丁大帝亲自率军,准备严惩侵略者哥特人。得知君士坦丁大帝大兵将至,哥特人在两个首领阿瑞里克和奥里克的带领下迅速渡过多瑙河,一路马不停蹄,前去迎战罗马帝国军队。在双方的第一次交战中,君士坦丁大帝惨败。这也是君士坦丁大帝戎马生涯中第一次尝到失败的滋味。但在接下来的战役中,罗马帝国军队取得节节胜利。曾经因不敌哥特人而沦为阶下囚的居住在克里米亚半岛的希腊人的后代终于等到了向曾经侵

---

[1] 此处并非众所周知的"亚得里亚堡战役",后者发生于378年。——译者注
[2] 即现在的蒂萨河,是欧洲中、东部的主要河流之一,几乎纵贯匈牙利全境。——译者注

略自己的宿敌哥特人报仇雪恨的机会，因此无不纷纷上阵，帮助君士坦丁大帝攻打哥特人。哥特人颓然败北，便倾向于向罗马帝国乞和。君士坦丁大帝的政策一向都是通过友好手段与手下败将化敌为友，至少在对付荒蛮民族时都是如此。哥特国王和贵族收到了君士坦丁大帝慷慨赠送的礼物及尊崇的荣誉。哥特人与罗马帝国双方再次达成盟约。为了确保哥特人不背叛约定，哥特国王阿瑞里克须将长子作为人质交给君士坦丁大帝。

  自此之后，天下太平。哥特人在超过三十年的时间里未对罗马帝国有过任何侵扰，却在其他战场上夺取了事关重大的胜利。阿瑞里克去世后，民众选举了出身于另一家族的一位新首领格贝里克。格贝里克是盛名卓著的英雄家族的后代。虽然我们对格贝里克的父亲希尔德里克、祖父奥维德及曾祖父尼达达均一无所知，但从约旦尼斯的描述中，我们会很容易发现格贝里克祖辈们的大名和事迹在当时古老的哥特民谣中广为传颂。格贝里克下定决心要完成前辈没有完成的使命，即驱逐汪达尔人。君士坦丁大帝没有再次阻止，而是默许了格贝里克的想法，因为汪达尔人不仅不思感恩当年罗马帝国的恩泽，反而攻击掠夺罗马帝国的行省。在爆发于玛洛什河①河畔的一场战役中，汪达尔人首领威斯玛去世，汪达尔人溃不成军、血流成河。战败的汪达尔人再次向君士坦丁大帝求助。君士坦丁大帝批准汪达尔人居住在潘诺尼亚行省及罗马帝国的其他一些地方。哥特人则占据了汪达尔人遗留下来的土地。此后，哥特人的领地西面也不再有任何敌对势力。很快，哥特人开始打起准备进攻东面邻邦的主意。

---

① 推测为现在的穆列什河，属于前文中提及的底比斯河左岸的大支流，流经匈牙利境内时注入蒂萨河，但河流大部分流域处于罗马尼亚境内。——译者注

# 第5章
# 哥特人的"亚历山大大帝"

**精彩看点**

厄门阿瑞克——匈人即将杀来——暴君厄门阿瑞克的结局——东哥特人沦为奴隶——三兄弟——狄奥多里克大帝降生

我在本章将要讲到哥特史上至关重要的一段历程。约350年，哥特民众选举厄门阿瑞克为首领。厄门阿瑞克像祖辈们一样骁勇异常，但他施行的政策及奋斗的目标则与祖辈们有着天壤之别。哥特人以往的首领们一贯乐于征战邻邦、攻城略地，或者率领部众另寻家园。但如今，哥特人又一次获得了一方稳定的领土，而且在过往战争中受到的刻骨铭心的教训已经让哥特人放弃了征伐更加宜居和富饶的欧洲南部地区的念头。随着境遇的变迁，新的生存状况似乎又为哥特人好战的本性找到了新的出路。厄门阿瑞克无意攻打任何隶属罗马帝国的行省，而是决心要另建一个以自己率领的东哥特民众为中心的更大的王国。根据传说，厄门阿瑞克缔造的王国（非历史上定义的东哥特王国）位于第聂伯河沿岸。厄门阿瑞克征服的部族众多，关于究竟涉及哪些部族，历代的记录难免出错，所以具体涉及哪些部族我们不再一一赘述。然而，厄门阿瑞克征服的众多部族里包括居住在遥远的波的尼亚湾海岸的爱沙尼亚人。从中我们便可窥见当时厄门阿瑞克统治的哥特人领地的幅员之辽阔。厄门阿瑞克同时还征服了我之前提过的赫鲁利人。赫鲁利人曾与哥特人一起组建过部落联盟，后来退出了联盟，在一个叫阿拉里克的首领统治下独自生活。几十年后，"阿拉里克"因为是西哥特一位伟大的英雄的名字而为人熟知。曾有位罗马历史学家将厄门阿瑞克与亚历山大大帝相媲美。多年以后，厄门阿瑞克的盛名依然在日耳曼人、斯堪的纳维亚人及盎格鲁-撒克逊人的诗词歌赋中广为传颂。当然，诗歌中的传说更具戏剧性而非史实性。各类传说中大多含有令人穿越到百年前的戏码，但在抽丝剥茧之后，我们能发现一个事实，即厄门阿瑞克虽然是一位令人又敬又怕的征服者和具有雄才大略的统治者，但同时是一位遭人唾弃的残忍而自私的暴君。

厄门阿瑞克是继阿马林斯家族的奥斯特哥特之后的第一位国王。此前哥特人的首领似乎都是由民众自由选举、可以在任何贵族家庭产生，而且没有证据显示当时存在世袭制。但从此以后，厄门阿瑞克缔造的由东哥特人组成的王国的国王开始世袭，只能由厄门阿瑞克的后代继承。

同一时期的西哥特人似乎是相对独立的状态，西哥特人划分为不同的部落，受各自的首领指挥。然而，鉴于这些首领完全能够随心所欲地发动战争或者保持和平状态，我们可以认为西哥特人很有可能在理论上也是承认东哥特国王至高无上的地位的。

然而，厄门阿瑞克建立的强权，就如同后来拿破仑·波拿巴缔造的法兰西第一帝国一样，都是穷其一生征战得来的，因此注定只会以失败告终。厄门阿瑞克在年迈之际遭遇了一个其无力应对的劲敌。该劲敌就是放弃了亚洲的故土，转而如潮水般大举西迁到俄罗斯辽阔平原地区的匈人、鞑靼人。鞑靼人势不可当，征服了一座座城池。被征服的民众也被迫加入鞑靼人浩浩荡荡、有摧天毁地之势的队伍中。鞑靼人兵临城下，引发了厄门阿瑞克和他的子民们的巨大惊恐。这不仅是因为鞑靼人队伍庞大且战无不胜的名声，还因为鞑靼人奇特而可怖的外貌激发的带有迷信色彩的恐慌。鞑靼人身形矮小，体貌畸形，但力大无穷。黝黑而无须的面庞丑陋得令人生怕。用约旦尼斯的话来讲，鞑靼人"眼不是眼，而只是两点"，各类文身更是平添几分瘆人的意味。难怪哥特人认为鞑靼人是魔鬼的化身。曾有位罗马作家认为鞑靼人的外貌就像是粗乱雕刻在桥梁栏杆上的人脸一般。年迈的厄门阿瑞克试图号召民众奋起反抗，但民众早已闻风丧胆，而隶属的各部族则拥护入侵的鞑靼人，希望借此摆脱令人

匈人

发指的暴君厄门阿瑞克的统治。据说厄门阿瑞克眼看自己打下的江山即将分崩离析，万般绝望之中选择了自戕的方式了却残生。这或许是厄门阿瑞克的真正死因。但约旦尼斯并未提及厄门阿瑞克的自杀，而是将史实融入了一则浪漫的传说中。对此，日耳曼和斯堪的纳维亚的传说中都有各种不同的版本。根据后来该传说的一个版本描述，厄门阿瑞克曾派儿子替自己向古德伦女王的女儿——美丽的斯万希尔德求爱。然而，厄门阿瑞克之子在一位心怀叵测的谋士怂恿下将斯万希尔德占为己有，并娶其为妻。厄门阿瑞克，这位被一个盎格鲁-撒克逊诗人称作"狂暴叛徒"的国王，不动声色地掩饰了自己的愤怒，他花言

古德伦女王

斯万希尔德

巧语地哄骗斯万希尔德,然后再疯狂地报复斯万希尔德,将斯万希尔德五马分尸。斯万希尔德的哥哥们①袭击了厄门阿瑞克,割断了厄门阿瑞克的手脚,令厄门阿瑞克在悲惨无助的境遇中苟延残喘地活到一百一十岁。

376年,厄门阿瑞克驾崩,而东哥特王国则被匈人巴拉姆贝尔征服。在长达一个世纪的时间里,东哥特人都被匈人统治,甚至为匈人出战,与自己的同胞西哥特人为敌。东哥特人的这一段屈辱的历史如沧海一粟,没有什么值得认真讨论的。在面临野蛮的侵略者时,东哥特人并非都是束手就擒。当时,在阿拉索斯(又称阿尔希乌斯)和萨弗拉克斯两位将军的带领下,有很大一部分东哥特人拥立了一个来自阿马林斯家族的男孩儿维德里克为首领。在厄门阿瑞克驾崩后不久,东哥特人便与新国王一道开始向西迁徙,并且加入了西哥特人的军

---

① 相传挪威故事中分别命名为索里和哈德西尔,约旦尼斯则命名为沙鲁斯和阿米乌斯。——原注

队。具体的情况我们会在后文中讲述。几年以后，一部分当时没有西迁的东哥特人选举厄门阿瑞克兄弟的孙子威尼斯塔里（也称威尼斯塔里斯）为国王，意欲推翻匈人的统治。当时的匈人正在不断征战，无暇顾及东哥特人。威尼斯塔里的军队攻下了安塔人的领地。安塔人原属斯拉夫人，后来被匈人征服。哥特史学家也曾毫无愧意地承认，哥特人曾百般虐待折磨安塔人的首领及七十个贵族。至于东哥特人的其他部众，则在厄门阿瑞克之子亨门德的带领下，继续臣服于匈人，并且与巴拉姆贝尔的军队一道镇压本族哥特人的反抗。威尼斯塔里取得了两场战役的胜利，在第三场战役中却不幸战败并去世。在巴拉姆贝尔迎娶一位叫瓦拉达马卡的阿马林斯家族公主之后，东哥特人便不战而降。巴拉姆贝尔下令允许东哥特人有权选举自己的国王，同时在匈人征战时予以支援。向来以容貌过人著称的亨门德率军推翻了日耳曼苏维斯政权。亨门德之子托里斯蒙德（托里斯蒙德的父亲下文中讲是狄奥多里克一世）征服了格皮特人，却在一次不幸坠马的事故中死于"花一般的年纪"。

据说东哥特人因托里斯蒙德的不幸离世痛心不已，在之后的四十年里都没有再选举新的国王。当然，这种流传于哥特民谣中的说法似乎略显荒谬，我们只能听听，不能全然相信。也许，真正的原因是东哥特人无法选举出一位被匈人首领认可的新王。这样一来，哥特政权便一直掌握在匈人的手中。因为不满王权被匈人霸占，理应继承王位的托里斯蒙德之子贝里斯蒙德便去与当时定居在高卢的西哥特人会合。也许，贝里斯蒙德本以为自己会成为西哥特人的国王，但没料到西哥特人已经有了国王。于是，贝里斯蒙德便隐瞒了自己是阿马林斯家族后代的身份。西哥特国王热情地接纳了贝里斯蒙德，并且因为贝里斯蒙德的英勇赐予他很高的头衔。因此，贝里斯蒙德的真正身世至死都不为西哥特人所知。

经历了四十年的无主生涯后，约440年，匈人再次恩准东哥特人拥立一位自己的国王。新国王叫瓦拉默，他是万达哈里之子、威尼斯塔里国王之孙。瓦拉默有两个兄弟，即狄奥德米尔和维德默。瓦拉默授命两个兄弟分管王国的

阿提拉

部分领土,以及在自己驾崩之后继承王位。约旦尼斯曾用近乎诗化的语言形容过瓦拉默兄弟三人之间的深厚情谊,他称这种情谊有一种举世罕见的动人之美。在瓦拉默有生之年的大部分时间里,兄弟三人都甘当匈人忠实的奴仆。瓦拉默的子民也混在匈人帝国单于阿提拉的军队中,与自己的亲族开战。453年,匈人帝国单于阿提拉驾崩。之后,匈人帝国单于阿提拉的儿子们陷入了争夺至高权力的厮杀中,而东哥特人也借此重获自由。匈人意欲再次征服东哥特人,却被瓦拉默率军在一场有决定性意义的战役中打败。捷报传来的当天，狄奥德米尔还喜得一子。这位"胜利之子"即狄奥多里克大帝。狄奥多里克大帝命中注定要实现自己降生的吉兆——缔造了其他日耳曼民族都望尘莫及的、盛极一时的东哥特王国。狄奥多里克大帝的事迹是哥特人历史上最声名显赫的。然而，在我们探寻狄奥多里克大帝传奇的一生之前，要暂且先回望过去的一百年中，即身居东面的东哥特人在沦为来自亚洲野蛮游牧民族俘虏的一百年中，身为同胞的西哥特人有着怎样的历史境遇。

## 第6章

# 西哥特人的"判官"

**精彩看点**

西哥特人的三个王国——君士坦丁堡风云骤起——懦弱的瓦伦斯——阿塔纳里克舌战罗马人——和解告终——匈人压迫西哥特人

我在上一章曾讲到，西哥特人在4世纪中叶起的二十五年也隶属于厄门阿瑞克统治的东哥特。著名的厄门阿瑞克统治的前期可谓太平盛世。无论从名义上还是事实上，当时的西哥特人都很有可能是厄门阿瑞克的臣民。但后来，在东哥特王国受到匈人袭击、其他被征服的部族摩拳擦掌意欲争取自由的历史大环境下，西哥特人似乎也被获准可以按照自己的意愿管理本族的事务，亦可以自主决定发动战争或签订条约，而无须经过东哥特的阿马林斯家族国王的批准。

西哥特人被划分为三个部落，也可以说是三个小王国。部落首领被称为"判官"，分别叫阿塔纳里克、弗里希恩和阿拉韦。在这三位判官当中，阿塔纳里克最有权势，而另外两位似乎也有意认同阿塔纳里克为领袖。阿塔纳里克继承了父亲奥瑞克的职位，从而开始执掌权力。奥瑞克曾是罗马帝国的忠诚盟友，而且在君士坦丁堡还有他的雕塑或纪念柱彰显着他享有的荣誉。据说，阿塔纳里克是一位勇士，但史料只能证实阿塔纳里克的奸佞之处，而非英勇过人之处。

为了更好地了解西哥特人在"判官"领导下的经历，我们必须要先窥探一下当时发生在君士坦丁堡的一系列事件。

337年，君士坦丁大帝驾崩。王位最初由君士坦丁大帝的三个儿子继承，之

尤利安

后由侄子尤利安继承。尤利安因为不信基督教被民众冠名"叛教者"。在开始统治的前两年里，尤利安将异教定为罗马帝国国教。尤利安驾崩后，罗马民众不想再拥戴君士坦丁大帝的宗室血脉为皇帝，便选举了效力于皇室的一位官员约维安为皇帝，但约维安在继位仅仅一年后便驾崩了。最终，罗马帝国皇位由当时战功赫赫的将军弗拉菲乌斯·瓦伦提尼安努斯①继承。

瓦伦提尼安努斯一世虽然没有受过教育，但有很强的意志力且杀伐果断。然而，在瓦伦提尼安努斯一世看来，仅凭一人之力无法肩负起统治庞大的罗马

---

① 继位后称瓦伦提尼安努斯一世。——译者注

帝国的重任。因此，瓦伦提尼安努斯一世决定与弟弟瓦伦斯分治罗马帝国，令他以君士坦丁堡为国都，成为东罗马帝国的皇帝。瓦伦提尼安努斯一世本人则担任西罗马帝国的皇帝。遗憾的是，瓦伦斯虽然的确是一位勇士且生性善良，但他缺乏对人性的了解，而当时的东罗马帝国比西部更亟须一位拥有雄才大略的铁腕领袖。当时，东罗马帝国大多数民众都讲希腊语，而瓦伦斯对希腊语一窍不通，这对他的统治而言无疑是雪上加霜。没过多久，瓦伦斯便发现自己四面楚歌。他推行的政策孱弱无力且反复无常，在优柔寡断中丧失了宝贵的时间。最终，瓦伦斯贸然行动，采取了一系列祸国殃民的举动，几乎让东罗马帝国的统治毁于一旦。

瓦伦提尼安努斯一世

君士坦丁大帝在位期间，西哥特人始终恪守与罗马帝国签订的条约，并且按照承诺不断向罗马军队输送一定数量的壮丁。众所周知，阿塔纳里克的本意也是想要与罗马帝国维持良好的关系，结果却犯了一个令自己和自己的族人都付出了惨重代价的错误。尤利安的表兄普罗科皮乌斯起兵叛变，将瓦伦斯逐出了君士坦丁堡，之后篡位称帝。普罗科皮乌斯登基后便号令西哥特人践行盟约。阿塔纳里克误以为普罗科皮乌斯是罗马帝国真正的皇帝，便立刻派出三万名壮丁前往色雷斯行省。当然，阿塔纳里克本人并未随行，因为阿塔纳里克曾按照父亲奥瑞克的要求，至少阿塔纳里克本人是这样解释，立誓永不踏足罗马土地。我们可以想象阿塔纳里克派出的三万名壮丁又回到了曾经大肆洗劫过的老据点色雷斯行省。这些人此次是受到罗马帝国的惩罚，作为"戴罪之身"才有机会前来，因此又怎会不趁机胡作非为一番？然而，正当三万名西哥特壮

普罗科皮乌斯

瓦伦斯

丁在色雷斯行省肆无忌惮地实施各种暴行时，突然得知普罗科皮乌斯驾崩，而瓦伦斯则重新在君士坦丁堡登上皇位。西哥特人此次所谓的进贡非但没有赢得罗马帝国的认可，反倒激起了罗马帝国的敌意。罗马帝国中止了给这三万名西哥特壮丁供给食物和必需品，同时切断了他们返回多瑙河对岸的退路。瓦伦斯派出的将军几乎不费吹灰之力便让这三万名西哥特壮丁心甘情愿举手投降。罗马人没有处死这三万名西哥特壮丁，而是将普通的士兵都卖作奴隶，同时将军中的西哥特将领们都以战犯身份发配到罗马帝国的边疆。

阿塔纳里克得知三万名西哥特壮丁的悲惨遭遇后，便派出使者前往君士坦丁堡。但此行绝不是去卑躬屈膝地乞求东罗马帝国皇帝瓦伦斯的怜悯。相反，阿塔纳里克佯装出一副无辜受害者的模样。阿塔纳里克的使者声泪俱下地控诉罗马人无缘无故背信弃义，令罗马人大为吃惊。阿塔纳里克的使者称西哥特人只是尽其本分如约援助罗马帝国，无非是因为生性单纯才错认了罗马帝国真正的君王而已。因此，阿塔纳里克的使者谏言瓦伦斯不应为西哥特人的无心错误而震怒，而应该为西哥特人的忠心耿耿而感到欣慰！使者同时还要求罗马立刻恢复西哥特战俘的自由。

我们或许会认为西哥特使者的信口雌黄和无理要求只会招致满堂嘲笑并遭到拒绝。瓦伦斯起初却似乎有意答应西哥特人的要求。然而，瓦伦斯后来曾写信给兄长瓦伦提尼安努斯一世，征求他的意见。瓦伦提尼安努斯一世的回复似乎符合众人不言自明的期待。瓦伦提尼安努斯一世建议瓦伦斯率军攻打阿塔纳里克的王国本土。于是，瓦伦斯随即向西哥特全面开战。此次战役持续了三年之久。罗马人虽然取得了大多数战争的胜利，但因为局势始终僵持不下，

阿塔纳里克

瓦伦斯与阿塔纳里克在多瑙河上会面

所以无法彻底攻克西哥特人的领地。最终，罗马人欣然决定和解。狡猾的阿塔纳里克同意剥夺西哥特首领们一贯从罗马帝国领取的佣金，却将自己的一份佣金保留了下来，而且令罗马帝国认可自己是所有西哥特人的王。双方就和平条约达成共识后，瓦伦斯似乎因为对阿塔纳里克颇具敬意，便欲亲自与阿塔纳里克会面以签署和平盟约。然而，阿塔纳里克借口自己曾对父亲奥瑞克立誓绝不跨越多瑙河进入罗马帝国的领土来推诿，并威胁称一旦瓦伦斯踏足达契亚行省，双方的和平条约便失效。阿塔纳里克建议双方在多瑙河中央的船上会面。他用尽周旋之术投机取巧，尽可能掩盖自己处于劣势的事实，让人忍俊不禁。瓦伦斯势必也感受到自己成了蛮族的笑柄，但为免节外生枝，还是依从了阿塔纳里克的安排。双方签订了盟约，同时交换人质以确保彼此能恪守盟约。对瓦伦斯来说，与西哥特人的种种斡旋绝非十分光彩的事情，但瓦伦斯仍然在班师回朝时大举庆祝。同时，朝廷官员和民间演说家们也纷纷歌功颂德，仿佛瓦伦斯的丰功伟绩可以和克劳狄二世①相提并论，仿佛瓦伦斯堪称另一个"哥特征服者"。

在接下来的两三年中②，阿塔纳里克忙于迫害基督教教徒③，还陷入与弗里希恩对峙的一场小规模战役中，结果弗里希恩战败并被驱逐出了西哥特。但没过多久，罗马帝国便恢复了弗里希恩在西哥特人中的"判官"地位。时过境迁，376年，西哥特人的几位"判官"停止了内讧。阿塔纳里克出任整个西哥特军队的总指挥官。西哥特军队集结在德涅斯特河西岸，而匈人的军队则盘踞在对岸，对西哥特虎视眈眈。因为料想对手没有船渡河，阿塔纳里克便认为西哥特军队可以高枕无忧，不会很快受到攻击。然而，一队匈人在一天夜里趁着月色纵马渡过了德涅斯特河。哥特军队受到惊吓，瞬间乱了阵脚。阿塔纳里克率众仓皇逃窜到了普鲁特河西岸，意欲修整当地一些被罗马人遗留下来的工事，再利用修复的工事抵御外敌。但西哥特人仿佛已经被吓破了胆，再也无心恋战，只顾着一心逃命。此时的弗里希恩与阿拉韦则派使者前去乞求罗马帝国皇帝准许自己渡过多瑙河。阿塔纳里克发现大势已去，无法说服民众奋起反抗，便率领一支几百人的队伍向西北方向逃去，最后来到一片被罗马作家称为高加兰达的地方。"高加兰达"这个名字很明显就是哥特语中的"豪哈兰达"一词的变体，也就是英语中的"高地"一词。这个地方很有可能指的是特兰西瓦尼亚的山区。

至此，四到五年的时间内，阿塔纳里克的统治便暂时告一段落，而阿塔纳里克的宿敌弗里希恩则在这四到五年里成为首领，统治着所有西哥特人。

---

① 克劳狄二世，罗马帝国皇帝，268年到270年在位。在位期间，领导罗马帝国摆脱危机，打败哥特人，元老院宣布克劳狄为"神圣的、打败哥特人的克劳狄皇帝"。——译者注
② 东罗马帝国与西哥特王国双方的和平状态于369年终结。——原注
③ 下一章我会讲到基督教在西哥特人中急速发展，多数西哥特人信奉了基督教。——原注

# 第7章

# 哥特使徒

**精彩看点**

乌尔菲拉斯主教——乌尔菲拉斯主教的出生及受教育情况——"罗马的第二个摩西"——阿里乌教派与天主教——乌尔菲拉斯主教的《哥特圣经》——乌尔菲拉斯主教去世

本章我们先暂停讲述哥特人的主线故事，将注意力转到一位在腥风血雨的动荡时代里穷其一生默默无闻推行善举、对后世产生的深远影响不输于任何士兵或政客的哥特人身上。约翰·弥尔顿曾一语道破一个令人心酸的事实：和平带来的胜利总是不及战争带来的胜利那么声名久远。读者虽然对前文提到过的各色人等有可能一无所知，乌尔菲拉斯主教的知名度也有可能不及一些浪得虚名的人，但读者也有可能听说过乌尔菲拉斯主教。

乌尔菲拉斯主教可能出生于310年或311年，不过具体的出生地点究竟在当时由哥特人占领及居住的辽阔土地的哪个地方，我们不得而知。据说乌尔菲拉斯主教不是纯粹的哥特人。乌尔菲拉斯主教的祖父曾是土耳其内陆卡帕多西亚地区的原住民，在约267年哥特人扫荡小亚细亚半岛时不幸沦为阶下囚。然而，乌尔菲拉斯主教的父母为他起了一个哥特名字。乌尔菲拉斯主教本人也用一生证明了自己在内心深处是一个彻头彻尾的爱国者。

阿瑞里克战败后，哥特人曾与君士坦丁大帝签订盟约并于332年派使者前往罗马都城缔结和平条款。至于当时年少的乌尔菲拉斯主教如何成了使者团的一员，我们只能凭空猜测。或许是因为乌尔菲拉斯主教的祖父曾在卡帕多西亚地区沦为俘虏，年少的乌尔菲拉斯主教因为机缘巧合学会了希腊语，又通哥特人的语言，因而是作为翻译随使者团前去罗马帝国。也有可能是因为乌尔菲拉斯主教是被选出来的人质,将要与阿瑞里克的儿子和其他一些哥特年轻人一道被留在罗马帝国,以要挟哥特人忠诚地践行双方的和平盟约。不知是不是出于本人意愿,乌尔菲拉斯主教最终留在了君士坦丁堡,并且受到了良好的教育,学会了说、写拉丁语及希腊语。

然而,乌尔菲拉斯主教就如同摩西①一样,虽然"启蒙于埃及人"且在法老的朝廷上生活自在、备享尊崇,但眼看着自己的族人处于水深火热之中,是无法心安理得地独善其身的。我们不知道乌尔菲拉斯主教在去君士坦丁堡之前是

法老朝廷上的摩西

---

① 摩西,一说卒于约公元前1201年。犹太教、基督教及伊斯兰教都视摩西为先知。——译者注

否已经信仰了基督教，但在乌尔菲拉斯主教之前的哥特人当中肯定也存在过极少数的基督教教徒。乌尔菲拉斯主教之前虽然还不是基督教教徒，但在抵达君士坦丁堡之后不久便信奉了基督教，而且内心充满了一种无法压抑的渴望。他渴望自己成为传教士，进而让残暴的异教徒哥特同胞们转而信仰基督教。怀着这样的愿景，乌尔菲拉斯主教成了一个牧师。乌尔菲拉斯主教三十岁那年，聚集在安条克理事会的主教们任命他为居住在多瑙河北岸的哥特人的主教。

此后的七年，乌尔菲拉斯主教致力于向居住在达契亚行省的哥特同胞们布道基督教教义和信条。虽然受到了哥特首领阿塔纳里克的种种残酷镇压，但乌尔菲拉斯主教仍然获得了数量众多的信众。随着阿塔纳里克对基督教的镇压愈演愈烈，乌尔菲拉斯主教最终不得不致信罗马帝国皇帝君士坦提乌斯二世，希望准许哥特人中的基督教教徒在罗马帝国安家，以免遭到哥特首领阿

罗马帝国皇帝君士坦提乌斯二世

塔纳里克疯狂的宗教迫害。君士坦提乌斯二世准许了乌尔菲拉斯主教的请求。乌尔菲拉斯主教随即带领成千上万的教徒渡过多瑙河，定居在默西亚行省巴尔干山脉脚下的尼科波利斯。君士坦提乌斯二世非常欣赏乌尔菲拉斯主教，他经常称赞乌尔菲拉斯主教是"罗马的第二个摩西"。由乌尔菲拉斯主教带到默西亚行省的哥特人，通常被称作小哥特人。他们在默西亚行省定居了几个世纪之久。这些哥特人安分守己地过着日出而作、日落而息的日子，从未参与任何发生在周边的血腥战争。

然而，当年并非所有信奉基督教的哥特人都随乌尔菲拉斯主教离开了达契亚行省，留守的哥特基督教教徒队伍迅速发展壮大。到369年，阿塔纳里克认为是时候有必要采取残酷手段来彻底镇压哥特基督教教徒了。然而，阿塔纳里克的死敌弗里希恩对待基督教教徒的态度与阿塔纳里克截然相反，不知是因为弗里希恩本人是基督教教徒，还是因为他对基督教教徒有特殊好感。如上一章中讲过的，在阿塔纳里克逃往特兰西瓦尼亚的山区之后，基督教教义在哥特人中的传播再无任何阻碍。不出几年，几乎所有的哥特人，无论是东哥特人还是西哥特人，都开始自称基督教教徒。

在此我需要给读者解释一下，当年在君士坦丁堡向乌尔菲拉斯主教传播基督教教义的基督教教徒基本都属于阿里乌教派。阿里乌教派是基督教内部的一个异端，认为圣子是被创造的存在。哥特人是经乌尔菲拉斯主教及其门徒的传道而信奉基督教的，所以自然属于阿里乌教派。了解哥特基督教教徒属于阿里乌教派这一背景非常重要，因为在以后的岁月中，哥特人的很多困境都源于阿里乌派教徒与天主教教徒彼此间的仇恨。阿里乌教派与天主教教派一贯认为对方教派比异教更令人不齿，因此总是残酷迫害对方教徒。而乌尔菲拉斯主教本人向来并不倾向于深究神学有关圣父、圣子、圣灵之间的关系问题，而是致力于向世人普及基督教教义中最简单平实而又纯粹的真理，以帮助人们多行善举，彼此宽厚，公正相待，并对上帝永远怀有爱戴和崇敬之心。

乌尔菲拉斯主教与教众一道在默西亚行省居住了三十三年，其间孜孜不

乌尔菲拉斯主教在哥特人中传教

倦地向新信奉基督教的异教徒传道,讲授基督教教徒的信仰和生活,还有意地培训牧师,以便在自己死后有人接班。此外,乌尔菲拉斯主教还用尽毕生心力完成了一项意义深远又艰难无比的任务。乌尔菲拉斯主教深知,如果想让基督教在哥特人中深深扎根并维持教义的圣洁,那么哥特人必须拥有用本族语言书写的《圣经》。因此,乌尔菲拉斯主教便开始投身于将《圣经》翻译为哥特语的伟大工程。

然而,乌尔菲拉斯主教在完成《哥特圣经》之前,还要先教会哥特同胞们阅读并以文字形式记录哥特语言。我在前文中曾讲过,哥特人已经拥有了一套

乌尔菲拉斯主教翻译《圣经》

属于本族语言的字母表。但乌尔菲拉斯主教似乎更倾向于摒弃哥特如尼字母，因为如尼字母中记载了很多异教信息。最终，乌尔菲拉斯主教选择使用希腊语来书写《哥特圣经》，并且按照当时书籍中普遍采用的方式——字母全部用大写来书写。同时，在处理一些无法用希腊字母准确表达的哥特语的发音时，乌尔菲拉斯主教会借用如尼字母中的字母来表达，但会改变采用的如尼字母的形状，以便让使用的如尼字母在最大程度上与拉丁字母形似。我们得到的最早的《哥特圣经》的手抄本写于乌尔菲拉斯主教辞世一百五十年之后。该手抄本的字母形式应该是在之前的岁月变迁中经过些许改动。但要了解其的含义并非难事，所谓哥特字母表其实就是附加了几个新符号的希腊字母表的变体。

乌尔菲拉斯主教的翻译在当时无疑是一旷世杰作。一个哥特人能够在4世纪深谙希腊语，精确理解《圣经》的内容，并且能用另外一种语言将《圣经》翻译出来，从而忠实再现原文，这些都绝非易事，而且这还需要一个由长年累月养成精确思考的习惯才能滋养出的非凡头脑。当然，乌尔菲拉斯主教翻译的《圣经》中也有极少篇幅的内容似乎与原文本意有出入。基督教《圣经》中的很多词语在哥特语中根本找不到对应的词语，因为很多词语都是指代文明世界的事物或行为，或者指代属于基督教的思维方式，所以对于一直处在异教成长环境中的哥特人来讲是非常陌生的。至于乌尔菲拉斯主教是如何解决两种语言背后的文化缺省问题的，一直以来都是个谜。举例来说，乌尔菲拉斯主教用来表示"写"这个动词的词更准确的意义是"绘画"或"制作"。此外，乌尔菲拉斯主教还用"唱"这个词来表达"读"的意思。毫无疑问，这是因为教徒们在读《圣经》时通常采用唱腔。然而，我们的先祖盎格鲁-撒克逊人采用了不同于乌尔菲拉斯主教的策略来表达"写"和"读"的意思。盎格鲁-撒克逊人选择继续使用古人在木头上篆刻如尼字母的时期使用的古老词语。现在英语中的"写"这个动词很可能意味着"刮擦"或"雕刻"，而"读"这个词最初的含义是"猜测"或"解谜"，就如同"如尼字母"一词本身就代指"只有智慧超群的人才能破解的秘密或神秘存在"。乌尔菲拉斯主教似乎有意避开了上述表达方式。因为在他看来，基督教中的书写文字与哥特异教徒的雕刻如尼字母完全就是毫不相干的两码事。

下面选取一段乌尔菲拉斯主教采用字对字的直译法翻译而来的《哥特圣经》中哥特版上帝祷告词。从这段祷告词中，人们可以看出英语与哥特语非常相似。文中的斜体英文词语与翻译的相应的哥特词语都出自同一源头。

Atta unsar thu in himinam, weihnai namo thein. Qimai Father our thou in heaven, be hallowed name thine. Come thiudinassus theins. Wairthai wilya theins, swe in himina yah in kingdom thine. Be done will thine, as [so] in heaven also in airthai. Hlaif unsarana thana sinteinan gif uns himma daga. earth. Bread [loaf] our the continual give us this day. Yah aflet uns thatei skulans siyaima, swa swe yah weis And forgive [off-let] us that which debtors we are, so as also we afletam thaim skulam unsaraim. Yah ni bringais uns in forgive [off-let] the debtors our. And n-ot bring us in fraistubnyai, ak lausei uns af thamma ubilin. Unte theina ist temptation, but loose us from [of] the evil. For thine is thiudangardi, yah mahts, yah wulthus in aiwins.
kingdom, and might, and glory in ages.

我们并不十分了解乌尔菲拉斯主教翻译的《哥特圣经》。曾有一位古代作家称，乌尔菲拉斯主教在翻译过程中省略了《圣经》中的《列王记》，因为乌尔菲拉斯主教担心类似以色列战争之类的故事对像哥特人这种好战民族会产生教唆作用。这种说法符合我们了解的乌尔菲拉斯主教的性格。一想到战争之类的素材会对本来已经很好战的哥特同胞产生不良的诱导作用，乌尔菲拉斯主教必然会感到些许不安。但读者们也许会认为《圣经》中的《约书亚书》和《士师记》比《列王记》更有可能激起哥特人的好战情绪。事实的真相也许是乌尔菲拉斯主教并未能在有生之年完成全部的《圣经》翻译工作。那么毫无疑问，对自己毕生追求的塑造良善基督教教徒这一伟大目标毫无益处的书，乌尔菲拉斯主教肯定会一笔带过。

乌尔菲拉斯主教的《哥特圣经》流传到现在的版本中包含的内容涉及全部《福音书》和《保罗书信》详情，以及《以斯拉记》和《尼希米记》选段。迄今为止，人们共找到六份不同的手抄本。其中最重要的一份手抄本出土于16世纪神圣罗马帝国韦登的一座修道院。几经辗转，最终于1662年被瑞典的芒努斯·加布里埃尔·德·拉·加尔迪收购并用纯银装订。该手抄本因此得名《银色圣经抄本》，又称《银皮书》，现保存于乌普萨拉大学。在欧洲，要是哪个图书馆能够拥有该手抄本，则是无上的殊荣。《银皮书》也定会成为该图书馆的镇馆之宝。

芒努斯·加布里埃尔·德·拉·加尔迪

《银皮书》全文以隽秀的金、银色字书写在紫色的羊皮纸上，内容涵盖《福音书》节选。至于其余五份手抄本，一份于17世纪出土于神圣罗马帝国，剩下的均于1817年前后出土于意大利。

360年，乌尔菲拉斯主教访问君士坦丁堡并出席了当地举办的一场教会议会。381年，已到古稀之年的乌尔菲拉斯主教奉狄奥多西大帝的命令，前去与另一个已经在哥特人当中发展了众多教徒的新兴教派的教员们论教。但不幸的是，乌尔菲拉斯主教刚刚返回君士坦丁堡便身染重疾，最终不治而亡。弥留之际，乌尔菲拉斯主教亲手撰写了一份有关自己对于基督教的信仰告白作为遗嘱，交由门徒奥森丢妥善保管。

# 第8章

# 阿德里亚堡战役

## 精彩看点

西哥特人渡过多瑙河——西哥特人受罗马人压迫——弗里希恩的耐心——叛变——瓦伦斯激起众怒——阿德里亚堡战役——罗马史上黑暗的一天

在第六章末尾我们曾提到过，弗里希恩成为西哥特人的首领并率领西哥特人定居于多瑙河北岸。因屡次受到匈人的攻击，时刻担惊受怕，弗里希恩便请求瓦伦斯准许西哥特人渡过多瑙河并成为罗马帝国的子民。瓦伦斯当时在亚洲——有可能在安条克城——接见了弗里希恩派来的使者。使者将西哥特人生活在水深火热之中的情境——告知，并承诺一旦获准在色雷斯行省安家，西哥特人将甘愿成为对罗马帝国忠心耿耿的顺民。因情况十万火急，希望瓦伦斯能当即给出回复。客观地讲，瓦伦斯的手下当时也是经过反复斟酌、深思熟虑后才做出了决定。然而，这个决定却是一个最终几乎让罗马帝国走向覆灭的决定。当时有一些罗马帝国的大臣认为，如果允许数量如此庞大而又桀骜不驯的蛮族人踏入罗马帝国领土，必然有潜在的危机。然而，其他官员则一致声称罗马帝国正处于严重缺乏劳动力的状况，长期以来人口规模不断缩小，而西哥特人提供的正是能一举为罗马帝国增添一百万子民的黄金机会。多番审时度势、唇枪舌剑后，罗马帝国批准了西哥特人的请求。如果当时罗马帝国能够宽厚、公正地对待入境的西哥特人，也许就能逃脱悲惨的命运。可现实是，罗马帝国虽然名义上将西哥特人纳为子民，却对西哥特人欺压凌虐，最终导致不堪忍受压榨的西哥特人奋起反抗，以不可避免的灾难告终。

瓦伦斯命令驻守在多瑙河沿岸的罗马官员做好准备，帮助西哥特人渡河。

数量充足的船到位后，西哥特人的大迁徙正式拉开序幕。日复一日，在很长的时间内，宽阔的多瑙河河面上的船川流不息。西哥特人争先恐后地挤进船舱，很多人在渡河途中不幸跌落入水，甚至有时整船的人都会丧命。罗马人起初试图清点上岸进入罗马帝国的西哥特人的数量，但随着西哥特人如潮水般涌入，只好打消了清点人数的念头。

如果说最初的西哥特人非常感恩罗马帝国能够给自己一方安全的避难所来免于野蛮敌人的杀戮，那么很快，感激就演变成了歇斯底里的愤怒。因为西哥特人的孩子被罗马人生生从父母身边夺走，送到了罗马帝国的边远地区。罗马帝国之所以采用如此残忍的手段就是为了威胁西哥特人。如若西哥特人胆敢轻举妄动，那么他们的孩子将性命不保。然而，此举令荒蛮的西哥特人怒不可遏，激发了西哥特人疯狂的复仇之心。瓦伦斯天真地认为只要下令收缴西哥特人的武器便可高枕无忧，没料到身经百战的西哥特人早已用战利品将自己从头武装到脚了，并且轻而易举地贿赂了罗马官员放任自己保留武器。

当瓦伦斯听闻西哥特人不但并未如自己想象中那般不堪一击，反倒被逼成一支满怀怒火的劲旅时，这才意识到自己当初允许西哥特人入境是一个巨大的错误。为了防止酿成不可弥补的大错，瓦伦斯下令将西哥特人划分为数个小分支，并分别派遣至罗马帝国的不同区域。就在这个时候，当年没有向匈人屈服的东哥特人也请求瓦伦斯能够恩准自己渡过多瑙河成为罗马子民。毫无疑问，罗马帝国断然拒绝了东哥特人的请求。然而，东哥特人并未理会来自罗马的拒绝，反而自行寻觅到一处没有罗马军队守卫的地点，一举渡过多瑙河，并且投入到弗里希恩的麾下。

如此数量庞大的外来者如洪水般一下子涌入罗马各行省后，解决生存问题便成了当务之急。瓦伦斯命令部下准备所需的补给品，以合理价格卖给哥特人，直到哥特人能够通过耕种及豢养牲畜自给自足为止。但事与愿违。罗马帝国色雷斯行省的执政官员弗拉菲乌斯·卢皮奇努斯及马格努斯·马格西穆斯，均是贪得无厌之辈。他们将哥特人的困境当成了以横征暴敛来扩充自己金库

马格努斯·马格西穆斯

的契机。这些官员将粮食供应权牢牢攥在自己手中,并按照缺货行情以高价少量出售给哥特人,同时严禁其他任何人以较低价格出售粮食。悲惨的哥特人饥肠辘辘,却不得不用一个奴隶来换取一个面包,或是用十磅银子的高价购得一只动物。哥特人还经常被迫食用病死的狗或其他动物的肉来充饥。有些哥特人甚至不惜卖儿卖女,认为与其让孩子活活饿死,不如卖身为奴,这样还能够活命。

虽然一系列惨绝人寰的压榨凌虐令哥特人苦不堪言,但弗里希恩始终能令部下对自己忠心耿耿,甚至能安抚哥特人不要以暴力手段去抢掠罗马人。弗里希恩似乎竭尽全力渴望与罗马人维持和睦友好的关系。当然,弗里希恩肯定还顾虑着被送到罗马帝国边远地区当人质的孩子们的性命,不敢轻举妄动。但弗里希恩一向主张:如果有一天罗马帝国对哥特人的欺压让哥特人忍无可忍,那么全部哥特人必须要团结一致才能奋起反抗。

时机如期而至。弗拉菲乌斯·卢皮奇努斯邀请弗里希恩和其他一些首领去马西安波利斯城赴宴,每人可带少量随从共同前往。当时哥特人就在马西安波利斯城的城墙外扎营。宴会正在举办的时候,马西安波利斯城城门处的罗马士兵与饥饿的哥特人发生了冲突。冲突原因是当时哥特人眼看着不远处就有供应食物的市场,但自己无权购买,继而引发了不满。在冲突中,哥特人杀死了

罗马士兵

一些罗马士兵。从宿醉中醒过来的弗拉菲乌斯·卢皮奇努斯秘密得知事情始末后，下令屠杀弗里希恩的随从。弗里希恩听到外面的抗议声不绝于耳，就已经对发生的事情猜到了八九分。弗里希恩不愧才智过人，只见他毫无惊慌之意，云淡风轻地说道，既然事已至此，必须要亲自去向自己的子民呼吁停止骚动。向随从们示意后，弗里希恩便一路快速穿过街道，径直来到马西安波利斯城城门口。围观的罗马人都被弗里希恩的行为震惊得说不出话来，更无人出面阻止。所有的首领回到自己的营地后，便将在马西安波利斯城的遭遇向同胞们和盘托出，并且宣告与罗马人的和平关系就此中断。哥特人期盼这一天为时已久，爆发出震耳欲聋的欢呼声。用哥特人的话来说："即便战死沙场，也比忍饥挨饿、苟延残喘要好。"很快，哥特人的号角声传来，警告马西安波利斯城的罗马士兵：战幕已然拉开。

弗拉菲乌斯·卢皮奇努斯立即整顿军队上阵迎敌，不料罗马军队颓然败北。生性懦弱的罗马将军甚至在战斗还未结束便溜之大吉，逃进城里保命去了。内心积怨已久、满怀着新仇旧恨的哥特人随即向色雷斯行省的无辜民众展开了疯狂的屠杀，以此来一雪前耻。同时，加入哥特大军的还有一些原本效力于罗马皇室，却因罗马人的狂妄自大而被逼造反的士兵，以及原本在色雷斯行省的诸个金矿劳作的奴隶。残暴的金矿的主人都因战事纷纷逃命。重获自由的奴隶们欣然拜倒在哥特人的旗下，并将粮食和宝藏的储藏地告知哥特人。

我们暂且不必大肆描述接下来发生的事件。当时在一处被称为"杨柳堡"的地方发生了一场大战。双方不分胜负，但均伤亡惨重，尸横遍野。战后很久，杨柳堡仍到处都是未埋葬的死者的尸骨。另一场大战发生在赫布鲁斯。罗马将军塞巴斯蒂安获胜，并获得了数量惊人的战利品，以至阿德里亚堡和周边的平原地区都无法容纳。双方还发生过数次无足轻重的冲突摩擦，胜负参半。尽管战事不断，但哥特军队变得越来越强大，并不断有新的成员加入。有泰菲斯人、斯基泰人、从匈人队伍中逃脱的东哥特人，甚至还有匈人部落。

378年夏，瓦伦斯返回君士坦丁堡，发现自己成了众矢之的。只要一在公众面前露面，便会招来铺天盖地的谩骂声。民众群情愤慨地指责瓦伦斯当年允许哥特人入境简直愚蠢至极，不能身先士卒亲自率兵剿灭哥特人更是令人不齿的懦夫行为。瓦伦斯深知民众的责难不无道理，深知自己的确犯了弥天大错。即便当初的本意是好的，自己也绝非懦夫之辈，可也无法对民众的呼声置之不理。当瓦伦斯得知民众开始将自己与侄子格拉提安进行对比后，更加无地自容。格拉提安是新任的西罗马帝国皇帝，年龄虽小却胆识过人且功勋赫赫，曾以辉煌战绩大败莱茵河及多瑙河上游的日耳曼人。瓦伦斯决心要不顾一切艰难险阻，破釜沉舟去弥补自己犯下的过错。在君士坦丁堡停留短暂几日后，瓦伦斯亲自挂帅，启程前往前线。当时罗马军队正扎营于阿德里亚堡城墙下。

格拉提安

正当瓦伦斯与部下商量战事时，西罗马帝国皇帝格拉提安的一个将军弗拉菲乌斯·里克默带着他的手信来到帐前通报称，格拉提安即将亲自率兵前来支援，并请求瓦伦斯在格拉提安到来之前不要轻举妄动。如果瓦伦斯当时能听信弗拉菲乌斯·里克默的建议按兵不动的话，自己的悲剧也许就不会上演。可一些阿谀奉承之流这时谏言劝说瓦伦斯，切莫被自己的侄子格拉提安抢了战功和荣誉，因为这原本就是一场胜利在望的战争。听信了谗言的瓦伦斯便加紧战事筹备，期望能在格拉提安到来之前就结束战斗。

就在罗马军队万事俱备只待开战之时，一个哥特牧师在几个身份卑微的哥特人陪同下觐见了瓦伦斯，并带着一封弗里希恩的信函，称只要罗马帝国承认哥特人是色雷斯行省的主人，那么双方便可弃战求和。有人认为这个哥特牧师正是乌尔菲拉斯主教本人，但这种可能性较小。除了这封明显凝结了哥特方整体意愿的官方信函，哥特牧师还带来一封弗里希恩写给瓦伦斯的私信，声称如果哥特人轻易如愿的话，很可能不会恪守和平约定，所以建议瓦伦斯向哥特人好生展示一番罗马帝国的武力，以证明罗马帝国的让步并非是因为软弱。我们很难理解弗里希恩此计的用意到底是什么。将这个匪夷所思的故事公之于众的历史学家猜测，看到如此自相矛盾的信后，罗马人肯定如丈二和尚般摸不着头脑，只能将哥特使者打发回去，并未做出任何回复。

378年8月9日上午，瓦伦斯将全部珍宝妥善存放于阿德里亚堡城内后，踏上了攻打哥特人的征程。罗马大军行进了八英里后，忽然在明晃晃的烈日里看到哥特人的四轮马车仿佛从天而降。罗马步兵紧急列阵，而哥特人则按照惯常做法，在战前发出了排山倒海般的呐喊声，以此来鼓舞士气。罗马军队的突然袭击令弗里希恩措手不及，当时阿拉索斯和萨弗拉克斯两位将军率领的东哥特人正在数英里以外寻觅战利品，必须立即将他们召回。为了拖延时间等待援军，弗里希恩假意举起了白旗，装作想与罗马人商议投降事宜。罗马人果然落入了陷阱，回复称只要弗里希恩选派一些哥特人中地位尊崇的贵族来传递具体的求和建议，罗马则愿意与哥特交涉受降事宜。罗马使者带回的消息称弗里希恩愿意亲自前来谈判，条件是罗马需提前选派一位地位显赫的官员前去哥特营地作为人质。哥特人出其不意的提议令罗马人欢欣雀跃，当即开始讨论究竟送谁前往哥特营地。罗马人全票通过选派罗马朝廷重臣，同时是瓦伦斯的亲属——艾奎蒂乌斯前往。但艾奎蒂乌斯断然拒绝了这个极其危险的差事，声称自己曾被荒蛮的哥特人俘虏过，九死一生，如果再落入哥特人之手，根本无法预料哥特人会对自己做出什么惨绝人寰的事来。最终，弗拉菲乌斯·里克默化解了争议，挺身而出，愿意做人质。在罗马官方这段漫长的讨论过程中，罗马士兵都待在炎炎烈日下，不进米水，精疲力竭，而哥特大军则在自己的营地中养精蓄锐。

　　在前往哥特大营的途中，弗拉菲乌斯·里克默被紧急召回，并得知双方的战斗已然打响。原来是效力于罗马军队的一些伊比利亚人士兵因漫长的等待失去了耐心，便不等命令自行向哥特人发动了进攻。伊比利亚人上阵后迅速列开作战方阵，而正值此刻，恰逢哥特军队期盼已久的东哥特骑兵返回，东哥特骑兵以排山倒海之势直捣罗马军队展开厮杀。那时的一位作家曾形容当时的形势有如电闪雷鸣般惊天动地。弗里希恩下令吹响了战斗的号角。罗马骑兵很快便溃不成军，步兵则被团团围住，根本无法使用武器。又因饥肠辘辘精疲力竭，数千罗马步兵只得如待宰的羔羊般被疯狂屠戮。罗马将军维克托料想瓦伦斯肯定已被贴身护卫们抛弃，处境危险，便前去解救，但并未找到瓦伦斯。维克托随即与其他将军一道离开了战场。哥特人对罗马军队的大屠杀一直持续到深夜才告一段落。

　　此战过后，每天仍有哥特人前往战场，在罗马阵亡士兵身上搜刮战利品。这持续了多日。因此，幸存的罗马人没人敢贸然回去寻觅瓦伦斯的尸首。瓦伦斯当时的遭遇直到多年以后才被世人知晓：一个从哥特战俘营中逃脱的罗马年轻人自称当年曾是负责运送瓦伦斯的年轻人之一，这些年轻人将当时受了箭伤的瓦伦斯紧急送往战场上的一处小屋，试图护理伤口。哥特士兵欲破门而入，但未能成功，因为不知道屋里的人究竟是谁，便一把火烧了小屋。当时屋里所

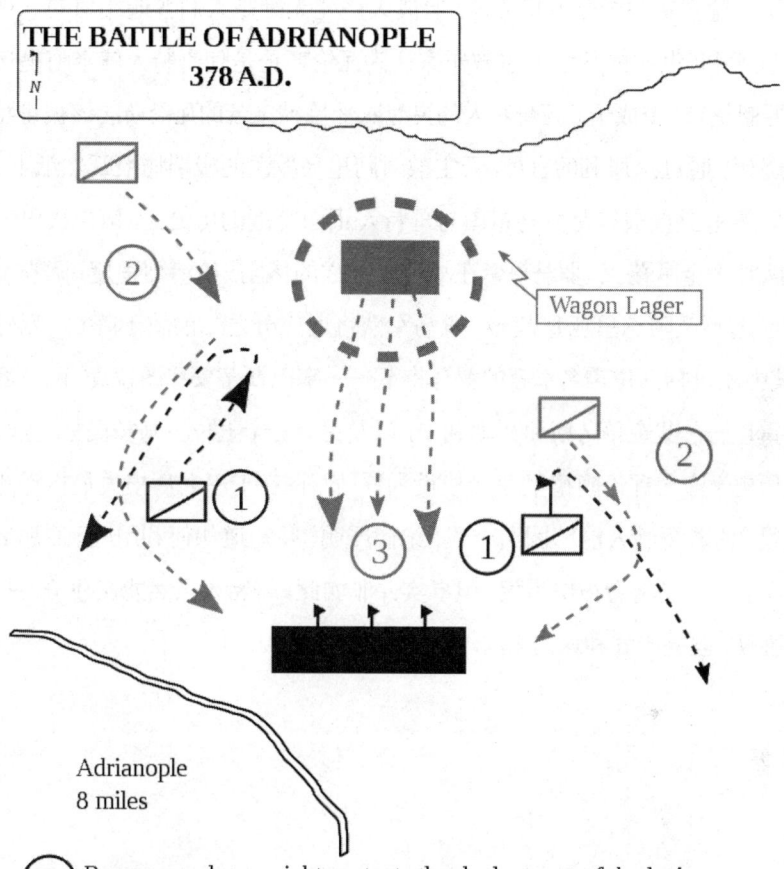

阿德里亚堡战役示意图

有的人，除了这个年轻人跳窗逃生，均不幸葬身火海。哥特人事后得知自己痛失了活捉罗马皇帝从而勒索罗马帝国的机会，无不捶胸顿足。关于瓦伦斯死因的说法究竟真实与否已无从考证，但被火烧死无疑是人们普遍相信的一种说法。5世纪和6世纪的几位天主教作家认为瓦伦斯正是使哥特人信奉阿里乌教派的罪魁祸首，令成千上万哥特人的灵魂永受炼狱之苦的瓦伦斯活该被哥特人活活烧死。通过这犀利的言辞，天主教对阿里乌教派的极端痛恨跃然纸上。

阿德里亚堡战役是罗马帝国与哥特人正面交战的历史上，第二次出现罗马军队几乎全军覆灭、罗马皇帝在战争中阵亡的惨剧。论惨烈程度，阿布里塔之战远远不及阿德里亚堡战役。罗马军队将近三分之二的将士阵亡，死殍遍野，其中还包括两位声名卓著的罗马将军——塞巴斯蒂安和图拉真，两位罗马朝廷重臣——艾奎蒂乌斯和瓦勒利安，以及另外三十五位罗马护民官。当时的一位历史学家曾评论阿德里亚堡战役为罗马军队在卡恩之后损失最惨重的一次战役。倘若哥特人能够团结一致、纪律严明，并知道如何利用胜利，那么毫无疑问罗马帝国将会很快覆灭。但事实并非如此。哥特人虽然能在战争中打漂亮的胜仗，但关于胜利这门学问，他们仍需多加学习。

第9章

# 哥特人与狄奥多西大帝

**精彩看点**

风雨飘摇的君士坦丁堡——屠杀哥特人质——狄奥多西大帝的治国方略——阿塔纳里克进入君士坦丁堡——罗马人统治哥特人——狄奥多西大帝面临的危机

阿德里亚堡之战次日的清晨，得知瓦伦斯的宝藏均藏于城内的哥特人立即乘胜围攻阿德里亚堡城。攻城必须先破城墙，而"与石墙鏖战"所需的耐心远远超出了荒蛮的哥特人能接受的程度。当第一次攻城以惨重的伤亡宣告失败后，哥特人便愤愤地咒骂着放弃了再次攻打阿德里亚堡城的念头。两天后，哥特人转而进攻君士坦丁堡。哥特人一开战即对君士坦丁堡展开了疯狂攻势，几乎一举攻破城门。倘若哥特人能一直保持战斗士气的话，或许会很快攻占君士坦丁堡。然而，当时恰逢一队服役于罗马军队的阿拉伯人骑兵出城，与哥特人爆发了激烈的冲突。虽然这只是小规模的对阵，对整个战局的影响无足轻重，然而，哥特人目睹了对方的一个阿拉伯骑兵在杀死对手后吸干了死者的血。亲眼所见食人行为对哥特人产生了巨大的冲击。惊恐万分的哥特人一想到交战对手都是如此毫无人性的暴徒，不禁胆战心惊。哥特人继续围攻了君士坦丁堡数日后，见破城仍无望，便弃城而去，沿途带走了君士坦丁堡城外郊区的大量战利品。哥特人一路向北游荡，直至再次踏入自己曾经大肆烧杀抢掠过的黑海到亚得里亚海之间的诸省。

　　关于阿德里亚堡战役后的两年中哥特人在色雷斯行省和伊利里亚行省的所作所为，我们只有零星半点儿的道听途说。罗马作家们椎心泣血地控诉着哥特人犯下了滔天罪行，却没有陈述具体事件。然而，即便哥特人有种种暴行，也远不及号称出身文明世界、信仰基督教的罗马军队在阿德里亚堡战败后对无辜民众进行疯狂报复的种种声名狼藉的行为那般惨绝人寰、令人不齿。前文讲过，历史上哥特人与罗马帝国数次签订和平盟约时，哥特人都被迫将贵族阶层的众多子嗣当作人质交给罗马帝国。罗马人认为此举能够震慑哥特人，使其忠诚地践行盟约。年轻的哥特人质通常都被送往东罗马帝国，也就是我们现在称为小亚细亚的地区。当时这里大多数城市内都有着数量庞大的哥特年轻人。时任东罗马帝国军事指挥官的朱利叶斯察觉到流言四起。阿德里亚堡战役传来的战报令哥特的年轻人质们欢欣鼓舞，甚至流露出了反抗的情绪。当时东罗马帝国朝野上下并未指定瓦伦斯的继承人。于是，朱利叶斯便从君士坦丁堡元老院获得了相关命令。根据元老院命令，朱利叶斯有权自行决断并采取任何对罗马帝国有益处的行动。随后，朱利叶斯密令小亚细亚诸省的执政官以礼物或荣誉为噱头，引诱各自所在行省的哥特人质于特定的一天集结到所在城市的集贸市场。只待哥特人质集结完毕，军队便会包围集结地。手无寸铁的哥特人质只能惨遭屠杀，无一幸免。朱利叶斯丧尽天良的计划成功实现。作为始作俑者，朱利叶斯简直被吹上天。赞扬他的人声称正是朱利叶斯的功劳才免除了东部诸行省的一场大难。虽然从这些哥特年轻人成为人质的那一刻起，就已然沦为一颗弃子，在双方的盟约破裂后，势必要灰飞烟灭。可即便哥特人毁约在先，朱利叶斯罄竹难书的罪行及罗马帝国的助纣为虐也都是无法掩盖的事实。

幸运的是，最终成为瓦伦斯继承者的新皇帝与朱利叶斯的性情截然不同。379年1月，西罗马帝国的格拉提安任命狄奥多西大帝为东罗马帝国皇帝。在位十六年里，狄奥多西大帝如同继奥勒良之后罗马帝国史上几位真正的明君一样，再一次向世人证明了，只要帝国坚持施行仁政、践行公平正义，就能够使像哥特人那般伺机骚动的种族都安分守己、化敌为友。

然而，狄奥多西大帝深知，要想彻底收服哥特人，必须要先树立威信。树立威信的第一步就是要重整东罗马帝国已然分崩离析的军队，并想办法让士兵从阿德里亚堡战役惨败的恐惧中重新振作起来。狄奥多西大帝的政策是绝不贸然进行任何没有把握的大规模战斗。只有在己方占尽天时地利人和等优势，并能锁定胜局的情况下才会开战。此举可谓一举两得：一来能令士兵们逐渐尝到胜利的滋味后重获信心；二来能让哥特人产生"胜利总是上帝眷顾罗马"的错觉，以此打击哥特人的锐气。此外，哥特人内部的分歧大大增加了罗马帝国的胜算，不时会有感觉自己被弗里希恩怠慢的哥特首领倒戈投靠罗马帝国。狄奥多西大帝则给哥特的倒戈首领们予以各种荣誉和奖赏。其中有一个叫莫达哈里的哥特倒戈者，在罗马军队中被授予高级指挥权，也正是莫达哈里在日后的罗马帝国与哥特人的大战中率军为罗马帝国赢得了最具决定性意义的胜利。

　　弗里希恩大致死于379年或380年，具体日期不详。弗里希恩去世的次年，阿塔纳里克随即渡过多瑙河进入罗马领域。我们无法得知阿塔纳里克是如何摆脱曾向父亲奥瑞克发过的绝不踏足罗马领土的誓言的禁锢，或许所谓发誓的说辞一开始就只是阿塔纳里克的借口罢了。到达罗马后不久，阿塔纳里克就以绝对优势被西哥特人拥立为新首领。阿塔纳里克上任后做的第一件事便是迫不及待地与狄奥多西大帝订立和平盟约。狄奥多西大帝邀请阿塔纳里克到君士坦丁堡，并极尽奢华地宴请了阿塔纳里克。在君士坦丁堡的所见所闻强烈震撼了阿塔纳里克。用阿塔纳里克自己的话来说："我经常听人们说起君士坦丁堡是何等辉煌的一座城池，以前一直以为那些说辞都是人们在吹嘘，没想到竟然是真的。罗马帝国的皇帝堪称存在于人间的神，任何反抗之人简直都不配为人。"抵达君士坦丁堡之后不久，阿塔纳里克便撒手人寰了，于381年1月去世。死后，阿塔纳里克享受罗马皇家礼制的葬礼待遇。罗马帝国还为阿塔纳里克斥巨资竖立了纪念碑以示荣耀。

　　阿塔纳里克去世后的两年里，当初没有参与阿塔纳里克与罗马帝国签订和平盟约的西哥特部落一个个被利诱，纷纷臣服于狄奥多西大帝。386年，一些当年追随阿拉索斯和萨弗拉克斯两位将军而去，而今在一个新首领奥塔索斯统治之下的东哥特人在袭击了日耳曼北部和西部后，又回到了达契亚行省，并试图渡过多瑙河，进入色雷斯行省。然而，船队意外遭到罗马士兵半渡而击。大量的东哥特人要么死于刀剑，要么溺亡于多瑙河，剩下少量成功上岸的人立即向罗马军队举手投降。

如此一来，除居住在多瑙河河口及黑海北岸处于匈人统治下的东哥特人，所有的哥特人都向狄奥多西大帝俯首称臣。狄奥多西大帝深知哥特人的秉性是吃软不吃硬，要想确保哥特人忠心耿耿，必须要有所作为，令哥特人发自肺腑地称道赞誉，得到哥特人由衷的认可。因此，狄奥多西大帝对哥特人示以友好和信任。西哥特人在色雷斯行省分得了土地，东哥特人则在小亚细亚地区。罗马帝国还另外赠送给哥特人大批谷物和牲畜。哥特人获权依据本民族的古老律令进行民族自治。哥特的士兵被编入一支独立军队，号称罗马帝国同盟军，收入颇丰，并且享有多项特权。很多哥特贵族得到晋升，手握重权，为罗马帝国和皇室效力。这一系列措施的确取得了预期的效果。当然，世事不能令每个人都心满意足，时而会有不满情绪出现是在所难免的。然而，狄奥多西大帝在位期间，绝大多数哥特人都对狄奥多西大帝充满了感恩之心，并誓死忠心效力。后来狄奥多西大帝出兵剿灭西罗马帝国篡位者马格努斯·马格西穆斯及弗拉菲乌斯·尤金尼厄斯时，哥特的勇士们功不可没。

显而易见，狄奥多西大帝在当时所处的历史环境下选择了一条最正确的路径，因为罗马方无法强行驱逐或者征服哥特人，唯一收服哥特人的方式就是采取怀柔政策，令哥特人感受来自罗马统治者的善意。如果罗马方只是象征性地采取一些不痛不痒的手段试图糊弄哥特人，那么结果可想而知。狄奥多西大帝针对哥特人推行的不折不扣的信任政策看似过分"鲁莽"，可这份让外界看来的"鲁莽"正是狄奥多西大帝信任政策的精妙之处。

然而，当时的局势的确错综复杂，以致不论采取什么样的政策，似乎都暗含着令人不寒而栗的危机。不妨来想象一下东罗马帝国当时的境况：与罗马本国民众在语言、民族情感、宗教方面都有分歧，并且在不久之前还战胜过罗马人的异族人，他们正居住在帝国中心区域，且数量庞大；异族人的四万将士已

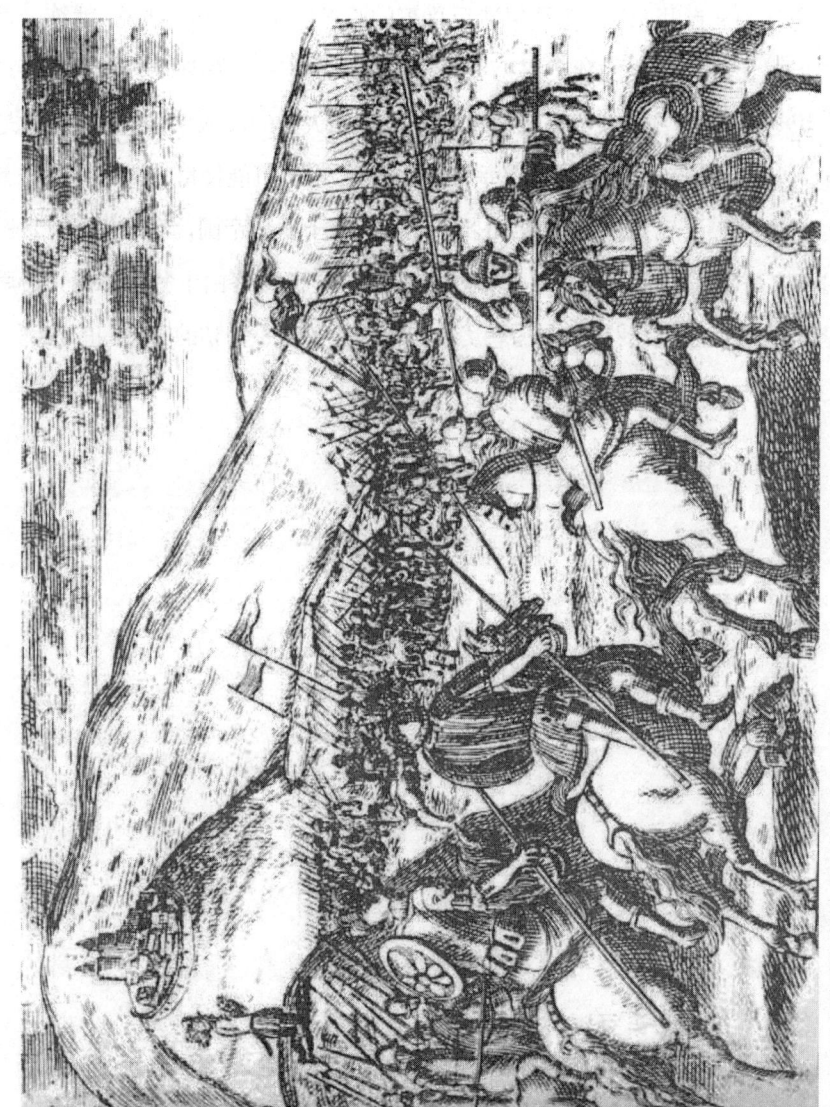

狄奥多西大帝出兵剿灭弗拉菲乌斯·尤金尼厄斯

组建了独立的军队,并由罗马供给武器,还受到身经百战的罗马将军们的悉心教导,学习兵法。没过多久,来自罗马帝国的过分放纵就使哥特人恃宠而骄,无法容忍任何一点儿怠慢,而且想造反称王的心思也呼之欲出。据说,就连一贯被哥特人认为是朋友的狄奥多西大帝,听闻哥特人在战争中损失惨重的消息后,也难掩高兴之情。我们其实不必对狄奥多西大帝的反应感到意外,即便是在他之后的罗马帝国史上其他名垂青史的明君,也不可能使哥特人对罗马帝国长期忠心。我们无法想象,如果哥特人一直臣服于罗马帝国,历史将会是怎样的走向?哥特人的反叛有没有可能避免?无论如何,最终由于狄奥多西大帝后继者们的蠢行,以及罗马帝国历朝历代自私自利又野心勃勃的官员们的鲁莽,加速了哥特人走上反叛之路。

# 第10章
# 巴尔的斯家族的阿拉里克

**精彩看点**

狄奥多西大帝驾崩——无能的继承者——阿拉里克当选为西哥特国王——阿拉里克征战希腊——西哥特人进攻意大利——西哥特人大败撒军——拉达盖斯发动进攻——斯提利科与阿拉里克斡旋——罗马人背信弃义——阿拉里克力挽狂澜——阿拉里克成为意大利主人——强攻罗马——阿拉里克驾崩——阿拉里克的葬礼

395年1月，狄奥多西大帝驾崩。因为西罗马帝国的皇帝们相继驾崩，狄奥多西大帝在驾崩之前已是整个罗马帝国事实上的掌舵人。狄奥多西大帝将帝国一分为二，东部分给长子阿卡狄乌斯，西部分给次子洪诺留。然而，狄奥多西

阿卡狄乌斯

第 10 章 巴尔的斯家族的阿拉里克

洪诺留

  大帝的两个儿子执政后如傀儡一般,实权则掌握在朝廷官员和宠臣之手。虽然阿卡狄乌斯一直活到408年,洪诺留于423年驾崩,但对于我们讲的故事而言,这两位的存在与否都无关紧要。

  狄奥多西大帝在位时曾施以哥特人种种恩惠,引发了本国民众强烈的嫉妒和不满。狄奥多西大帝驾崩后,不满谴责声愈加激烈。有些鲁莽愚钝的民众叫嚣着让新继位皇帝裁掉所有哥特士兵,并将全部哥特人驱逐回多瑙河对岸。政府当然不可能采纳如此冒进的建议,可民意的力量也不容小觑,阿卡狄乌斯一继位便削减了哥特"盟友"的酬劳。

削减酬劳的政策危害极大。罗马人违背了盟约,不到几周的时间,几乎所有的哥特人都反叛了。

效力于罗马朝廷的哥特首领里有一位刚刚二十出头的小伙子,叫阿拉里克,是巴尔的斯家族的成员。阿拉里克虽然年纪尚轻,却已是一位优秀的作战指挥官,战功赫赫。然而,当要求晋升时,阿拉里克遭到了拒绝。阿拉里克随即加入西哥特人反叛罗马帝国的队伍,并立即受到拥戴,被推立为西哥特国王,开启了西哥特历史上威名远扬的巴尔的斯朝代。

阿拉里克

西哥特人在英勇的年轻国王阿拉里克带领下一路长驱直入,经过马其顿及帖萨里亚,并通过温泉关天险进入希腊境内。当年波斯大军进攻希腊时,列奥尼达一世曾率领三百斯巴达勇士在温泉关死守。然而,此刻西哥特人经过温泉关时,却如入无人之境。守卫的希腊士兵没有抵抗便仓皇而逃。阿拉里克率众快速穿越福基斯及维奥蒂亚地区,一路焚毁村庄,虏获民众充作奴隶,很快便屯兵扎营于雅典城外。雅典人向西哥特人支付了一笔巨额赎金,并安排了一场极尽奢华的盛宴招待阿拉里克。西哥特人随即撤军,雅典城安然无恙。然

阿拉里克来到雅典

斯提利科

而，希腊其他一些著名的城市，例如迈加拉、阿尔戈斯、科林斯及斯巴达难逃厄运，遭到了野蛮的西哥特人的大肆蹂躏。当地的居民要么丧命，要么沦为阶下囚，居民的所有财产亦被西哥特人洗劫一空。

西罗马帝国皇帝洪诺留的大将汪达尔人斯提利科，听闻西哥特人的暴行后本已打算动身率军前去迎战阿拉里克，但愚蠢的东罗马帝国朝廷拒绝了斯提利科的援助。不过，一年后，即396年，东罗马帝国不得不主动请求斯提利科作为援军应付内忧外患。抵达科林斯城后，斯提利科与阿拉里克在阿卡迪亚地区正面交锋，并成功地将阿拉里克驱逐至接近埃利斯的福洛地区的山地中。阿拉里克看似已成瓮中之鳖，无处可逃。斯提利科在阿拉里克的藏身之地的外围构建了层层防御工事，并将原本流经西哥特军队驻地的一条河流进行改道，断了西哥特军队的水源。罗马军队采取保守战术，没有主动发起任何攻击。罗马军队深信饥渴交加的西哥特人别无选择，只得投降或者背水一战且毫无胜算。

斯提利科坚信阿拉里克已是自己的囊中之物，便放任手下士兵四处游荡，随意抢掠。然而，斯提利科做梦也没想到自己的对手竟如此才智过人。令斯提利科大跌眼镜的是：在斯提利科还未能回过神来集结军队的当口，阿拉里克竟然突破了罗马军队的防线，之后向北跋涉了三十英里，所过之处皆是险峻地形，并且跨越了连接伯罗奔尼撒半岛与欧洲大陆的科林斯地峡。熟悉当地地形

科林斯地峡风光

的人们纷纷感叹，阿拉里克能在这样的地形情况下完成行军堪称惊天地泣鬼神的壮举。正当斯提利科准备追击阿拉里克之时，得到消息称东罗马帝国皇帝阿卡狄乌斯的官员已与阿拉里克签订了条约，当时阿拉里克已经攻占了伊庇鲁斯行省。劳师远征的斯提利科只得无功而返，回到意大利。

经过与东罗马帝国朝廷的层层斡旋，阿拉里克被东罗马帝国任命为伊利里亚东部地区的军事首领。也就是说，阿拉里克成为东罗马帝国欧洲部分所有领土的军事首领。阿拉里克上任后，第一件事就是下令为西哥特军队制造武器和盔甲。东罗马帝国皇帝阿卡狄乌斯的官员们对此无计可施。阿拉里克用了三年的时间韬光养晦。三年间他不间断地操练部众，等待机会给东罗马帝国致命一击，以获取更广阔更安全的领土。

400年秋天，阿拉里克得知斯提利科正在高卢作战，便率军潜入意大利。一年半的光景里，西哥特人在意大利半岛北部肆意妄为，如入无人之境。当时西罗马帝国皇帝洪诺留在米兰执政，为此只好匆忙准备前去高卢避难。罗马城也快速修葺了城墙，以防西哥特人的进攻。402年复活节当天，即3月19日，扎营于波伦提亚附近的阿拉里克军队，遭到了斯提利科军队的突袭。斯提利科准确地猜到西哥特人当日必然在做复活节礼拜，且西哥特人一定也万万不会想到同样身为基督教教徒的罗马人并非像自己一样对于神圣的复活节那么虔诚。虽然西哥特人没有做任何战斗准备，依然奋起反击，但最后不幸被击败。生活在当时的黑暗岁月中的唯一一位真正的诗人克劳迪安在描述"保护神"斯提利科的行动时讲述道：当时罗马人擒获的人质中包含阿拉里克的妻子。大战之前，阿拉里克的妻子幻想着胜利在望，幻想着自己会佩戴各式罗马妇女的珠宝首饰，并由丈夫擒获的罗马少女伺候，极度欢欣雀跃。克劳迪安用以描述阿拉里克妻子的言辞非常优美，不禁令我们想起《底波拉之歌》中的一些措辞优美的篇章。

尽管斯提利科在波伦提亚战役中获得了胜利，缴获了大量战利品，同时解救了数千罗马俘虏，但西哥特人并没有多少伤亡。阿拉里克率领西哥特军队有序撤退，并很快跨过波河，直逼罗马。可事与愿违，阿拉里克的军队中有多人在行军途中潜逃，导致阿拉里克不得不改变最初的计划。一开始阿拉里克意欲攻打高卢，不料遭到了斯提利科的半路截杀。斯提利科在维罗那大败阿拉里克。多亏了一匹快马，阿拉里克才得以侥幸逃脱。斯提利科并不急于彻底击败阿拉里克，而是希望有朝一日能利用阿拉里克成为自己与东罗马帝国皇帝阿卡狄乌斯的其他朝臣斗争时的一把利剑。斯提利科随即给阿拉里克一笔丰厚的佣金，条件是阿拉里克离开意大利。阿拉里克本身不愿意接受斯提利科的条件，可手下的将领们纷纷表示愿意接受和平。众望难违，阿拉里克最终不得不接受斯提利科的佣金，并率兵撤退至伊利里亚地区的阿莫纳。

西哥特人撤退的消息一经传来，整个意大利陷入了狂喜之中。404年，西罗马帝国皇帝洪诺留与斯提利科大肆庆祝取得的胜利，甚至为此专门修建了一座拱门，印刻着"哥特人已被征服，绝不可能东山再起"的字样。六年后，即410年，当征服了意大利的阿拉里克率领西哥特人走在拉韦纳的街道上时，也会目睹拱门上那些浮夸而自负的文字。西罗马帝国皇帝洪诺留在罗马短暂停留数月后，便启程前往拉韦纳居住。之后的数个世纪里，拉韦纳一直是意大利的统治者们最爱的住所。

阿拉里克在撤退之后的四年里仿佛销声匿迹了一般。不过在这四年里，哥特人发生了一件令人匪夷所思的大事。406年，一个叫拉达盖斯的国王率领着一支由汪达尔人、苏维斯人、勃艮第人、阿兰人及哥特人组成的庞大队伍突袭了意大利。拉达盖斯的出身是个谜。他有可能是来自于黑海附近的东哥特人，之前曾率领自己的部落成员对抗匈人。据说，拉达盖斯的军队由二十万将士构成，随行的还有将士们的妻儿老小。这二十万将士都是"异教徒"，下手异常凶猛血腥，惨绝人寰，被征服者无不闻风丧胆，所到之处激起的恐惧更甚于当年的阿拉里克。人们纷纷传言拉达盖斯曾发誓要焚毁都城，并将罗马帝国的元老院议员们作为祭祀品献给自己信奉的神明。

对于斯提利科而言，想要集结一支能够与拉达盖斯率领的蛮族队伍抗衡

拉达盖斯投降后被逮捕

的军队实非易事。拉达盖斯一路长驱直入,直抵佛罗伦萨。然而,正当拉达盖斯围攻佛罗伦萨时,斯提利科率兵筑造工事,将拉达盖斯的军队团团围住,并迫使拉达盖斯投降。拉达盖斯最终落得身首异处的下场,其他被赦免死罪的俘虏也都被卖作奴隶。

408年,在拉达盖斯的插曲过后,阿拉里克传奇一生的第二幕正式揭开。斯提利科一直梦想着有朝一日能将西哥特人作为牵制东罗马帝国的棋子,能成功说服阿拉里克为西罗马帝国皇帝洪诺留效力,并着手将所有伊利里亚地区的省份联合起来，统一听从西罗马帝国皇帝洪诺留号令。在所有的计划被完全执行前，斯提利科忽然改变了主意，想要等待更恰当的时机。阿拉里克向斯提利科索要自己效力于西罗马帝国应得的回报。斯提利科随即口若悬河般以长篇大论向罗马元老院转达了阿拉里克的诉求，并将阿拉里克描述为忠诚而有价值的盟友，还阐明了拒绝阿拉里克要求的后果。另外，斯提利科还告知元老院，阿拉里克曾出力抵抗篡位者君士坦丁三世——一位在高卢被军队拥立为王的将军，而篡位者君士坦丁三世麾下的兵力是西罗马帝国皇帝洪诺留无法抗衡的。

篡位者君士坦丁三世

罗马元老院议员们对于要向蛮族国王支付所谓"礼金"的要求倍感愤怒。有人甚至夸下海口称宁愿命丧火海也不愿如此卑躬屈膝。但斯提利科终究是斯提利科，他力排众议，在漫长而激烈的讨论过后，反对声慢慢消失。在投票决定支付四千磅白银的巨额"礼金"过程中，仅有来自朗帕狄乌斯的一张反对票。朗帕狄乌斯愤然离开元老院，告诉自己的同僚们："这压根不是和平条约，而是卖身契。"

然而，西罗马帝国与西哥特人的这份契约自始至终都徒有虚名，从未实行过。斯提利科的对手和宿敌们想方设法极尽谄媚之道赢得了西罗马帝国皇帝洪诺留的信任。408年8月，西罗马帝国皇帝洪诺留唯一的得力重臣——伟大的斯提利科将军，被没有感恩之心的皇帝下令处死。斯提利科死后，当年与西哥

斯提利科将军被皇帝下令处死

特人定下契约一事似乎也从罗马人心中一并消失了。阿拉里克多次要求西罗马帝国践行契约,但每次都没有下文。于是,阿拉里克率军攻进意大利北部。

西罗马帝国皇帝洪诺留的官员们在这千钧一发之际做出了一个愚蠢至极的决定:下令罢免效力于帝国的包括西哥特人在内的所有蛮族官员,并立法永久禁止阿里乌教派教徒及异教徒效力于罗马皇室。当时由蛮族人组成的军队中绝大多数都是阿里乌教派教徒,并且都对斯提利科忠心耿耿。这些蛮族军人从种种迹象中感受到了罗马朝野的险恶用意,群情激愤。只因担心西罗马帝国会对自己的家人进行报复,一开始他们并没有打算反叛。然而,意大利各城市的暴徒们唯恐天下不乱,一听说异教徒及外邦人已然失宠,便四处杀害蛮族将士们无辜的妻儿老小,并将他们的财产抢劫一空。事态的发展可想而知,三万名怒火中烧的蛮族将士离开罗马军队,纷纷加入阿拉里克的队伍。

阿拉里克的队伍一路沿着意大利北部高歌猛进,如同凯旋大军班师回朝一般。阿拉里克接连攻下一座座城池,直逼毗邻拉韦纳的城市。阿拉里克最初的意图或许只是将西罗马帝国皇帝洪诺留包围在拉韦纳,无奈拉韦纳具有得天独厚的地理优势——有沼泽地的掩护。阿拉里克认为贸然攻打拉韦纳会得不偿失,因为他还有更长远的打算。阿拉里克率军穿越意大利半岛,自409年年初起,开始沿着罗马城墙外安营扎寨。阿拉里克睿智过人,深知强行攻城只会令自己的士兵无辜丧命,他内心琢磨着罗马城内的数百万民众如果食不果腹的话,将会很快举手投降,因此便拦截了所有输往罗马城的供给品,然后静观其变。罗马人被西哥特人的包围压抑得几乎喘不上气来。心乱如麻的罗马人进而将一切不幸归咎到斯提利科的妻子身上,他们认为正是斯提利科的妻子召唤了西哥特人为自己的丈夫报仇雪恨。罗马元老院甚至都没有假意走走审判的过场,便下令将斯提利科的妻子勒死。罗马城内的食物短缺状况日益严重,成千上万的罗马人因饥饿死去,最终罗马城内已没有足够的空间去埋葬死者的尸体。即便是到了这步田地,元老院也从未考虑投降之事。从拉韦纳城赶来的信使成功地躲过西哥特人,进入了罗马城,并向元老院通风报信说西罗马帝国皇帝洪诺留很快会派遣军队给罗马城解围。元老院继而满怀期待地等待着情势扭转。

　　最终，城内的饥荒愈演愈烈，民众再也忍无可忍。罗马方派出两位位高权重的使者前往阿拉里克的大营商议投降事宜。两位使者一开始试图劝说阿拉里克，告诉他提出一些对于罗马方来讲比较体面的条件。如果阿拉里克拒绝的话，那么所有罗马人将会团结起来，宁死不屈。当两位使者进一步吹嘘己方人口之庞大时，阿拉里克说道："草的密度越大，越容易连根铲除！"听到罗马来使说罗马城的普通民众将作势反抗，阿拉里克又禁不住大笑起来。罗马使者没料到阿拉里克会是这番回应，尴尬不已，便问阿拉里克到底盘算着什么样的条件。阿拉里克称自己撤兵的条件是获得罗马城内所有的金银财宝，以及外国奴隶。听到阿拉里克的答复，一位罗马来使诧异地问道："如此一来，罗马还能剩下什么呢？""你们的命！"阿拉里克答复道。两位罗马使者再也无话可说，只得悻悻回城告知罗马城的民众绝无可能从残忍的西哥特人身上获得半点儿怜悯。

　　其实阿拉里克的本意只是想吓唬罗马人，并非要真枪实弹地掠夺走罗马人拥有的一切。然而，罗马人相信阿拉里克是铁了心要不达目的誓不罢休。因此，经过进一步的商讨之后，当阿拉里克最终同意给出了一个具体的让罗马人"赎命"的金额时，罗马人无不欣慰至极。罗马与西哥特签订的协议很稀奇。协议规定阿拉里克将会获得五千磅黄金、三万磅白银、四千件丝绸长袍、四千件印染为帝王专属泰尔紫①长袍及四千磅胡椒。胡椒被列为昂贵的奢侈品，现在看来有些奇怪，但当时胡椒都是以高价从印度运输而来，并被广泛应用于罗马人的烹调中。西哥特人也是在饭菜里加了胡椒后才品尝到了从未有过的风味和乐趣。

　　如愿拿到赎金后，阿拉里克遂移师托斯卡纳地区。阿拉里克严令禁止手

---

① 泰尔紫，一种色彩鲜艳的染料，也可称作"泰尔红紫"，始于古罗马时期。因价格昂贵，在古罗马时期是帝王专属的染料。——译者注

阿陶尔福

下抢掠行恶。若有西哥特人侵扰城中的民众,将会受到严惩。四万名曾隶属于罗马人的奴隶纷纷离开旧主,投奔西哥特人,其中包括阿拉里克的妻弟阿陶尔福从多瑙河沿岸带来的大批西哥特人。因此,阿拉里克麾下的西哥特人的队伍得以快速壮大。

此刻的阿拉里克根本无意侵扰西罗马帝国。阿拉里克与所有西哥特人的本意只是想在西罗马帝国的庇护下建立一个属于自己族人的王国。因此,阿拉里克在自己位于托斯卡纳的大营里与拉韦纳方面展开了一系列谈判,要求拉韦纳官方指派自己统领罗马军队,并要求获权带领部众在目前属于奥地利的领土上定居。西罗马帝国皇帝洪诺留的一个叫约维乌斯的大臣表示准许阿拉里克的要求,但洪诺留及其他朝臣因为身在拉韦纳,暂时没有危险,均表示反对阿拉里克的提议。遭到拒绝的阿拉里克怒火中烧,立即率军前往位于台伯河河口的罗马人用来储备谷物的港口城市,并扬言要制造第二次饥荒,逼迫罗马人投降。

为了满足阿拉里克的要求,罗马元老院下令宣布现任皇帝洪诺留被废黜,并指定当时罗马城的行政长官普里斯库斯·阿塔卢斯为皇帝。普里斯库斯·阿塔卢斯自是欣喜万分,当即同意按照阿拉里克的要求授予其军衔和领土。当时意大利的大部分城市,业已厌倦洪诺留的种种不作为,也欣然认可了新皇帝。

普里斯库斯·阿塔卢斯

当普里斯库斯·阿塔卢斯在阿拉里克的军队护送下一路逼近拉韦纳城门时,洪诺留的大臣们奉命前来,提出愿意将西罗马帝国一部分分割给新皇帝普里斯库斯·阿塔卢斯。普里斯库斯·阿塔卢斯拒绝了拉韦纳方的提议,并要求洪诺留立即退位及被流放。

就在洪诺留准备秘密逃往君士坦丁堡时,阿拉里克与普里斯库斯·阿塔卢斯产生了争执。起因是普里斯库斯·阿塔卢斯密谋要摆脱阿拉里克的控制,企图独立称帝。阿拉里克当即快刀斩乱麻,粉碎了傀儡皇帝普里斯库斯·阿塔卢斯的阴谋。西哥特与罗马双方在阿里米努姆附近的一处平原举行了一次大集会。集会一开始,普里斯库斯·阿塔卢斯身着紫袍、头戴王冠现身,随后象征王权的紫袍、王冠被以庄严的方式一一剥夺示众。此次集会宣告普里斯库斯·阿塔卢斯自此以后被贬为庶民。普里斯库斯·阿塔卢斯似乎能够欣然接受

普里斯库斯·阿塔卢斯被剥夺帝位

自己被贬一事，此后一直与阿拉里克的家族及继承者们来往密切，扮演着益友和音乐家的角色。至于后来普里斯库斯·阿塔卢斯如何又一次不幸地卷入国家纷争当中，我们会在后面的章节中讲到。

阿拉里克将退位的普里斯库斯·阿塔卢斯的王冠与紫袍交予洪诺留，作为希望双方拥有和平友好关系的象征。阿拉里克再次提出想与西罗马帝国签订盟约，条件与之前保持一致，并率军前进，屯兵于距离拉韦纳不足三英里的地方，等待罗马方的答复。当时，由君士坦丁堡派出的四千个有作战经验的士兵进入拉韦纳城内予以援助，洪诺留的大臣们也在连日的惊恐中松了一口气。另外，当时效力于西罗马帝国的哥特军队的指挥官萨鲁斯率领一小众人马出其不意地袭击了西哥特营地。西罗马帝国还派出一个信使向西哥特人宣告称阿拉里克是西罗马帝国永恒的敌人。

阿拉里克没有选择贸然攻打重兵把守的拉韦纳城，而是穿越意大利半岛，第三次包围了罗马。410年8月24日，西哥特人向罗马发动了一场午夜袭击，罗马城撒拉门被攻破，也有可能是罗马有叛徒，叛徒从城内接应打开了城门。伟大的罗马城自八百年前被高卢人占领后，第一次被外敌的铁骑攻破。

可想而知，在罗马城被攻破后，西哥特军队在逗留城内的六天里做了很多骇人听闻的事。然而，罗马城虽经历了恐怖的洗劫，但恐怖的程度远不及罗马人设想的那般可怕，也远不及罗马城在往后的岁月中不止一次沦落在所谓文明的征服者之手时遭遇的种种不幸惨烈。阿拉里克时刻铭记着自己基督教教徒的身份，即使是作为胜利的王者，仍然想以慈悲方式行事。阿拉里克告知手下的将士可以随意掠夺罗马城中的财物，但绝不能杀害任何手无寸铁的罗马民众。即便是罗马士兵，只要藏身于圣彼得与圣保罗两位教宗所在的两座教堂内，都能保命。阿拉里克还规定所有的教堂及其所属财产都是神圣的，不允许受到任何践踏。然而，事与愿违，尽管阿拉里克的命令在一定程度上得到了践行，以致一些罗马作家在言辞中对西哥特人的节制赞叹不已，不过要想让西哥特人数量庞大的胜利之师全部保持安分守己并压抑蠢蠢欲动的情绪，那是绝

西哥特人洗劫罗马

西哥特人洗劫罗马

不可能的。我们在一些文学作品中可以读到：当时的罗马城里尸横遍野；西哥特人以极其残忍的方式折磨罗马人，包括女人；要求罗马人讲出自己藏匿财产的地方；成千上万的罗马人被卖身为奴。我们简直无法想象，当时西哥特人血洗罗马城给整个欧洲带来了如何巨大的震动和恐惧，也无法想象各地的基督教教徒们内心受到了何等的冲击。基督教教徒们听闻西哥特人在罗马城内的所作所为后，惶惶中认为世界末日即将来临。

此时，阿拉里克已然感觉到想要与西罗马帝国维持和平的关系根本无济于事，唯一的出路就是让自己成为整个意大利的绝对统治者。阿拉里克首先须掌控来自非洲各港口的谷物供应。因此，当阿拉里克率军离开罗马时，下一个目标即征服非洲各省。

西哥特人的队伍一路行进到意大利最南端，试图登上西西里岛，不料，一场暴风雨彻底摧毁了西哥特人的舰队，而阿拉里克本人也因患重病不幸去世，年仅三十五岁。

阿拉里克的英年早逝令西哥特人陷入了巨大的悲痛。西哥特人知道阿拉里克并无子嗣继承并践行先人的伟大计划，也深知再也没有可能占领意大利。西哥特人在意欲放弃意大利的同时，也下定决心要确保伟大的阿拉里克的墓地绝不能被敌人侵犯。西哥特人将阿拉里克的尸体抬至一条流经科森扎镇、叫布森托的小河岸边，强迫众多的囚犯为布森托河挖掘了一条新的河道，在原有的河道底部建造了阿拉里克墓，墓中陪葬了数不胜数的金银珠宝、昂贵服饰及各式武器。阿拉里克墓完工后，布森托河又被改道回到原河道。所有参与修建阿拉里克墓的俘虏均被处死，罗马人再也无从知晓安葬西哥特国王阿拉里克的地方。

# 第11章

# 阿陶尔福国王与来自罗马的王后

**精彩看点**

东罗马帝国发生的故事——阿陶尔福继位——纳博讷举行的婚礼——谋杀阿陶尔福——加拉·普拉希提阿的结局

本章，我们暂且从西罗马帝国的纷争中抽离出来，把阿拉里克在希腊和意大利征战时发生在东罗马帝国的一些事件回顾一番。399年，之前被狄奥多西大帝安置于小亚细亚半岛的东哥特人，在一个叫特里比格尔德的首领带领下起兵谋反。东罗马帝国派出盖纳斯将军前去平叛。盖纳斯将军也是一个哥特人，出兵后就倒戈加入了哥特人的队伍，并被推选为哥特军队的首领。盖纳斯将军带领着哥特部众一路前行到色雷斯行省，并一度令君士坦丁堡人心惶惶，但最终于401年初被匈人打败。匈人国王砍下盖纳斯将军的头颅赠予东罗马帝国皇帝阿卡狄乌斯，以表示自己想与帝国交好的诚意。不过盖纳斯将军的插曲对于整个哥特史来讲几乎不值一提，我们只需一笔带过后，就要继续回到故事主线去追踪阿拉里克的一众部下了。

上一章我们提到过阿拉里克的部下们正在流经阿拉里克墓的小河旁沉痛悼念深爱的国王。随后部众们选举了阿拉里克的妻弟阿陶尔福为新国王，我们在上一章中曾讲到过关于阿陶尔福的事迹。阿陶尔福根本无意继续践行阿拉里克进攻非洲的计划。事实上，阿陶尔福本人似乎没有任何明确的计划，只是用了整整两年的时间将西哥特军队从意大利南部迁至西北部。据说，阿陶尔福几年后承认自己多年前曾有过推翻罗马帝国并建立哥特帝国取而代之的想法，但后来逐渐意识到哥特人过于鲁莽且越来越无法无天，根本无力统治世界。认清现实后,阿陶尔福便决意要尽自己所能强化罗马皇权。阿陶尔福的思维转折点肯定是发生在阿拉里克去世之前。因为显而易见,阿陶尔福根本无意征服意大利。相反,阿陶尔福竭尽所能地试图劝说西罗马帝国皇帝洪诺留将自己视为盟友。阿陶尔福深信,凭借自己手中掌握的一道"撒手锏"就能成功地迫使西罗马帝国皇帝洪诺留同意自己的要求。西哥特人在攻破罗马城后擒获了西罗马帝国皇帝洪诺留最爱的妹妹加拉·普拉希提阿,随后将她囚于阿陶尔福的营地。阿陶尔福声称将加拉·普拉希提阿送回罗马的条件就是西罗马帝国皇帝洪诺留按照要求与西哥特方签订盟约。然而,事情不遂人意,不知是因为阿陶尔福的条件过于苛刻,还是因为当时西罗马帝国的摄政大将军——权力已然超越了孱弱的西罗马帝国皇帝洪诺留的君士坦提乌斯三世无意签订盟约,最终双方还是未能订立盟约,具体原因也不得而知。然而,当412年年初阿陶

加拉·普拉希提阿

约维努斯

尔福率军离开意大利时,人们都认为阿陶尔福是受到西罗马帝国皇帝洪诺留的委任,前去制裁在高卢自立为王的约维努斯。

然而,当西哥特军队到达高卢后,阿陶尔福听信了普里斯库斯·阿塔卢斯的建议,意欲与约维努斯不战而和,从而共同瓜分高卢领土。可阿陶尔福的建议遭到了约维努斯的拒绝,阿陶尔福不得不按照原计划行事。出身哥特人的萨鲁斯本就是阿陶尔福不共戴天的死敌,此时又背叛了西罗马帝国皇帝洪诺留,准备前来高卢支持篡位者约维努斯。阿陶尔福向萨鲁斯发起了攻击并大获全胜,萨鲁斯丧命于此。

西罗马帝国皇帝洪诺留此时终于同意与西哥特缔结和平盟约,盟约规定西罗马帝国向西哥特人补给军队所需用粮,而阿陶尔福则需释放加拉·普拉希提阿,并将约维努斯与塞巴斯蒂安的头颅送至拉韦纳,交给西罗马帝国皇帝洪诺留。阿陶尔福如约将两个篡位者的头颅砍下赠予西罗马帝国,然而,西罗马帝国并未按照约定给西哥特人需要的粮草。阿陶尔福便继续扣压加拉·普拉希提阿，等待西罗马帝国践行条约。同时，阿陶尔福继续带领部众作战，一边抵抗西罗马帝国军队，一边收拾叛军余孽。到413年年末，阿陶尔福已成为高卢南部大部分地区的实际统治者，管辖范围包括瓦朗斯、图卢兹、波尔多及纳博讷地区的各个城市。

　　阿陶尔福最终选择在纳博讷定都，并于414年1月与西罗马公主加拉·普拉希提阿喜结连理。两人的婚礼在纳博讷最显贵的大户人家里举行。阿陶尔福授意婚礼的所有细节都要依照罗马习俗进行。新郎阿陶尔福身着罗马服饰，并于婚宴的第二个位置就座，将象征荣誉的第一个位置留给新娘加拉·普拉希提阿。男方给女方的礼物是一百个盛满珍贵的宝石与金器的碗，由五十个出身名门、身着华贵丝绸长袍的年轻人双手持于新娘加拉·普拉希提阿面前。至于婚

阿陶尔福与加拉·普拉希提阿的婚礼

礼合唱这个罗马贵族婚礼中的核心部分，则由阿陶尔福亲自领唱，因为阿陶尔福的音乐造诣远近驰名。

一些听闻了阿陶尔福与加拉·普拉希提阿婚事的罗马人认为这桩婚事正如先知丹尼尔[①]的预测："南部国王之女将与北方国王立约，但这女子的帮助微不足道。北方国王和他所倚靠之力也靠不住，女子最后必被沦为弃子。"后来的事态发展虽与先知丹尼尔其余的预测并不契合，却印证了文中引用的这句话。

毫无疑问，阿陶尔福当时内心清楚地知道高卢的罗马人绝对不会认可一个西哥特人做自己的王，却很有可能愿意臣服于狄奥多西大帝的女儿加拉·普拉希提阿。阿陶尔福也许当时还认为，凭借与加拉·普拉希提阿的婚事，自己也能赢得西罗马帝国皇帝洪诺留的认可，即便不是高卢名正言顺的统治者，起码也会被认可成为西罗马帝国皇帝洪诺留在高卢的替身，成为高卢的总指挥。

但事实并不如阿陶尔福所料。对于罗马人而言，加拉·普拉希提阿下嫁给蛮族国王简直令家族蒙羞。至于西罗马帝国皇帝洪诺留，仍然受制于君士坦提乌斯三世。加拉·普拉希提阿曾是君士坦提乌斯三世梦想中的妻子人选。因此，加拉·普拉希提阿与阿陶尔福的婚事使君士坦提乌斯三世对阿陶尔福更加深恶痛绝。

骑虎难下的阿陶尔福下令再次让无辜的普里斯库斯·阿塔卢斯称帝。君士坦提乌斯三世随即率领一支精锐军队前来镇压，并指派罗马舰队切断西哥特人在高卢各港口的粮食供应。西哥特人面临着断粮而亡的危险。随着君士坦提乌斯三世的队伍一路前行，西哥特人逃离纳博讷，在一路洗劫高卢南部各地后，他们越过比利牛斯山脉，进入西班牙领地。可怜的普里斯库斯·阿塔卢斯无奈落入了孤立无援的境地。普里斯库斯·阿塔卢斯试图通过水路逃跑，却被罗马的舰队擒拿，继而送往拉韦纳。罗马朝廷赦免了普里斯库斯·阿塔卢斯的

---

[①] 丹尼尔，具体人物不详，但此名源于希伯来语，出自《圣经》人物典故，含义为"上帝是我的审判者"。——译者注

死罪,下令切掉普里斯库斯·阿塔卢斯的两根手指,并将普里斯库斯·阿塔卢斯放逐至利帕里地区的一个小岛度过残生。

到达西班牙后不久,阿陶尔福便从汪达尔人手中夺取了巴塞罗那,并定都巴塞罗那。此时,阿陶尔福的儿子降生。阿陶尔福夫妇给儿子取名狄奥多西,希望儿子有朝一日能够戴上自己名垂青史的外祖父狄奥多西大帝的皇冠。然而,狄奥多西很早就夭折了,葬礼极其隆重,棺材由纯银打造。

415年8月,阿陶尔福在自己的寝宫被埃伯伍尔夫谋杀。埃伯伍尔夫之前追随萨鲁斯,后被萨鲁斯收为己用。或许埃伯伍尔夫一开始就心怀不轨伺机谋反,但最后的导火索是阿陶尔福取笑埃伯伍尔夫身材矮小。阿陶尔福在弥留

阿陶尔福在寝宫被埃伯伍尔夫谋杀

西格里克

之际嘱咐自己的弟弟务必与罗马帝国和平交好,并将加拉·普拉希提阿送回拉韦纳。

然而,阿陶尔福授意继位的弟弟并未能如愿成为国王。西哥特民众非常不满阿陶尔福对西罗马帝国过分示好,并选举萨鲁斯的兄弟西格里克作为西哥特人的新国王。西格里克继位后的第一件事就是杀害了阿陶尔福生前的六

西格里克命令加拉·普拉希提阿跟着自己骑的马步行

个孩子,并命令加拉·普拉希提阿跟着西格里克骑的马一路步行了十二英里,用此最残酷的方式羞辱加拉·普拉希提阿。然而,不到七天光景,西格里克也惨遭谋杀。来自巴尔的斯家族,但与阿陶尔福并无亲缘关系的瓦利亚被选举成为西哥特人新的国王。

瓦利亚继位后没有再为难加拉·普拉希提阿,却表现出了对西罗马帝国的敌意。瓦利亚一边攻打西罗马帝国军队,一边征战汪达尔人和苏维斯人,很快便征服了整个西班牙。然而,一场突然爆发的大饥荒让瓦利亚陷入了与当年的阿拉里克相似的困境。瓦利亚也做出跟阿拉里克一样的决定,意欲向非洲挺进,将非洲省份的产粮地纳为己有。然而,历史总是惊人的相似,如同阿拉里克的遭遇一般,瓦利亚进攻非洲的梦想又一次因为暴风雨而幻灭。别无选择的瓦利亚只得与西罗马帝国握手言和。西罗马帝国皇帝洪诺留,或者说是摄政的君士坦提乌斯三世,很爽快地接受了瓦利亚的条件:西哥特人将加拉·普拉希

瓦利亚

提阿释放回罗马，条件是西罗马帝国给予西哥特人六十万蒲式耳[①]的小麦，并允许西哥特人在同意被西罗马帝国管辖的前提下占领西班牙。

准确来说，阿陶尔福的寡妻加拉·普拉希提阿的生平后事其实并不属于哥特史，不过读者也许有兴趣想知道加拉·普拉希提阿的传奇一生最终是如何落幕的。加拉·普拉希提阿回到罗马后，被迫嫁给了自己深恶痛绝的君士坦提乌斯三世。君士坦提乌斯三世后来与西罗马帝国皇帝洪诺留一道成为西罗马帝国的共治皇帝，在位时间仅有七个月。423年，西罗马帝国皇帝洪诺留驾崩，因为膝下无子，西罗马帝国的皇位便由君士坦提乌斯三世与加拉·普拉希提阿尚在襁褓之中的儿子瓦伦提尼安三世继承。加拉·普拉希提阿随即以儿子瓦伦提尼安三世年纪幼小为由，以摄政皇太后的名义实际掌控了整个西罗马帝国，直到加拉·普拉希提阿450年薨逝。加拉·普拉希提阿的陵与洪诺留陵、君士坦提乌斯三世陵及瓦伦提尼安三世陵一道，成为拉韦纳城内著名的历史遗址。

---

① 蒲式耳是一个计量单位，多用于小麦、大豆、燕麦等固体物质的体积测量。——译者注

# 第12章
# 图卢兹王国及卡塔劳温战役

**精彩看点**

阿基塔尼亚馈赠——狄奥多里克一世——匈人进攻高卢——莫里村之战——狄奥多里克二世——汪达尔人在罗马——李希梅尔——西哥特统治巅峰——衰落伊始——法兰克人来犯——"雄赤鹿浅滩"——"沃克尔之地"——西哥特人惨遭驱逐

瓦利亚摇身一变，从之前的叛军角色变成了受到西罗马帝国认可的、雄踞西班牙的王者。瓦利亚麾下的部队供给充足，还得到所有希望成为罗马帝国忠实臣民的西哥特人的支持，很快便征服了伊比利亚半岛上除西北部山地地区以外的全部区域。417年，瓦利亚向西罗马帝国皇帝洪诺留进献了两个被俘的汪达尔人首领，为西罗马帝国皇帝洪诺留在罗马举办的胜利庆典锦上添花。

不知出于何种原因，君士坦提乌斯三世不想让西哥特人定居西班牙，并建议西哥特人放弃西班牙，去往号称"第二个阿基塔尼亚"的省份。当瓦利亚得知君士坦提乌斯三世的这个看似无比诱人的建议后欣喜若狂。因为君士坦提乌斯三世建议的省份里包含波尔多、阿让、昂古莱姆、普瓦捷在内的诸多城市，是整个罗马帝国境内最美丽富饶的地区之一，被当时的文人墨客冠以"高卢之珠""人间天堂""诸省之后"等美誉。若能不费吹灰之力占据这样一个"流淌着粮、酒与油"的地方，就不用再去历经千辛万苦地与劲敌征战，换来一个已因蛮族多年的蹂躏变得千疮百孔的西班牙。瓦利亚做梦都没想到幸运女神竟然会如此眷顾自己。不光如此，瓦利亚同意放弃西班牙后，西罗马帝国还授意将其他几个地理位置上不隶属于阿基塔尼亚的重要城市一并作为补偿划分给西哥特人，其中最重要的一个城市就是图卢兹。图卢兹后来成了西哥特历代国王的定居之所及西哥特王国的首都。

狄奥多里克一世

　　418年年末,哥特人开始迁出西班牙,并占领了新的王国领地。419年,瓦利亚驾崩,身后没有留下儿子继承王位,只有一个女儿,即为西罗马帝国历史上声名显赫的李希梅尔的生母。

　　西哥特人推选了狄奥多里克①来继承王位,狄奥多里克一世似乎是来自巴

---

① 继位后称狄奥多里克一世,阿拉里克之子(一说为阿拉里克之孙),于418至451年任西哥特王国国王。曾因大败匈奴王阿提拉而驰名。——译者注

尔的斯家族，但与瓦利亚和阿陶尔福均无血缘关系。值得一提的是，无论是狄奥多里克一世，还是他的儿子狄奥多里克二世，都与大约在475年开始统领东哥特人且来自阿马林斯家族的狄奥多里克大帝并非同一人，读者切莫混淆。西哥特王国的狄奥多里克一世虽然并非与自己同名同姓的狄奥多里克大帝一般名垂青史，但毫无疑问，他是一位勇敢的斗士和能力卓著的国王，不然也不可能得到西哥特臣民的爱戴与服从达三十二年之久。狄奥多里克一世的首要目标

狄奥多里克二世

就是扩大西哥特王国的版图。西哥特王国北边受到法兰克人的制约。法兰克人原属于日耳曼人,此时刚被罗马帝国允许定居在现在称为法国的地方,法国的称谓也是延用法兰克人的名称而来。西边则受制于日耳曼人的另一支——勃艮第人。同时,罗马帝国还管辖着诸如阿尔勒及纳博讷等富饶的城市。这些城市与西哥特南部领地相毗邻,难免令西哥特人垂涎。

423年,西罗马帝国皇帝洪诺留驾崩后,狄奥多里克一世率领军队开始对罗马帝国发动进攻。狄奥多里克一世名义上打着帮助加拉·普拉希提阿及幼子瓦伦提尼安三世抵御篡位者约安尼斯的旗号,实则是想将一些富饶的罗马城

瓦伦提尼安三世

弗拉菲乌斯·阿蒂乌斯

池纳为己有。狄奥多里克一世的野心很快便暴露出来，因为在剿灭篡位者约安尼斯和纳降篡位者约安尼斯的叛军后，狄奥多里克一世没有就此罢休，仍然继续作战，拿下了几座城池，并且开始包围富饶的阿尔勒。罗马当时有一位著名的将军弗拉菲乌斯·阿蒂乌斯，起初支持篡位者约安尼斯，后来又开始追随加拉·普拉希提阿。弗拉菲乌斯·阿蒂乌斯率军攻击并打败了进犯的西哥特人，并将西哥特军队的指挥官昂乌尔夫擒住。

此后多年，西哥特人与西罗马帝国的关系时好时坏，双方都站在己方利益的角度考虑彼此的关系，陷入时而签订盟约时而肆意毁约的循环。437年，西哥特人试图攻打纳博讷。罗马将军弗拉菲乌斯·阿蒂乌斯与利托里乌斯下定决心要一举彻底剿灭西哥特人。弗拉菲乌斯·阿蒂乌斯的确取得了显赫的胜利，后来却被调回意大利。利托里乌斯没有弗拉菲乌斯·阿蒂乌斯的作战才华，无力维持胜利的局面。利托里乌斯将狄奥多里克一世包围在西哥特王国都城图卢兹。罗马兵力的排山倒海之势令西哥特人在开战之前就感到胜利的机会渺茫，因此，西哥特人便派出欧什的主教欧瑞安蒂斯带领众多主教与牧师前去与利托里乌斯协商，希望说服利托里乌斯：与其双方兵戎相见血流成河，不如施以西哥特人一些优惠条件，令西哥特人自愿放弃无谓的抵抗。如此一来便可化解双方的僵持局面，西罗马帝国不费一兵一卒，西哥特人也不至于颜面扫地，可谓一举两得。利托里乌斯骨子里其实也算是大半个异教徒，对于西哥特来使不屑一顾。狄奥多里克一世遂下令准备战斗。直到战斗打响前一刻，狄奥多里克一世仍然身着忏悔服，祷告了数个小时。西哥特士兵们看到国王狄奥多里克一世如此虔诚，深受鼓舞，并认定了自己与罗马之战其实是代表基督教与异教之战，因为利托里乌斯的军队大部分由匈人构成。西哥特士兵随即对围城的罗马军队发动了猛烈的攻击，大败罗马军队，利托里乌斯沦为阶下囚。狄奥多里克一世按照罗马习俗举行了胜利游行庆典。庆典中，利托里乌斯被迫步行穿行在图卢兹的大街小巷。根据一些信奉基督教的作家的说法，利托里乌斯身边的占卜者们曾在两军交战之前便信誓旦旦地向利托里乌斯保证，称利托里乌斯必将在"胜利庆典"中穿越图卢兹城。然而，世事难料，虽然也是胜利庆典，却是属于狄奥多里克一世而不是利托里乌斯的胜利庆典。利托里乌斯身边的占卜者们给利托里乌斯的许诺就如同古时大多数异教神谕一般，话里话外暗藏玄机。神谕给人们暗示的心理预期往往与最终的事实截然相反。

胜利之师一夜之间就沦落到损兵折将的境地，西罗马帝国不得不主动请求与西哥特人停战言和。打了胜仗的狄奥多里克一世自是踌躇满志，一开始拒绝与罗马方达成任何和平条约，除非西罗马帝国同意狄奥多里克一世全权掌控罗讷河以西的整个高卢南部地区。后来，狄奥多里克一世的一位好友阿维图

利托里乌斯被追步行军行在图卢兹的大街小巷

斯劝服了狄奥多里克一世与西罗马帝国重新建立起联盟。至于建立联盟具体是基于怎样的条件，我们不得而知。阿维图斯当时是罗马一个杰出的元老，我们在后文中还将会提到。

然而，狄奥多里克一世认为，西哥特与西罗马帝国的盟约并不会持续太久，决定做好两手准备。为了巩固并强化与汪达尔人的友好关系，狄奥多里克一世将自己的女儿嫁给了汪达尔国王盖塞里克的儿子。汪达尔国王盖塞里克残酷而暴虐，不久之前刚刚攻占了非洲境内的西罗马帝国各省，并定都迦太基。

盖塞里克

西哥特人与汪达尔人这次联姻并不成功。汪达尔国王盖塞里克怀疑狄奥多里克一世的女儿试图毒杀丈夫，便割掉了儿媳的鼻子和耳朵，并将儿媳退还给狄奥多里克一世。

事情发展到如此地步，西哥特人与汪达尔人的关系自然也就陷入无可挽回的绝境。450年，因为面对同一个实力强劲的敌人，西哥特人与罗马人的关系变得比以往更加密切。

在之前的七十多年里，匈人一直居住于哥特人的老据点，即多瑙河下游和黑海北面的地区。而此时，匈人在赫赫有名的单于阿提拉的带领下开始向西迁徙，直逼高卢和意大利。据说匈人军队有五十万人，其人员都是由匈人一路征战于不同国家收服来的。匈人的庞大队伍中不乏东哥特人、格皮特人及诸多来自其他不同的日耳曼部落的民众。他们在匈人帝国单于阿提拉这位来自亚洲的野蛮人的号令下，即将准备与自己原本的同胞开战。眼看匈人大兵压境，罗马人、法兰克人及西哥特人都意识到彼此必须要忘却分歧、同仇敌忾。狡猾的匈人帝国单于阿提拉试图采用离间计来拉拢对手，然而，罗马人、法兰克人及西哥特人的内心都非常清楚，只有彼此团结一致抵御匈人才有一线生机，否则匈人帝国单于阿提拉必然会将他们逐一攻克。狄奥多里克一世起初试图采取一个本质上既自私又愚蠢的对策，即明哲保身之计：除非西哥特王国受到攻击，否则绝不主动出击。西罗马帝国的弗拉菲乌斯·阿蒂乌斯将军已从意大利返回阿尔勒，但只是一支小规模的部队。如果没有西哥特人的援助，弗拉菲乌斯·阿蒂乌斯根本无法与匈人帝国单于阿提拉抗衡。在弗拉菲乌斯·阿蒂乌斯和阿维图斯的百般劝说下，狄奥多里克一世终于醒悟，意识到西哥特王国的确需要加入基督教阵营对阵异教游牧部落的战斗中。然而，漫长的磋商浪费了宝贵的时机，基督教联盟还未做出任何抵抗，匈人帝国单于阿提拉就已长驱直入。匈人沿路烧杀抢掠，生灵涂炭。沦陷的洛林地区与香槟地区也因此而为人所知。匈人帝国单于阿提拉并未就此罢休，而是继续挺进围攻法兰西重镇奥尔良。

奥尔良有重兵把守，守城将士们英勇反击匈人。在经过了几天的鏖战后，奥尔良门不幸被攻破，匈人的先锋部队破城而入。圣主教阿尼亚努斯派去城墙边窥探天际的使者最终目睹"天边出现了一片像人的手掌一般的小云彩"，这暗示着上帝回应了圣主教阿尼亚努斯的祈祷，拯救奥尔良于水火之中的大军正在赶来的路上[①]。

匈人帝国单于阿提拉一得知弗拉菲乌斯·阿蒂乌斯和狄奥多里克一世即将前来解救奥尔良，当即放弃对奥尔良相邻地区的攻击，快马加鞭跨过塞纳河，在香槟区的平原上等待敌人的到来。一场举足轻重的战役就此拉开序幕，这场战役是历史上决定了欧洲命运的战役之一。战役在距离特鲁瓦数英里的莫里村附近打响[②]。

战役打响的标志是法兰克人袭击了格皮特人，格皮特人大败并惨遭屠杀。阿兰人在基督教盟军中位于队伍中段，遭到了匈人的埋伏，弗拉菲乌斯·阿蒂乌斯率领的罗马军队陷入了一片混乱。混战中狄奥多里克一世被一个叫安达吉斯的东哥特人射出的一枚飞镖击中，当场阵亡。这场战役中西哥特人表现出的英勇无畏的确可圈可点。匈人帝国单于阿提拉被迫返回大营，匈人损失了十六万士兵。

狄奥多里克一世被就地埋葬。当着战败的匈人的面，西哥特人依照王室葬礼的习俗，非常隆重地为狄奥多里克一世举办葬礼。狄奥多里克一世之子托里斯蒙德在此战中立下了赫赫战功，是战役胜利的头号功臣。因此，在西哥特军队的拥戴下，他继承了父亲狄奥多里克一世的王位。

匈人帝国单于阿提拉深感大势已去，颓废绝望。用约旦尼斯的话来讲，匈人帝国单于阿提拉犹如一头受伤的狮子。匈人帝国单于阿提拉内心期许着与敌军来一场破釜沉舟的大战，如果不能全身而退，则不惜全军覆灭来得干脆，一了百了。匈人帝国单于阿提拉令人准备好焚尸用的柴堆，准备一旦战败就直接火化自己，无论是死是活，自己都绝不能落入敌人之手。

---

① 此处是基督教借用希伯来先知以利亚的故事中用的语言写成的传说。——原注
② 这场战役被称作沙隆战役。——原注

沙隆战役

然而，匈人帝国单于阿提拉预想中的大战并没有如期而至。尽管西哥特年轻的国王托里斯蒙德有意乘胜追击，并为先王狄奥多里克一世报仇雪恨，但据说弗拉菲乌斯·阿蒂乌斯担心西哥特王国变得过于强大会对西罗马帝国构成威胁，便劝说托里斯蒙德返回图卢兹，以防其他兄弟趁机觊觎王位。如此一来，匈人帝国单于阿提拉得以毫发无伤地从高卢脱身。匈人军队的实力也依然足够强大到能让匈人帝国单于阿提拉在接下来的两年中继续扫荡意大利北部，并逼迫西罗马帝国签订丧权辱国的和平条约。尽管如此，莫里村之战也并非毫无意义。莫里村之战决定了西欧的土地上究竟应该盛行荒蛮主义还是盛开文明之花。453年，匈人帝国单于阿提拉驾崩后，曾被匈人帝国单于阿提拉征

托里斯蒙德

阿提拉驾崩

服的诸多城池形成的联盟瞬间分崩离析。东哥特人在西罗马帝国潘诺尼亚行省建立了统治，领地包含了如今多瑙河以南及以西范围内的几乎所有奥地利[①]领土。格皮特人定居于东哥特王国以东的达契亚行省。匈人的残余部众曾对东罗马帝国发动进攻，结果无疾而终，最后游荡至今俄罗斯帝国南部，后来被源源不断地从亚洲西行而来的游牧民族挤压到无法生存的地步。

托里斯蒙德在位时间如同昙花一现。关于如何分配从匈人那里掠夺而来的战利品这一问题，托里斯蒙德与弗拉菲乌斯·阿蒂乌斯产生了分歧，随即托里斯蒙德发动了对西罗马帝国的战争。然而，当时西哥特臣民中掌握权势的一

---

① 根据作者生平年代，此处应指奥地利帝国（1804—1918）。奥地利帝国是位于欧洲中部、由多民族组成的帝国，从国土面积来讲是当时欧洲的第二大国家。——译者注

派希望与西罗马帝国保持友好关系，一场叛乱由此爆发。453年，托里斯蒙德被自己的两个兄弟谋杀，其中一个就是后来继承王位，在位十三年的狄奥多里克二世。

狄奥多里克二世绝非野蛮之辈，他聪明睿智，品位高雅，举止优雅得体。然而，如同很多光鲜的外表下隐藏着一颗龌龊的狠心的人一样，狄奥多里克二世也做过很多无耻背叛与残暴无度的事。

狄奥多里克二世有生之年，罗马朝野相继经历了快速的更迭变迁。加拉·普拉希提阿的孱弱无能的儿子瓦伦提尼安三世被元老院议员佩特罗尼乌斯·马格西穆斯谋杀。佩特罗尼乌斯·马格西穆斯篡位称帝。佩特罗尼乌斯·马格西穆斯执政时间仅有四月，时值汪达尔国王盖塞里克率领汪达尔人于罗马

佩特罗尼乌斯·马格西穆斯

汪达尔人洗劫罗马

港登陆。佩特罗尼乌斯·马格西穆斯企图溜之大吉，但群情激愤的罗马民众早已对他的懦夫行径深恶痛绝，便当街攻击了他，用乱石将他打死，并将他的尸体扔进了台伯河。汪达尔国王盖塞里克率众大摇大摆地进入了罗马城，带着汪达尔人在罗马城内烧杀抢掠了整整十四天。罗马城因此满目疮痍，受到的创伤与当年阿拉里克率领哥特人洗劫罗马城时相比有过之而无不及。罗马城内的所有金银珠宝及任何有些许价值的物件，无论是国家的还是民众私人的财产，只要是能够被挪动的，全部被汪达尔人洗劫一空，装运到汪达尔国王盖塞里克的船上。汪达尔人抢劫的宝物中包含七支烛台及当年提图斯皇帝攻占耶路撒冷时从当地神殿中抢掠来的圣器。汪达尔人还擒获了大批罗马囚犯，准备全部卖往迦太基做奴隶。在丈夫瓦伦提尼安三世被谋杀后，莉西尼亚·欧多克西亚曾被迫嫁给杀夫仇人佩特罗尼乌斯·马格西穆斯，此时也不得不加入大获全胜的汪达尔人的蛮族国王盖塞里克的阵营。

当佩特罗尼乌斯·马格西穆斯的死讯传到高卢时，高卢的罗马臣民推选了当地的行政长官阿维图斯为新任罗马皇帝。我们之前讲过阿维图斯是狄奥多里克一世的朋友。西哥特国王狄奥多里克二世自是双手赞成阿维图斯称帝。罗马元老院也不敢对由当时西欧最有权势的国王提出的候选人有任何异议。当时的东罗马帝国皇帝马尔奇安也认可阿维图斯称帝，阿维图斯登基后定居于卡萨尔斯宫殿。

日耳曼人的一支苏维汇人一直以来不停侵扰位于西班牙境内仍隶属于西罗马帝国的小片地区。西哥特王国名义上仍然受制于西罗马帝国，因此，作为阿维图斯皇帝的封臣，狄奥多里克二世对苏维汇人发动了远征，并大败苏维汇人，生擒了苏维汇国王雷基哈里，并以极其残忍的方式将苏维汇国王雷基哈里处死。就在狄奥多里克二世的铁骑即将征服整个伊比利亚半岛的时候，

阿维图斯

李希梅尔

456年10月,有消息传来称阿维图斯惨遭废黜并被杀害,狄奥多里克二世的宏图大业也不得不因此搁浅。阿维图斯在位期间招致了李希梅尔的不满。李希梅尔时任西罗马帝国蛮族军队的将军。声名显赫的李希梅尔的生父是苏维汇人,生母是西哥特国王瓦利亚的女儿。当时的西罗马帝国实质上是受李希梅尔的统治——虽然李希梅尔本人从未称帝,可直到472年李希梅尔去世之前,西罗马帝国皇帝的任命和罢免都是由李希梅尔一人决定。至于西罗马帝国在一系列有名无实的傀儡皇帝的统治下的历史,与我们讲的故事并无关联,诸如马约里安、利比乌斯·塞维鲁斯、安特米乌斯及奥利布里乌斯等,因此我们不做赘述。然而,政权的不断更迭及上述皇帝时不时会与李希梅尔爆发冲突,内耗严重,最终导致西罗马帝国的国力日渐衰弱。西哥特的历任国王也因此得以趁机展开对西罗马帝国的征服。

尤里克二世

466年，曾经弑兄夺位的狄奥多里克二世同样被同胞弟弟尤里克[①]谋杀。尤里克二世是一位颇有建树的将军，也堪称精明圆滑的政客，为人毫无悲悯之心，为达目的不择手段，残暴至极。正是这样的尤里克二世带领着西哥特王国进入了鼎盛时期。尤里克二世征服了除却西北角的整个西班牙半岛，特意将西

---

① 继位后称尤里克二世，狄奥多里克一世之子，弑兄登基，于466年至484年任西哥特王国国王。——译者注

北角划分给苏维汇人,以便将苏维汇国王纳为自己的封臣。尤里克二世还将西罗马帝国在高卢的残余势力一网打尽。

如果我们观察在西罗马帝国政权不断更迭期间的地图,就会发现,截至485年[①]尤里克二世驾崩时,高卢已然四分五裂。西哥特人占据了位于卢瓦尔河南岸及罗讷河西岸的几乎所有土地,与广为人知的包含诸如阿尔勒和马赛等名城的普罗旺斯地区相邻。东邻是李希梅尔的外甥耿多巴德统治的勃艮第王国。位于卢瓦尔河北岸的便是由罗马将军埃吉迪乌斯之子赛亚里斯建立的所谓的

耿多巴德的雕像

---

① 此处疑为原文讹误,尤里克二世卒于484年。——译者注

"罗马帝国"①，定都巴黎。赛亚里斯建立的"罗马帝国"后方的大片土地包括今法兰西第三共和国东北部、比利时王国及荷兰王国，当时这里的居民多为法兰克人。在历史的记载中，法兰克人将在不久后征服整个高卢，并把高卢更名为一直沿用至今的一个新名称。

如果尤里克二世的继承者们能够像尤里克二世一样具有雄才大略的话，那么西哥特人很有可能称霸整个西方世界。然而，西哥特王国内部有一个致命的缺陷，即便是如尤里克二世般的国王再世，也无法阻止这个致命缺陷导致西哥特王国走向覆灭。西哥特的国王们都是阿里乌教派的教徒，而西哥特王国在高卢的大部分臣民都是天主教教徒，同宗不同派之间仇深似海。因此，一个被臣民看作异端的国王根本没有可能赢得臣民的爱戴和拥护。平心而论，信奉阿里乌教派的哥特人其实很少进行宗教迫害。然而，后来事态发展到天主教的多名主教开始煽动叛变并觊觎王位。尤里克二世不得不处死了其中一些主教，流放了其余逃脱死罪的主教，同时不再批准参与叛变的主教所在教区产生新任主教。没有了主教的教区自然而然就无法任命牧师，因此，多个教区出现了没有牧师的状况，整个教堂体系陷入了一片混乱。这引发了西哥特王国内部及邻邦的天主教教徒的极大愤慨。

阿拉里克二世继承了父亲尤里克二世的王位，却丝毫没有继承父亲尤里克二世的能力和意志力。在登基前两年的一次事件中，阿拉里克二世表现出的软弱令很多原本忠诚的臣民唾弃不已，甚至阿拉里克二世原本想利用此次事件去讨好的人都对他的行径嗤之以鼻。

具体事件如下。法兰克国王克洛维一世虽然年幼，却已展现出难得的将才，征服了定都巴黎的"罗马帝国"。赛亚里斯逃往图卢兹，一开始受到了西哥特人的欢迎。但克洛维一世要求西哥特王国交出赛亚里斯，阿拉里克二世不敢拒绝，将赛亚里斯五花大绑后移交给法兰克王国使者。

---

① 即苏瓦松王国，事实上是西罗马帝国在高卢北部的残余势力。——译者注

阿拉里克二世

　　西哥特人的敌人此后经常蔑称西哥特人为"背信弃义的小人"。西哥特人一向以好客自居,阿拉里克二世如此懦弱而无耻的变节令西哥特人颜面尽失。阿拉里克二世在高卢的臣民原本一直蠢蠢欲动伺机谋反,经过赛亚里斯一事,更是看清了阿拉里克二世的真实面目,他们发现曾经威震八方的尤里克二世的接班人竟是如此孱弱无能之辈,更加坚定了反叛之心。

已然厌弃了阿拉里克二世的西哥特臣民眼巴巴地盼望着法兰克人能一举征服西哥特王国，从而摆脱阿拉里克二世的统治，拯救西哥特臣民于水火之中。因为法兰克国王克洛维一世是一个异教徒，人们担心法兰克国王克洛维一世会比阿拉里克二世在对待天主教教徒方面更加残暴。当时的真实状况是，有些主教认为哪怕效力于一个身为异教徒的国王，也要好过效力于一个与自己同宗不同教派的异端国王，他们甚至捎信给法兰克国王克洛维一世，表明自己在法兰克人与西哥特人开战的时候，将会支持法兰克国王克洛维一世。然而，这些支持法兰克国王克洛维一世的主教没能煽动民众相信自己。虽然当时的民众对阿拉里克二世的统治确实有诸多不满，可高卢南部的民众认为若要被法兰克国王克洛维一世统治可能会比让阿拉里克二世统治更糟糕。

法兰克国王克洛维一世

法兰克国王克洛维一世接受洗礼

直到496年，悬而未决的事情才有了新的转机。有消息传来说法兰克国王克洛维一世忽然宣称自己成为基督教教徒，并且是由一个天主教的主教完成的洗礼。高卢南部的天主教教徒们本就对自身的境遇感到不满，听闻法兰克国王克洛维一世统辖下的教堂财富与势力都日益增长，相比之下更觉自身的处境糟糕至极。一得知法兰克国王克洛维一世变成了天主教教徒，都欢欣雀跃般迫不及待地欢迎法兰克人对西哥特王国迅速发动攻击。很多牧师甚至开始公开在布道过程中煽动反叛，并且公然祈祷从北方来的拯救者能尽快到来。

阿拉里克二世嗅到了危险的气息。一开始，阿拉里克二世沿用了父亲尤里克二世从前的做法，流放了反叛的主教们，但局势并没有得到任何改善。阿拉

第12章 图卢兹王国及卡塔劳温战役 | 161

里克二世转而寄希望于采取怀柔政策，试图拉拢天主教教徒，许以天主教教徒多项特权，授权天主教教徒成立委员会，并填补空缺的主教职位。然而，这一切都无济于事。天主教教徒想要的并不是寄人篱下，而是成为国家的主人。阿拉里克二世的让步不但没有赢得任何人的支持，反倒被看作软弱无能。这些让步似乎向世人宣告：不费吹灰之力，西哥特王国的统治就会走向覆灭。

　　同时，法兰克人的牧师也游说法兰克国王克洛维一世应该责无旁贷地向统治其他天主教教友的异端国王发动一场圣战。我们相信法兰克国王克洛维一世是愿意开战的，但首先法兰克国王克洛维一世必须与自己的妻子的叔叔勃艮第国王耿多巴德一决高下。勃艮第国王耿多巴德跟阿拉里克二世一样，也是阿里乌教派教徒。与阿拉里克二世不同的是，勃艮第国王耿多巴德赢得了本国天主教臣民的爱戴和拥护。法兰克国王克洛维一世打败了勃艮第国王耿多巴德。勃艮第王国继而与法兰克人形成战略联盟。虽然阿拉里克二世已然意识到法兰克人的力量不断膨胀对西哥特王国而言无疑是个危险，但在勃艮第王国与法兰克人开战时，懦弱的阿拉里克二世又不敢给予勃艮第王国任何武力支持，只是表达了自己对于勃艮第王国的同情。阿拉里克二世对勃艮第王国的同情很快便传到法兰克国王克洛维一世的耳朵里，法兰克国王克洛维一世怒不可遏。害怕至极的阿拉里克二世想要掩饰自己说过的话，随即亲笔写信给"亲爱的兄弟"法兰克国王克洛维一世，希望法兰克国王克洛维一世能恩准接见自己。阿拉里克二世与法兰克国王克洛维一世最终在昂布瓦斯附近的卢瓦尔河中一座岛上进行了会晤。两人共享宴席，席间觥筹交错，一片祥和景象。所有人都心知肚明，镜花水月般的和平并不会长久。两国的关系就如同寓言故事《狼与羊》中阐释的一般，不论阿拉里克二世如何阿谀奉承，法兰克国王克洛维一世最终都会吞噬西哥特王国，法兰克国王克洛维一世只是在等待一个合适的时机而已。

　　507年，法兰克国王克洛维一世正式对西哥特王国宣战。宣战的最本质动机是法兰克国王克洛维一世想要征战八方的雄心壮志。法兰克国王克洛维一世也曾试图为自己发动战争寻找一个借口,可他后来又认为根本没有必要假装自己仿佛是因为受到了阿拉里克二世的伤害才发动战争。法兰克国王克洛维一世只是简单地说了一句话:"让阿里乌教派教徒占据整个高卢最好的国土简直是奇耻大辱,作为一个信奉天主教的国王,我有责任将阿里乌教派教徒全部赶出高卢,并将曾经被占据的土地全部收为己有。"不光是法兰克国王克洛维一世,法兰克国王克洛维一世手下所有的牧师及民众都认为没有必要再解释什么。法兰克人随即向西哥特人开战。就如同希伯来人攻打迦南人时一样,法兰克人认定自己在为上帝效力,上帝与自己站在一边。

这也许是有史以来基督教国家第一次打着宗教分歧的名义对外宣战。此后一发不可收拾,因宗教分歧引发的战争纷至沓来。

阿拉里克二世陷入了四面楚歌的境地。他一边疲于应付法兰克人,另一边还不得不严防死守勃艮第人;西哥特军队已缺乏整顿操练多年,国库亏空。阿拉里克二世强迫,或者说试图强迫西哥特王国内所有身体强壮的男丁服兵役上战场,并想尽一切办法筹备资金发军饷。一开始,阿拉里克二世在很多其他国家的国王有难之时趁火打劫,打着求助借款的名义,却谋着贬低他国货币价值的算盘;后来阿拉里克二世强迫西哥特王国内的富人借钱给自己充实国库,富人们借出的钱几乎全部打了水漂,有借无还。阿拉里克二世百般挣扎努力,依然于事无补,不管是抓的壮丁数还是筹到的钱款,都远不能满足西哥特王国的需求。阿拉里克二世只得将全部希望寄托于外援上。阿拉里克二世的岳父,即来自阿马林斯家族的狄奥多里克大帝,我们在后文中会了解到,此刻的狄奥多里克大帝正是统治意大利的东哥特王国国王,他许诺派出一支部队支援阿拉里克二世。得到回复的阿拉里克二世只想竭尽所能拖延战事等待东哥特援军的到来,因此放弃了西哥特王国北面及东面的抵御,自己迁往西哥特王国西南部普瓦捷附近。正在这个关头,西哥特王国内的一个天主教主教——来自贝亚恩的格兰克特瑞斯主教在自己的主管教区集结了一支部队,并冲在部队的最前方,准备前去投靠法兰克人。然而,好战的格兰克特瑞斯主教还没带兵走出多远，便受到了西哥特人的攻击倒地身亡。一些和格兰克特瑞斯主教一样的宗教狂热分子都认为格兰克特瑞斯主教领导了一场"光荣之战"。

  古老的异教都有"神谕"，即相信神的预言，6世纪的基督教教徒也因此开始信奉基督教"神谕"。如果人们想知道自己参与的事情会如何发展，究竟是成是败，通常会前往卓有名望的圣徒坟前。管理圣徒坟墓的大祭司得知来者的问题后，会于次日早晨向当事人传达据说是圣徒本人在前夜里托梦给自己的答复。法兰克国王克洛维一世率军进入图尔后，便派出信使前往圣马丁坟前，想要知道法兰克人与西哥特人之战的战局走向。信使得到的答复是，神给法兰克国王克洛维一世的答案就隐藏在法兰克国王克洛维一世等人一进入教堂后听到的圣歌里。据说法兰克国王克洛维一世听到的圣歌歌词如下："你在战场上所向披靡，一切忤逆我的，你都以我之名替我铲除。你为我取下我所有仇家的项上人头，一切讨厌我的，我会彻底摧毁。"

  法兰克国王克洛维一世深受鼓舞。法兰克人随即开始在阿拉里克二世的领土上快速行军，铆足了劲儿想要尽快与敌人一决雌雄。根据教堂的历史学家们的记载，法兰克人行军路上不断见证上帝赐予的种种"信号与神迹"，以示法兰克人一直深受神的眷顾。据说当法兰克人的队伍抵达维埃纳河岸边时，发现河水大涨，似乎没有希望顺利渡河。正当法兰克人一筹莫展的时候，忽然看见一头美丽的通体白色的雄赤鹿涉水而来，随后此鹿带领法兰克人找到了一片浅滩，最终法兰克人通过这片浅滩顺利渡河。后来很长时间内，人们都把这片浅滩称作"雄赤鹿浅滩"。这个故事本身很有可能是人们根据"The Hart's Ford"（雄赤鹿浅滩）的地名杜撰而来，地名的写法与"Hertford"（哈特福郡）和"Hartford"（哈特福德）非常相似。当法兰克人的队伍接近普瓦捷时，忽然看到教堂上方的天空中出现了一道光。法兰克人自然而然地将出现在自己眼前的光与《出埃及记》中记载的以色列人在沙漠中看到的"火柱"[①]联想到一起。

---

[①] 根据《出埃及记》记载，摩西带领以色列人逃出埃及时，一路上，上帝白天用"云柱"带领以色列人，晚上用"火柱"给以色列人指明方向。"火柱"寓意上帝一直与以色列人同在。——译者注

法兰克国王克洛维一世的快速挺进令西哥特人大吃一惊。阿拉里克二世仍然痴心幻想在狄奥多里克大帝派来的东哥特援军到来之前先按兵不动,想先行撤退以防开战。可法兰克人的大刀早已饥渴难耐地想饱尝敌人的鲜血。法兰克人队伍已然紧逼在撤退的西哥特人之后,快速挺进的步伐也丝毫没有懈怠。西哥特人想要撤退无疑意味着落荒而逃。阿拉里克二世手下的官员建议派出一支敢死队迎战敌人,这总好过坐以待毙。阿拉里克二世虽然极不情愿,仍然无奈地听从了官员的建议。阿拉里克二世在位于普瓦捷以南数英里的克兰河河岸上的"沃克尔之地"集结起军队,准备正面迎战法兰克人。

　　阿拉里克二世与法兰克国王克洛维一世交锋的这一场战役决定了高卢日后的命运。西哥特人彻底战败,阿拉里克二世驾崩。法兰克国王克洛维一世带着年仅五岁的阿拉里克二世之子阿马拉里克跨过了比利牛斯山脉,继而进入

阿拉里克二世与法兰克国王克洛维一世交锋

西班牙。在接下来的两年，法兰克国王克洛维一世几乎轻而易举地拿下了西哥特人在高卢所有的领地，不断扩大自己的版图。"图卢兹王国"荡然无存。

如约旦尼斯所言，阿拉里克铸就了西哥特人的伟大，而阿拉里克二世则毁灭了西哥特人的伟大。尽管如此，法兰克国王克洛维一世也未能如愿以偿地彻底摧毁西哥特王国。在意大利执政的狄奥多里克大帝很快赶来为自己的外孙阿马拉里克保驾护航。经过狄奥多里克大帝与法兰克人之间纷纷扰扰的不断征战后，西哥特人最终得以继续统治西班牙及里昂湾海岸边的一片地区。

西哥特王国的国力此后一落千丈，但仍继续维持了两百年，我们在后文中再做详述。接下来我们先暂停介绍西哥特人的境遇，因为西哥特人的故事已不再是整个哥特人故事的主线。现在让我们去了解一下东哥特人在意大利打江山、坐皇位，最后又倾覆的历史风云。

# 第13章

# 西罗马帝国的覆灭

**精彩看点**

伊利里亚人欧瑞斯特——"罗慕路斯·奥古斯图卢斯"——混居的民族及当选的国王——西罗马帝国覆灭——奥多亚塞统治意大利

此章我们将从公元472年讲起，当时适逢西罗马帝国的李希梅尔去世。李希梅尔去世两个月后，他一手册立的西罗马帝国的最后一任皇帝奥利布里乌斯就驾崩了。过了一段时日，李希梅尔的外甥勃艮第国王耿多巴德任命格利塞里

奥利布里乌斯

第 13 章 西罗马帝国的覆灭

乌斯接任西罗马帝国皇帝。然而，东罗马帝国皇帝利奥一世并没有认可格利塞里乌斯。东罗马帝国皇帝利奥一世在君士坦丁堡任命尤利乌斯·尼波斯为西罗马帝国皇帝。尤利乌斯·尼波斯同时是东罗马帝国皇帝利奥一世皇后的一个侄女的丈夫。474年春，尤利乌斯·尼波斯乘船前往意大利继位。格利塞里乌斯并无太多异议，很快便自行退位。退位后的格利塞里乌斯担任了达尔马提亚都城萨罗纳地区的主教。然而，时隔不久，475年8月，尤利乌斯·尼波斯不得不因为手下军队叛变而逃离意大利。叛军总指挥官是一个叫欧瑞斯特的伊利里亚人，夺取了西罗马帝国朝廷的控制权。

欧瑞斯特的生平颇有几分传奇色彩。早在欧瑞斯特起兵叛变的三十年前，西罗马帝国就将欧瑞斯特的故乡——也就是现在的克罗地亚的北部割让

尤利乌斯·尼波斯

东罗马帝国皇帝狄奥多西二世

给了匈人。当时的欧瑞斯特年纪尚轻。成为匈人帝国单于阿提拉的臣民后，欧瑞斯特开始效力于匈人帝国单于阿提拉，似乎曾任匈人帝国单于阿提拉的大臣。448年，匈人帝国单于阿提拉曾派欧瑞斯特去觐见东罗马帝国皇帝狄奥多西二世。然而，据说当时狄奥多西二世认为与欧瑞斯特同行的使者斯克里安人埃迪卡更加有分量，便怠慢了欧瑞斯特。这使欧瑞斯特愤怒不已。究竟是怎样的机缘巧合让从前效力于匈人帝国单于阿提拉的欧瑞斯特摇身一变成了西罗马帝国军队的指挥官，甚至是西罗马帝国的皇帝？历史没有给出答案。

欧瑞斯特并没有登基称帝。可能是因为欧瑞斯特认为找一个傀儡皇帝掩人耳目，而自己则做幕后实质上的掌权者更为稳妥。欧瑞斯特很得意自己能够像李希梅尔及弗拉菲乌斯·阿蒂乌斯一样，拥有"贵族"的头衔。欧瑞斯特拥立自己年仅十四岁的儿子罗慕路斯·奥古斯都登基称帝。罗慕路斯·奥古斯都随外祖父姓氏。欧瑞斯特很有可能认为自己的儿子罗慕路斯·奥古斯都与罗马帝国第一任统治者奥古斯都一样都叫奥古斯都，无疑是一种吉兆，而且自我陶醉地期许自己的儿子罗慕路斯·奥古斯都能够带领西罗马帝国从颓败的国运中走出，重新开创一个国泰民安的盛世新纪元。然而，西罗马帝国的民众对一个十四岁男孩儿当选为皇帝的结果嗤之以鼻，只当是一出闹剧，并把罗慕路斯·奥古斯都的头衔"奥古斯都"戏谑地称为"奥古斯图卢斯"。因此欧瑞斯特的儿子在历史中为人熟知的名字便是罗慕路斯·奥古斯图卢斯。

罗慕路斯·奥古斯图卢斯

没过多久，西罗马帝国境内就开始弊端百出。效力西罗马帝国的蛮族军队向欧瑞斯特要意大利三分之一的土地。遭到欧瑞斯特的拒绝后，由哥特人、斯克里安人、鲁吉人、特斯林人、赫鲁利人及阿兰人组成的已然成为西罗马帝国军事力量中坚的庞大军队立刻起兵反叛，并拥立我们在前文中提过的，当年作为匈人帝国单于阿提拉的使者与欧瑞斯特同行君士坦丁堡的斯克里安人埃迪卡之子奥多亚克（也称奥多亚塞或奥德沃克斯）为王。相对而言，斯克里安人是一个人数较少的民族，其语言与哥特人相同。因此，人们通常称奥多亚塞为"哥特人国王"。不过奥多亚塞虽然号称国王，却没有自己的国家，只是担任效力于西罗马帝国、由不同的蛮族部落民众混合而成的大部队的"国王"。

关于奥多亚塞，流传着这样一个故事：据说年少时的奥多亚塞一贫如洗且籍籍无名。当时，他游荡在日耳曼南部。有一次与同伴一起拜访因宗教原因隐退的诺里库姆的塞维林，以求得他的祝福。当时的奥多亚塞衣着简陋，可身材高大魁梧的他在进门时不得不弯腰才能勉强通过诺里库姆的塞维林居住的陋室的门框。奥多亚塞的身形瞬间吸引了圣人诺里库姆的塞维林的注意，圣人诺里库姆的塞维林很快发现这个年轻的斯克里安人奥多亚塞不仅高大，还举止得体，聪慧过人，便预言奥多亚塞必将前途无量。奥多亚塞告诉圣人诺里库姆的塞维林自己正打算前往意大利，准备在罗马军队里谋个差事。"你无论如何都一定要去，"圣人诺里库姆的塞维林说，"虽然你现在衣衫褴褛，可我知道不久以后，很多人都会因你的慷慨赐予而飞黄腾达。"

欧瑞斯特在部队暴乱中丧命，有人说是奥多亚塞亲手杀了欧瑞斯特。然而，奥多亚塞表现出非常同情欧瑞斯特之子罗慕路斯·奥古斯都，每年给予罗慕路斯·奥古斯都六千金币，另外还赠送给他一座位于那不勒斯海湾上的米塞努姆宫。米塞努姆宫曾是罗马大将军卢库勒斯的雄伟壮丽的宫殿。

476年，欧瑞斯特逝世。接下来的四年中，奥多亚塞似乎是充当起了幼帝罗慕路斯·奥古斯都的侍者和保护者的角色。可好景不长，480年，罗慕路斯·奥古斯都被迫退位，并且被迫签署了一份由元老院起草并递交给东罗马帝国皇帝

罗慕路斯·奥古斯都被迫退位

芝诺的请愿书，请愿书称西罗马帝国元老院已经决定罢黜没有作为的皇帝罗慕路斯·奥古斯都，并请求东罗马帝国皇帝芝诺宣告统治整个罗马帝国。当然，元老院还请求东罗马帝国皇帝芝诺委托奥多亚塞这位杰出的政客和军官来管辖西罗马帝国诸行省，并将奥多亚塞提升为"贵族"。

元老院派出的代表团同奥多亚塞派出的使者团一道带着请愿书来到君士坦丁堡。奥多亚塞内心笃定东罗马帝国皇帝芝诺在刚刚经历了被叛军驱逐又再度登上帝位的变故后，忽然有望成为整个罗马帝国的皇帝，哪怕只是名义上的皇帝，也必然会狂喜不已。

然而，就在西罗马帝国的使节们抵达君士坦丁堡的当天，早已退位的尤利乌斯·尼波斯派出的使者团也来到了东罗马帝国。尤利乌斯·尼波斯派出使者团的目的一方面是祝贺东罗马帝国皇帝芝诺重登帝位，另一方面是请求东罗马帝国皇帝芝诺能帮助自己重新获得被剥夺的西罗马帝国皇位。尤利乌斯·尼波斯与东罗马帝国皇帝芝诺的皇后娘家家族有姻亲关系，与君士坦丁堡朝廷的很多官员也私交甚好。重压之下的东罗马帝国皇帝芝诺不得已放弃了一个自己能一统整个罗马帝国的机会。东罗马帝国皇帝芝诺怒斥了西罗马帝国元老院意图对名正言顺的皇帝不轨的行径。同时，他给奥多亚塞写了一封言辞委婉的亲笔信，提议奥多亚塞效忠于尤利乌斯·尼波斯，并向尤利乌斯·尼波斯索要心仪的职位。另外，东罗马帝国皇帝芝诺在信中用"贵族"的头衔称呼奥多亚塞，并说自己确定尤利乌斯·尼波斯本人也肯定乐意赐予奥多亚塞这个当之无愧的头衔。

虽然东罗马帝国皇帝芝诺没有认可元老院的所作所为，可即便如此，罗慕路斯·奥古斯都被废黜退位依然标志着西罗马帝国的灭亡。480年因此被历史铭记。尽管罗慕路斯·奥古斯都本人非常无辜，但"罗慕路斯·奥古斯图卢斯"也成了一个记入史册的名字。自此以后，只有君士坦丁堡的统治者才配拥有"奥古斯都"这个荣誉头衔，直到三百年后，一个法兰克人国王在罗马加冕成为西罗马帝国皇帝后，才得以拥有"奥古斯都"的头衔。

480年可谓多事之秋。一个叫奥维达的士兵刺杀了尤利乌斯·尼波斯。东罗马帝国皇帝芝诺无意再任命任何人接任尤利乌斯·尼波斯的帝位，自己当仁不让地成为整个罗马帝国的最高统治者。

当然，东罗马帝国皇帝芝诺只是名义上拥有最高统治权，奥多亚塞才是意大利掌握实权的人，至于曾隶属于西罗马帝国的其他领土，则落入了各个蛮族国王之手。奥多亚塞的统治手腕堪称高明。虽然自己是阿里乌教派教徒，奥多亚塞却给予了天主教教徒完全的宗教信仰自由；罗马帝国官员得以维持固有的封地，整个国家体系也几乎没有变动。与从前不同的是，奥多亚塞如约给了蛮族士兵三分之一的意大利领土。然而，这些蛮族士兵想方设法羞辱压迫所封领土上原有的罗马民众，奥多亚塞也无力阻挡。人们的生命和财产无法得到保障，农业和贸易也几乎荒废，奥多亚塞统治下的意大利堪称经济萧条、民不聊生。

虽然奥多亚塞无法容忍外界干预自己的政权，但还是想尽办法意图讨好东罗马帝国皇帝芝诺。奥多亚塞派人送给东罗马帝国皇帝芝诺刻有君士坦丁堡皇宫的徽章，并在罗马等地建立东罗马帝国皇帝芝诺的雕塑。奥多亚塞甚至还亲自带兵远征达尔马提亚，讨伐先前刺杀尤利乌斯·尼波斯的奥维达，生擒并处死了奥维达。

尽管奥多亚塞做了种种努力，可东罗马帝国皇帝芝诺还是想要早日成为意大利真正的主人，而非只是名义上。如果不是没有一支能征善战的军队，东罗马帝国皇帝芝诺早就毫不迟疑地运用武力驱逐篡位者奥多亚塞了。多年以来，东罗马帝国皇帝芝诺的软弱成为实现自己雄心壮志的绊脚石，将收服西罗马帝国的计划一拖再拖。直到约489年，东罗马帝国皇帝芝诺授权东哥特国王——来自阿马林斯家族的声名卓著的狄奥多里克大帝进攻原西罗马帝国的故土，并以罗马帝国的名义将这里重新占领。

我们暂且不讲述奥多亚塞与狄奥多里克大帝的殊死搏斗，而是先去讲讲狄奥多里克大帝儿时的故事。

第14章

# 早年的狄奥多里克

**精彩看点**

悲惨的东哥特人——狄奥多里克大帝在君士坦丁堡度过年少时光——狄奥多里克大帝的教育状况及战争中的初露锋芒——狄奥多里克大帝继任东哥特王国国王

我们曾在第五章末尾讲过,狄奥多里克①是狄奥德米尔之子,而他出生的当日正是叔父瓦拉默大败匈人、解放东哥特人的胜利之日。454年左右,狄奥多里克出生时,东哥特人居住在现在的奥地利西南部的地区,而狄奥多里克的出生地就邻近维也纳。东哥特人摆脱匈人的控制赢得独立之后,便与东罗马帝国皇帝马尔奇安签订了盟约。盟约规定东罗马帝国每年向东哥特人支付一大笔佣金来充实国库、装备军队,条件是东哥特人随时准备好为东罗马帝国效力。

东罗马帝国皇帝马尔奇安在位期间,双方均能够忠实履行盟约。接任东罗马帝国皇帝马尔奇安皇位的是利奥一世。他登基前曾任色雷斯行省总督,能够登上皇位全靠"贵族"阿斯帕的提携。阿斯帕出身蛮族,可论及在君士坦丁堡的头衔及影响力,阿斯帕就如同罗马的弗拉菲乌斯·里克默一样,手握皇帝的"生杀大权"。阿斯帕运用各种手段剥夺了东罗马帝国每年支付给瓦拉默的佣金,继而将这笔佣金给予另外一个哥特首领。这个哥特首领是阿斯帕的亲戚,即特里亚里斯之子狄奥多里克·斯特拉博②。我们并不知道狄奥多里克·斯特

---

① 狄奥多里克大帝未继位前称狄奥多里克。——译者注
② "斯特拉博"是一个拉丁词语,指眼睛斜视的人,因此,后人普遍认为狄奥多里克·斯特拉博称呼里之所以有"斯特拉博"这个绰号,必然是身体有某种缺陷。但另外有种说法认为"斯特拉博"是收养了狄奥多里克·斯特拉博的罗马恩人的姓名。——原注

拉博究竟是什么底细，只知道他领导的哥特人很有可能是约六十年前，即399年到401年之间，由盖纳斯将军率领，在色雷斯行省被匈人打败的那些哥特人的后代。

瓦拉默尝试运用各种和平手段敦促东罗马帝国皇帝利奥一世恢复每年给自己的佣金，可后来瓦拉默发现一切和平的努力都是徒劳，随即率军攻入伊利里亚行省。东罗马帝国很快意识到与瓦拉默的关系宜友不宜敌。462年，东罗马帝国与东哥特双方之前签订的盟约得以恢复。东罗马帝国皇帝利奥一世答应还清之前对东哥特人的欠款，另外每年再定期支付给瓦拉默三百磅黄金。作为回

东罗马帝国皇帝利奥一世

货币上的狄奥多里克

报，东哥特人负责镇守东罗马帝国边境。当时年仅八岁的狄奥多里克也作为人质被送往君士坦丁堡，以确保东哥特方能忠实履行盟约。狄奥多里克的父亲狄奥德米尔起初并不愿意让自己的儿子去当人质，可终究还是抵不过瓦拉默的百般劝说。瓦拉默说狄奥多里克必定因此次入质东罗马帝国之行受益匪浅，因为狄奥多里克有朝一日将成为东哥特国王，能有机会接受罗马皇家教育简直再好不过。最终，瓦拉默说服了狄奥德米尔点头同意狄奥多里克入质君士坦丁堡。

年少的狄奥多里克很快便成了东罗马帝国皇帝利奥一世身边的红人。狄奥多里克在君士坦丁堡生活了十年时间，成长之路就如同君士坦丁堡的权贵之子一般。东罗马帝国遴选了君士坦丁堡最杰出的老师们负责狄奥多里克的教育。毫无疑问，狄奥多里克在体能运动方面展现的天赋和取得的成就要远远超过书本学习方面。不过，关于狄奥多里克"在统治意大利之后仍然不会写

东罗马帝国时期的君士坦丁堡

字,不得已只能用一块金质的模版来辅助自己签名"的说法应该也不过是空穴来风,不可随意轻信。君士坦丁堡的各种经历令狄奥多里克学会了更文明的生活方式,并认可了这种生活方式带来的种种好处,同时使狄奥多里克下定决心,有朝一日也要让自己的子民学会同样的生活方式,享受这些好处。

年满十八岁时,狄奥多里克获准回到自己的故乡。在临行之际,他收到了东罗马帝国皇帝利奥一世及朝廷官员们赠送的琳琅满目的精致礼物。狄奥多里克身居东罗马帝国的时候,瓦拉默在一场与斯克里安人的对决中不幸去世,狄奥德米尔继承了瓦拉默的国王之位。东哥特人疲于应付周边各部族的明枪暗箭,举步维艰。东哥特一边面临格皮特人和萨尔马提亚人的攻击;另一边是虎视眈眈的阿拉曼人、苏维斯人、鲁吉人;还有匈人的残余部众尚未死心,时刻想着夺回失去的领地。狄奥多里克回到东哥特时发现父亲狄奥德米尔仍在领地的西北部征战阿拉曼人,而反方向的东南部领地正遭受萨尔马提亚人首领鲍鲍伊的威胁。鲍鲍伊已经攻克了东罗马要塞贝尔格莱德。

狄奥多里克很快便向世人展示了自己在君士坦丁堡学习积累的战斗技能。没有等待父亲狄奥德米尔的批示，狄奥多里克径自率领六千将士向鲍鲍伊发动了攻击。狄奥多里克一举攻下了贝尔格莱德，并杀死了鲍鲍伊，悉数擒获了鲍鲍伊的家眷和财物，把这些作为战利品带回了东哥特。可能是因为狄奥多里克与东罗马帝国皇帝利奥一世私交颇好，战后狄奥多里克就欣然将本属于东罗马帝国的领土贝尔格莱德纳入了自己的囊中，并没有归还给东罗马帝国。或许东罗马帝国的统治阶层实际上从未要求东哥特人归还贝尔格莱德，因为东罗马帝国国内的各种矛盾已经令君士坦丁堡的统治阶层焦头烂额，根本无暇顾及帝国边远地区。而且从某种程度上讲，狄奥多里克其实是帮东罗马帝国铲除了一个危险的敌人。

然而，狄奥德米尔统治的范围实在是过于狭小，几乎无法给予本族民众足够的生存空间。与领地周边各部落持续不断的冲突也使东哥特人几乎没有多余的心力再去耕种土地。另外，东哥特人之前一百年都是在匈人的统治下过着游牧生活，突然要定居下来过着日出而作日落而息的农耕生活，都感到不太适应。东哥特人一旦发现饥荒的苗头，便祈求首领带领自己去打仗，根本不在乎具体的敌人是谁，主要是希望借着打仗能够大肆掠夺一番，以满足自己的需求。

狄奥德米尔无法拒绝子民的要求，他将东哥特军队分为两支，一支由自己带领，另一支由兄弟维德默带领。他们带领自己的军队分别攻打东、西罗马帝国。当着集结的民众的面，狄奥德米尔与维德默进行了庄重的抓阄仪式，意图让上天来决定究竟谁往东行、谁向西去。

抓阄结果是维德默率军前往意大利。当时的西罗马帝国正处在格利塞里乌斯的短暂统治期。关于格利塞里乌斯，相关史料甚少。除了格利塞里乌斯是被迫退位，我们只知道格利塞里乌斯用一大笔钱利诱东哥特军队前往高卢，结果东哥特军队在高卢与当时尤里克二世统治的西哥特人进行了整合。

与此同时，绝大多数东哥特人跟随狄奥德米尔进入了位于多瑙河与巴尔干半岛的群山之间。在过去的漫长岁月中，这里曾是饱受哥特人蹂躏的地区。

东哥特人攻下了包括纳伊苏斯在内的几座城池，他们的节节胜利令君士坦丁堡方面惶恐不已。君士坦丁堡方面希望能破财消灾。东罗马帝国邀请东哥特人在马其顿定居，并给予东哥特人大量的土地、钱财。东罗马帝国赐予东哥特人的城池里包含佩拉城。佩拉城因是亚历山大大帝的出生地而闻名于世。

474年，狄奥德米尔在与东罗马帝国签订盟约后不久便不幸去世，他的儿子，时年二十岁的狄奥多里克继承东哥特首领的位子，开启了自己漫长而光辉的王者岁月。

# 第15章
# 两个"狄奥多里克"

**精彩看点**

东罗马帝国皇帝芝诺——两个"狄奥多里克"——表里不一的国王——狄奥多里克·斯特拉博丧命——狄奥多里克大帝受命讨伐意大利

东罗马帝国皇帝利奥一世与东哥特人的首领狄奥德米尔死于同一年。东罗马帝国皇帝利奥一世驾崩后，皇位由女婿芝诺继承。芝诺出生于小亚细亚南部行省伊苏里亚，是雷萨姆布莱德特斯之子。芝诺原本叫托萨克迪萨。因为这个名字听起来颇具蛮族意味，后来便将原名改作一个更朗朗上口同时兼具希腊色彩的名字——芝诺。正是在东罗马帝国皇帝芝诺执政期间，罗马元老院在奥多亚塞的授意下，于480年交出了意大利及西罗马帝国的统治权。

根据东罗马帝国皇帝芝诺在位期间的历史学家们的描述，东罗马帝国皇帝芝诺是一个"哪怕看到关于战争的图画都会吓破了胆的懦夫"。只要能够避免战争，东罗马帝国皇帝芝诺不惜任何丧权辱国之举或卑鄙恶劣之态。东罗马帝国皇帝芝诺当时面临着两股用我们的话来说是"来自外国的势力"的虎视眈眈，即东哥特首领狄奥多里克大帝，以及同样来自东哥特的狄奥多里克·斯特拉博。无巧不成书的是，两个"狄奥多里克"是不共戴天的仇敌。无论东罗马帝国皇帝芝诺向他们谁示好，都会引发另一方的仇恨。所以东罗马帝国皇帝芝诺的策略便是通过谄媚恭维以及慷慨送礼伺机而动，如墙头草般摇摆于两个"狄奥多里克"，静观谁强便拉拢谁。同时他还蓄意安排一些能够让狄奥多里克大帝与狄奥多里克·斯特拉博两败俱伤的事件，自己则坐收渔翁之利。

正当东罗马帝国皇帝芝诺登基即将满一周年之际，他遭遇了国内的一场叛变，被迫离开了君士坦丁堡。叛变的始作俑者瓦西里斯科斯是东罗马帝国皇帝利奥一世的大舅哥，他在东罗马帝国皇帝芝诺离开君士坦丁堡后随即称帝。狄奥多里克·斯特拉博支持了瓦西里斯科斯的叛变。因此，在执政期间，瓦西里斯科斯封狄奥多里克·斯特拉博为"贵族"及军队统帅。反观另一边，狄奥多里克大帝率领的东哥特人在东罗马帝国政权动荡期间始终选择支持东罗马帝国皇帝芝诺。两年后，瓦西里斯科斯被废黜，东罗马帝国皇帝芝诺重新返回君士坦丁堡复位。重登王位的东罗马帝国皇帝芝诺大张旗鼓地表达了自己对于来自阿马林斯家族的狄奥多里克大帝帮助自己平定叛乱的感激之情：他御赐狄奥多里克大帝"贵族"的头衔，认狄奥多里克大帝为养子，让狄奥多里克大帝担任东罗马帝国皇家军队的高级指挥官，并给予狄奥多里克大帝数量庞大

东罗马帝国皇帝芝诺

的赏赐。然而，狄奥多里克大帝内心十分清楚，自己的"养父"东罗马帝国皇帝芝诺只是在等待合适的时机，随时都可能对付自己。为了让自己的处境更加安全，狄奥多里克大帝率领东哥特人离开了位于马其顿的住所，并让族人一路沿着多瑙河南岸定居，范围从贝尔格莱德直到多瑙河河口。

与此同时，狄奥多里克·斯特拉博则带领着自己麾下的哥特人如入无人之境般游荡在色雷斯行省，并通过不断地抢掠当地人来补给自己。据说，狄奥多里克·斯特拉博做过很多极其残忍之事，比如他会砍掉俘虏的右手，以防俘虏们日后与自己抗争。然而，色雷斯行省很快就被洗劫一空。当狄奥多里克·斯特拉博发现已无法再从色雷斯行省获得足够的军队补给时，便派出使者去告诉东罗马帝国皇帝芝诺说自己愿意与东罗马帝国和解，条件是东罗马帝国把当时由狄奥多里克大帝担任的职位册封给自己。狄奥多里克·斯特拉博声称来自阿马林斯家族的狄奥多里克大帝未经允许便占据了多瑙河地区的行为堪称叛变，还游说东罗马帝国皇帝芝诺与东哥特人决裂并授权狄奥多里克·斯特拉博去惩罚东哥特人的"叛变行为"，还表示这般安排对东罗马帝国简直是有百利而无一害。

东罗马帝国皇帝芝诺见狄奥多里克·斯特拉博主动示好，便想当然地认为狄奥多里克·斯特拉博并无多少实力，随即不屑一顾地拒绝了狄奥多里克·斯特拉博的求和提议，同时还命令东罗马帝国的将军们拿出破釜沉舟的勇气与狄奥多里克·斯特拉博开战。然而，狄奥多里克·斯特拉博率领的哥特人不仅做出了出人意料的顽强抵抗，甚至还大败了东罗马帝国的军队，直接对君士坦丁堡构成威胁。事态发生了惊人的反转，这下轮到东罗马帝国皇帝芝诺主动求和了。东罗马帝国皇帝芝诺答应狄奥多里克·斯特拉博可以完全拥有已经攻克的领土，条件是狄奥多里克·斯特拉博不再针对东罗马帝国，同时将儿子作为人质送往君士坦丁堡。

然而，今时不同往日，与东罗马帝国这一仗令狄奥多里克·斯特拉博看到了自己的实力，同时发现自己在君士坦丁堡有很多友人。因此，他开始相信自己可以轻而易举地攻入君士坦丁堡,并成为整个东罗马帝国的主人。狄奥多里克·斯特拉博自然拒绝了东罗马帝国皇帝芝诺的求和提议。走投无路的东罗马帝国皇帝芝诺只得厚着脸皮祈求狄奥多里克大帝率领的东哥特人的帮助。

然而,来自阿马林斯家族的狄奥多里克大帝瞬间就嗅到了危险的气息,怀疑东罗马帝国皇帝芝诺打算设圈套坑害东哥特人。东罗马帝国皇帝芝诺花了好一番功夫才劝服狄奥多里克大帝动身。狄奥多里克大帝令东罗马帝国皇帝芝诺庄严立誓永不与狄奥多里克·斯特拉博结盟,并令东罗马帝国皇帝芝诺承诺出动八千名骑兵及三万名步兵协助狄奥多里克大帝共同作战。得到东罗马帝国皇帝芝诺的悉数承诺后,狄奥多里克大帝起兵进入色雷斯行省。经历了一路的舟车劳顿后,狄奥多里克大帝突然看见狄奥多里克·斯特拉博的军队正集结在一座叫桑迪斯的山上的一个要塞上。狄奥多里克大帝放眼望去,却不见东罗马帝国皇帝芝诺曾承诺过会派出的援军。后来的事实很快证明,东罗马帝国皇帝芝诺压根就没有打算派出任何援军。

狄奥多里克大帝一下子陷入了四面楚歌的境地。想要向前一步攻击扎营在山上的狄奥多里克·斯特拉博是毫无胜望的,而想要后退一步撤回更加安全的据点也是不可能的。狄奥多里克大帝踌躇了数日,迟迟没有下决断,也许内心一直期盼着东罗马帝国的盟军会忽然如约而至。狄奥多里克·斯特拉博更是不紧不慢,丝毫没有主动发起进攻的意图,每天只是骑马游荡于一处位于狄奥多里克大帝军队的箭程外、又能令东哥特人听到自己洪亮的声音的地方。"哥特人们!"狄奥多里克·斯特拉博呼喊道,"你们真要跟着蠢小子狄奥多里克与自己的同胞骨肉相残吗?你们真要中了罗马人的圈套,眼看着哥特部众自相残杀吗?狄奥多里克为你们做过什么?你们当中有很多人原本富甲天下,跟着狄奥多里克却变得一贫如洗。你们自称贵族和自由民,狄奥多里克却将你们带到不毛之地如同奴隶般苟延残喘,而狄奥多里克却能够在我们哥特人的敌人罗马人那里名利双收。"狄奥多里克·斯特拉博煽动性的话语激起了东哥特人的强烈不满。狄奥多里克大帝不得不与狄奥多里克·斯特拉博结成联盟。东罗马帝

狄奥多里克大帝

国皇帝芝诺正满心欢喜地等待着狄奥多里克·斯特拉博与狄奥多里克大帝双方兵戎相见，万万没想到哥特人的这两位头领竟联合起来并将矛头对准了东罗马帝国。除非东罗马帝国皇帝芝诺能完全满足狄奥多里克·斯特拉博与狄奥多里克大帝双方各自的要求，不然两支哥特人将一同进攻君士坦丁堡。

　　为人奸诈的东罗马帝国皇帝芝诺首先想到的办法便是挑拨离间，试图贿赂、拉拢哥特两大阵营中的一方去背叛另一方。东罗马帝国皇帝芝诺先是从狄奥多里克大帝下手。他提出给予狄奥多里克大帝数不尽的金银财宝，多出以往许多的年俸，甚至承诺将西罗马帝国的先帝奥利布里乌斯的女儿许配给狄奥多里克大帝。然而，狄奥多里克大帝绝不是为了一点儿诱惑就变节的人。对于

第15章 两个"狄奥多里克" | 191

东罗马帝国皇帝芝诺的利诱,狄奥多里克大帝不为所动。东罗马帝国皇帝芝诺无奈只得再对狄奥多里克·斯特拉博下手,没想到一下子就成功突破了狄奥多里克·斯特拉博的防线。尽管狄奥多里克·斯特拉博之前言之凿凿地控诉发生在"哥特同胞兄弟们"之间的战斗是令人不齿且愚蠢至极的,可只要东罗马帝国给出足够的筹码,狄奥多里克·斯特拉博也会毫不犹豫地与东哥特同胞们开战。同时,东罗马帝国皇帝芝诺将从前给予狄奥多里克大帝的所有头衔和指挥权全部转交给了狄奥多里克·斯特拉博,并且同意由东罗马帝国来承担狄奥多里克·斯特拉博旗下一万三千名哥特士兵的花费。

狄奥多里克·斯特拉博如此令人不齿的背信弃义,自然使狄奥多里克大帝怒不可遏。狄奥多里克大帝采取的第一个行动便是进攻马其顿,据说,狄奥多里克大帝毫不眨眼地屠杀了马其顿几座城池的守军;之后越过群山进入伊庇鲁斯行省,一路来到亚得里亚海海岸,占领了底耳哈琴(又称杜拉佐)。底耳哈琴是巴尔干半岛通往意大利南部的重要港口。

早期的底耳哈琴

然而，好景不长，东罗马帝国皇帝芝诺很快就对狄奥多里克·斯特拉博的很多行为感到不满。因此，他派出使者前去与狄奥多里克大帝求和。东罗马帝国皇帝芝诺提出将隶属于伊庇鲁斯行省的大片土地赠予东哥特人，并出资供东哥特人购买粮食，直到东哥特人迎来第一次粮食丰收。狄奥多里克大帝并不满足于东罗马帝国皇帝芝诺提出的条件。正当双方斡旋之时，狄奥多里克大帝的朋友狄奥多蒙德遭到了一个背信弃义的东罗马帝国将军的攻击，五千士兵沦为东罗马帝国阶下囚。东哥特人再也无心与东罗马帝国进行任何和平谈判，双方大战一触即发。

481年，君士坦丁堡一带爆发了一场叛乱，发动叛乱的两个将军分别叫伊鲁斯和罗慕路斯。狄奥多里克·斯特拉博在东罗马帝国开出的重赏的怂恿下，受命剿灭叛军。当然，狄奥多里克·斯特拉博仍难改叛徒的本性，试图倒戈并加入叛军，一举拿下君士坦丁堡。然而，没过多久，狄奥多里克·斯特拉博骑的马突然发狂，载着他狂奔，并将他甩向了一支长矛上。狄奥多里克·斯特拉博就这样意外丧生了。

屡屡生事的狄奥多里克·斯特拉博死后，狄奥多里克大帝终于不再有后顾之忧。之前追随狄奥多里克·斯特拉博的大多数部众转而加入了狄奥多里克大帝的军队。实力快速扩充的狄奥多里克大帝行军势如破竹，屡屡重创东罗马帝国，逼得东罗马帝国皇帝芝诺愿意不惜一切代价换取与狄奥多里克大帝的和解。483年，东罗马帝国赠予东哥特人一片位于多瑙河附近的极其广袤的土地。485年，狄奥多里克大帝率军讨伐伊鲁斯叛军，大获全胜。作为奖励，东罗马帝国在君士坦丁堡建立了一座狄奥多里克大帝骑着马的胜利者造型的雕塑。然而，没过多久，东罗马帝国皇帝芝诺与狄奥多里克大帝之间的争端再次爆发，东哥特人随即拿起武器开始掠夺君士坦丁堡周围地区。

最终，东罗马帝国与东哥特人找到了令双方都满意的解决办法。东罗马帝国皇帝芝诺同意狄奥多里克大帝前去意大利，并从当时西罗马帝国的实际统治者奥多亚塞手中夺取意大利的统治权，继而在意大利建立属于东哥特人自己的国家。而狄奥多里克大帝则代表东罗马帝国皇帝芝诺统治属于东哥特人的新意大利。

　　此计令东罗马帝国皇帝芝诺终于得以摆脱东哥特人。从前东罗马帝国皇帝芝诺不得不花重金仰仗东哥特人的帮助，而地位巩固后的东罗马帝国皇帝芝诺确实也不再需要东哥特人的昂贵帮助。同时，东罗马帝国皇帝芝诺的安排正中狄奥多里克大帝的下怀。虽然狄奥多里克大帝在各种历史境遇造化弄人的背景下仿佛成为一个"土匪头子"，可在内心深处，狄奥多里克大帝始终渴望有朝一日能成为安定之邦、文明之邦的一国之君。此刻，获得了东罗马帝国皇帝芝诺的明确支持后，狄奥多里克大帝踌躇满志地带领着自己的部众踏上了前进的征程，并满怀希望能够亲手缔造一个伟大的国度，引领东哥特人在艺术与美德方面取得如同在战场上夺取的胜利一般的辉煌战绩。

第16章
# 维罗那大战及东哥特人攻占意大利

**精彩看点**

冬日行军——维罗那大战——拉韦纳投降——谋杀奥多亚塞

488年，东罗马帝国皇帝芝诺授意狄奥多里克大帝前去意大利攻打奥多亚塞。狄奥多里克大帝立即启程前往自己位于多瑙河南岸诺沃（保加利亚斯维什托夫附近）的大本营，呼吁民众做好准备移居属于东哥特人的"应许之地"。各项准备很快就位，毕竟东哥特人在默西亚行省仅仅定居了五年，要重操旧业再次开始几百年来早已习惯的游牧生活并非难事。狄奥多里克大帝迫不及待地想要前往意大利，即便是深秋季节也未能阻止他向意大利行进的征程。东哥特人一路上不仅要冒着严冬的侵袭千里迢迢翻山越岭，而且沿途还不时会遇到各种不怀好意的部落。

据说，当时狄奥多里克大帝率领的离开默西亚行省的民众不少于二十五万。这支庞大的队伍带着牲畜与行李，沿着多瑙河岸一路行进了三百英里。然而，当队伍抵达贝尔格莱德，也就是狄奥多里克大帝年少时曾一战成名的地方时，格皮特人拦住了东哥特人的去路，当时的格皮特人已经占领了当年东哥特国王瓦拉默与狄奥德米尔在世时占领的领土。

狄奥多里克大帝派出信使请求格皮特人首领斯拉夫斯蒂拉允许东哥特人通过格皮特人的领地，不料却遭到了斯拉夫斯蒂拉的拒绝。双方在乌尔卡河附近展开了激烈的厮杀。战场多为沼泽地，一开始格皮特人因为更熟悉地形而占据了上风。后来狄奥多里克大帝在战斗中表现出的英勇无畏极大地鼓舞了东哥特的将士们。东哥特军队士气冲天,克服不利局势,完败格皮特人,赢得了胜利。丢盔弃甲乱作一团的格皮特人仓皇而逃,留下了很多满载供给品的马车,这让东哥特人欣喜不已。

乌尔卡河一战后,狄奥多里克大帝率领着子民沿着萨沃河行进,继而越过了陡峭的朱利安阿尔卑斯山脉。然而,无论狄奥多里克大帝多么迫不及待地想进入属于自己的未来王国,东哥特人队伍却只能非常缓慢地前进,因为队伍中有成千上万的妇女儿童,而且有好几次因为受到疾病的侵袭,队伍不得不中途休息停止前进。因此,直到距离当初开始远征时算起将近一年后,东哥特人的队伍才终于来到了意大利的边界河——伊松佐河的河边准备渡河。与此同时,奥多亚塞的大军已经在河对岸扎营,虎视眈眈,准备阻止东哥特人渡河。

尽管狄奥多里克大帝的士兵已经因一路上长途跋涉受尽艰辛而疲惫不堪,可战斗力仍远胜于奥多亚塞的手下。奥多亚塞率领的军队是由多个不同的小部落七拼八凑而成的。小部落的首领们认为奥多亚塞的出身并不显贵,因此总是对奥多亚塞的号令置之不理。489年8月28日,东哥特人强渡伊松佐河,奥多亚塞率众撤退至维罗那。

待军队短暂休整之后,狄奥多里克大帝决定乘胜追击,率军冲出位于阿奎莱亚遗址附近的大本营,一鼓作气向对手发起第二次进攻。489年9月30日,维罗那大战爆发,此战决定了奥多亚塞掌权的意大利的命运。战争爆发的当日清晨,狄奥多里克大帝精心打扮,穿上了自己最华贵的服饰,母亲和姐姐亲手为他整理衣冠。狄奥多里克大帝笑言,原本希望自己在战斗中的所向披靡能够让对手闻风丧胆,可现在单靠自己的一身行头就能鹤立鸡群了。奥多亚塞的军队誓死抵抗,东哥特人也是伤亡巨大。狄奥多里克大帝卓越的领导才能及身先士卒的冲锋精神极大地鼓舞了东哥特的将士们。他们奋勇拼杀,奥多亚塞最终落荒而逃。奥多亚塞率领着残兵败将试图进入罗马城内避难,然而,罗马元老院根本无心与战败的叛军再有任何瓜葛,更何况大获全胜的狄奥多里克大帝是代表东罗马帝国皇帝芝诺前来意大利,便下令关闭罗马城门。走投无路的奥多亚塞只得率众在意大利漫无目的地游走,一路焚毁村庄、毁坏庄稼,最终在拉韦纳城固若金汤的要塞中避难。与此同时,狄奥多里克大帝因维罗那大捷而占领了强大富饶的维罗那和米兰,不久后,又收服了原本隶属于奥多亚塞军队的绝大多数士兵。

原效力于奥多亚塞,后来投靠狄奥多里克大帝的首领中有一个叫图法的,他曾在奥多亚塞的军队中身居高位。不知是通过何种方式,图法完全赢得了狄奥多里克大帝的信任,并向狄奥多里克大帝保证,说只要给自己足够的人马,便能在拉韦纳擒住奥多亚塞。狄奥多里克大帝认可了图法的建议,并应图法的要求,派出了狄奥多里克大帝的很多亲信官员跟着图法的队伍。令人万万没想到的是,就在图法的队伍进入拉韦纳附近地区的时候,图法却临阵倒戈,再次投靠了前主奥多亚塞,并将狄奥多里克大帝派出的官员用链条锁住送至奥多亚塞面前。奥多亚塞将狄奥多里克大帝的官员们囚禁了数日后又以极其羞辱的方式将他们杀死。消息传来,成千上万个当初在奥多亚塞战败后深感前途无望并投靠狄奥多里克大帝的士兵又一次选择了离狄奥多里克大帝而去,并加入了图法的军队。一时之间,似乎命运之神眷顾的宠儿发生了变化。奥多亚塞也按捺不住卷土重来收复失地的心了。形势剧变之下,东哥特人被迫放弃了米兰和维罗那,撤退至帕维亚区域。

不过幸运之神似乎也没有眷顾奥多亚塞太久。与狄奥多里克大帝的追随者迥异的是,奥多亚塞的追随者都是一群唯利是图之辈。这些唯利是图之辈组成了一些貌合神离的队伍。这些队伍彼此之间没有任何共同的情感,对奥多亚塞也几乎没有情感依附。奥多亚塞的队伍中很快便出现了大批部众作鸟兽散的状况,将军们之间不断的争端与分歧也使奥多亚塞再也无法采取任何卓有成效的行动。490年8月,在一支受阿拉里克之命从图卢兹赶来的西哥特人队伍的支援下,狄奥多里克大帝的军队重创了奥多亚塞的军队,并于不久之后,将奥多亚塞团团包围于拉韦纳。据说,大概与此同时发生了一件大事,一件似乎与英格兰历史上总是布有郁郁寡欢色彩的"圣布赖斯日"[①]类似的大事。东罗马帝国皇帝芝诺的官员按照一项密令,屠杀了意大利全境内奥多亚塞所有的支持者。490年年末,意大利全境的重镇内只剩下拉韦纳及位于亚得里亚海的阿里米努姆[②]尚未归降狄奥多里克大帝。罗马元老院派出最受尊崇的元老院成员——作为两执政官之一的浮士德前往君士坦丁堡,请求东罗马帝国允许狄奥多里克大帝统治意大利。然而,当浮士德抵达君士坦丁堡时,东罗马帝国皇帝芝诺正值弥留之际,罗马元老院的请求似乎也因此被搁置。

拉韦纳的封锁状态一直持续了两年半。因为城内饥荒严重,奥多亚塞不得已提出有条件投降。拉韦纳的主教担当双方的协调员。狄奥多里克大帝本人也早已厌倦了长期围攻拉韦纳的持久战,欣然接受了即便是明显有利于奥多亚塞一方的和解条款。双方约定允许奥多亚塞以国王的身份继续住在拉韦纳,若遇盛大仪式或庆典,奥多亚塞与狄奥多里克大帝享有同样的地位和殊荣[③]。奥多亚塞曾在投降前不久,效仿欧瑞斯特曾辅佐儿子罗慕路斯·奥古斯都上位一般,宣告自己的儿子萨利安为西罗马帝国皇帝。奥多亚塞投降后,将儿子萨利安质押给东哥特人作为人质。493年3月5日,狄奥多里克大帝进入拉韦纳城,入主皇家宫殿"月桂树林"。

狄奥多里克大帝与奥多亚塞见面时双方都表现出一团和气,可没过几天,狄奥多里克大帝听闻奥多亚塞正密谋刺杀自己。后来狄奥多里克大帝在为自己的残忍且背信弃义之举辩解时也认定是奥多亚塞背叛在先。493年3月15日,狄奥多里克大帝邀请奥多亚塞前往"月桂树林"宫赴宴,提前安排携带武器的士兵藏匿在位于奥多亚塞落座的地方左、右两旁的偏殿,命令藏匿的士兵听到约

---

① "圣布赖斯日",指圣布赖斯大屠杀。997年至1001年,英格兰每年都会遭受丹麦人的侵袭;1002年,当时的英格兰国王埃塞雷德二世收到小道消息称"居住在英格兰的丹麦人企图弑杀英格兰国王并占领英格兰",便下令屠杀所有居于英格兰的丹麦人,被屠杀的人数很多。——译者注
② 阿里米努姆,古意大利中部城市,今作里米尼。——译者注
③ 后世普遍认为狄奥多里克大帝同意与奥多亚塞共治意大利是令人难以置信的。——原注

定的信号后便一跃而出砍倒奥多亚塞及随从。奥多亚塞刚一落座，狄奥多里克大帝手下的两名士兵便上前假装请求奥多亚塞恩准某事，并紧握奥多亚塞的双手显出一副非常迫切的样子。看到约定的信号后，之前藏匿在偏殿的士兵瞬间冲到大厅，却万万没想到自己要杀害的对象竟然是当时手无寸铁的国王奥多亚塞。巨大的落差感令士兵呆若木鸡地僵立在大厅中间。说时迟那时快，只见狄奥多里克大帝一下抽出自己的宝剑，径直杀向奥多亚塞。"苍天开开眼啊！"绝望的奥多亚塞呼喊着。而狄奥多里克大帝则大声呵斥："你当初是如何对待我的朋友的！我只是以其人之道还治其人之身罢了！"一剑从奥多亚塞的锁骨以雷霆之力劈下去，奥多亚塞的整个身体几乎被劈成了两段。目睹了自己的一剑竟然能有这么大的力量，狄奥多里克大帝似乎也非常震惊，继而对奥多亚塞的尸体嗤之以鼻，"奥多亚塞这可怜虫估计是没长骨头吧"。奥多亚塞丧命时正值花甲之年。奥多亚塞陵位于拉韦纳城外一片邻近犹太人会堂的空地上。充斥着异教徒祷告的地方令奥多亚塞即便是入土也不能安息。奥多亚塞的遗孀苏尼格尔达在狱中活活被饿死。狄奥多里克大帝将奥多亚塞之子萨利安作为囚犯押送给图卢兹的西哥特国王阿拉里克，但奥多亚塞之子萨利安后来逃回了意大利，最后死于意大利。

我们讲述的关于奥多亚塞生命终结的惨烈故事来源于7世纪一位历史学家的记录。记录中包含了很多看似不太可能的事。当然，我们也但愿记录中夸大了关于狄奥多里克大帝叛变和残暴的部分。当我们一想到狄奥多里克大帝在意大利长达三十三年的盛世统治，想到狄奥多里克大帝鞠躬尽瘁保障臣民的安居乐业，想到无论东哥特人还是罗马人都无不交口称赞狄奥多里克大帝统治时期的公平公正，我们也许就会释然，相信狄奥多里克大帝当初貌似冷血背叛杀害奥多亚塞，从而彻底夺取了王国统治权的背后或许另有隐情。根据我们对奥多亚塞为人的了解，我们也绝对有理由相信奥多亚塞的确可能事先谋划过刺杀虽声称盟友但实为死敌的狄奥多里克大帝。如果狄奥多里克大帝当真发现了奥多亚塞的诡计，那么毫无疑问，怒火中烧的狄奥多里克大帝必然会采取猛烈的回击，将奥多亚塞的阴谋扼杀于萌芽状态。然而，无论我们如何巧言粉饰狄奥多里克大帝谋杀奥多亚塞之举，狄奥多里克大帝的统治以如此暴虐无度的方式开场总是不禁让人心生遗憾。

# 第17章
# 狄奥多里克大帝的治国智慧

**精彩看点**

狄奥多里克大帝统治下的意大利——为民请愿的主教艾比法纽斯——狄奥多里克大帝的善行——堪称西部恺撒的狄奥多里克大帝——改革税制——宗教包容——"面包与马戏团"游戏——大力扶植艺术——文学与科学的发展及代表人物——鼓励贸易——东哥特王国的政治体制——公正治国——狄奥多里克大帝理想的治国方略——传奇般的声望——"专制的仁政"的优势与不足

我们不得不再次哀叹，历史的确如约翰·弥尔顿所言，即"和平带来的胜利总是不及战争带来的胜利那么声名久远"。与其说狄奥多里克大帝因一生的辉煌战绩而名垂千古，不如说狄奥多里克大帝戎马一生打下的盛世江山才更为人称道。狄奥多里克大帝究竟是通过何种手段使长期混乱不已且饱受压迫的意大利获得井然有序且兴旺繁荣的状态？狄奥多里克大帝究竟用怎样的统治艺术赢得了包括罗马民众和东哥特民众在内的全部子民的心，以至狄奥多里克大帝的驾崩在意大利引起了过去几个世纪任何君主都从未曾引起过的举国悲痛？历史也讲不清、道不明。

　　奥多亚塞死后，狄奥多里克大帝最早开展的各项行动似乎并未彰显出狄奥多里克大帝统治的睿智和仁心。狄奥多里克大帝颁布诏书规定，之前不论曾以何种方式支持过奥多亚塞并且反对过狄奥多里克大帝的罗马人都将丧失作为公民的特权，包括自由处置自己所有财产的权利。民众普遍认为这项规定非常不公，因为当初很多人都是因为受到强迫才不得已支持奥多亚塞。如果狄奥多里克大帝能加以善待，曾经追随过奥多亚塞的人都愿成为狄奥多里克大帝的忠实臣民。

　　幸运的是，从前支持过奥多亚塞的民众找到了一位非常有分量的说客。当年狄奥多里克大帝与奥多亚塞交战，扎营在帕维亚时，与帕维亚的主教艾比法纽斯打过颇深的交道。虽然艾比法纽斯是一个天主教教徒，但艾比法纽斯崇高的道德令狄奥多里克大帝佩服得五体投地，对艾比法纽斯敬若神明。用狄奥多里克大帝的话说，"整个东罗马帝国都找不出像艾比法纽斯一样高尚的人，能一睹艾比法纽斯的尊容简直是一种极大的荣幸"。罗马人正是找到了备受尊崇的艾比法纽斯来担当说客。艾比法纽斯在米兰主教劳伦提斯的陪同下前往拉韦纳觐见狄奥多里克大帝。狄奥多里克大帝极其恭敬地接待了艾比法纽斯，并且极其认真地听完了艾比法纽斯的演说。艾比法纽斯提醒狄奥多里克大帝，正是上帝屡施恩泽，狄奥多里克大帝才得以在意大利打下江山。当然，艾比法纽斯义正词严的劝诫中也会有意无意地给狄奥多里克大帝戴戴高帽子。艾比法纽斯同时劝诫狄奥多里克大帝应该通过效仿上帝的仁慈来证实自己对上帝的感激之情。艾比法纽斯还通过奥多亚塞的例子来反面劝诫狄奥多里克大帝，声称奥多亚塞的统治正是因为残暴不仁才会衰落，劝告狄奥多里克大帝吸取教训，切莫再步其后尘。艾比法纽斯最后以一段呼吁结束了自己的演说，内容如下：

> 好好想想吧，
> 践行正义的意义从不在于救赎。
> 最难能可贵的是一颗仁慈之心，
> 上帝希望世人皆有善心、行善举。

艾比法纽斯讲完之后，全场鸦雀无声，每个人都诚惶诚恐地等着狄奥多里克大帝发话。狄奥多里克大帝首先阐明，稳定的统治容不得徇私情讲仁慈，接着引用《圣经》中扫罗因为不合时宜地怜悯败军而引得上帝大怒的例子。随后狄奥多里克大帝话锋一转，接着说，既然上帝都会因主教的祷告而动容，世间就没有任何力量能逆天行事，无视主教的祷告。随后，狄奥多里克大帝命令大臣颁布诏书，大赦天下。

对于狄奥多里克大帝而言，大赦天下无疑是赢得民心最好的手段。狄奥多里克大帝能施恩答应天主教会主教艾比法纽斯的诉求无疑令天主教教徒震撼不已，并且极大缓解了民众对狄奥多里克大帝异教徒身份的偏见。

定夺完大赦天下的事宜后，狄奥多里克大帝与艾比法纽斯私下进行了一次谈话。狄奥多里克大帝表示自己非常痛心意大利因持续的战乱变得千疮百孔，他还专门提及艾比法纽斯掌管的位于北方的主管教区曾饱受勃艮第人的侵略。勃艮第人曾在490年囚禁了当地的大批农民并押赴高卢。"据我所知，"狄奥多里克大帝告诉艾比法纽斯，"勃艮第国王耿多巴德非常想与你见面，如果你能去为当年由勃艮第人带走的意大利人求情的话，必能说服勃艮第国王耿多巴德释放意大利俘虏，赎金的事包在我身上。"

艾比法纽斯看到狄奥多里克大帝的内心竟然如此牵挂着民众的安危福祉，不禁感动得潸然泪下，当即满口答应了狄奥多里克大帝的提议，并且立即启程前去面见勃艮第国王耿多巴德。时值三月，乍暖还寒，艾比法纽斯不畏艰险翻越了阿尔卑斯山脉，最终在里昂与勃艮第国王耿多巴德见面。勃艮第国王耿多巴德极尽地主之谊地接待了艾比法纽斯，并且分文不取就释放了自己控制的所有意大利俘虏，其他属于民众私有的俘虏则由狄奥多里克大帝提供的金子来赎身。离开里昂后，艾比法纽斯又动身前往日内瓦，并在日内瓦同样成功地说服了勃艮第的一个国王[①]哥德吉赛尔释放意大利俘虏。当艾比法纽斯返回意大利时，身边簇拥着几千名被解救的意大利人。这些回国后的意大利人重新开始耕种荒废已久的土地，给土地带来了生机。我们也相信重归故土的意大利民众定会为自己的拯救者狄奥多里克大帝虔诚祈福。狄奥多里克大帝则是帮人帮到底，赠予重返家园的意大利农民谷种和牲畜等大礼。

---

[①] 勃艮第王国建立于约457年，贡迪奥克死后，包括哥德吉赛尔和耿多巴德在内的几个儿子为夺取王位展开了你死我活的厮杀，出现了多个国王并存的局面。哥德吉赛尔曾一度试图借助法兰克国王克洛维一世的力量铲除兄长耿多巴德并独占勃艮第王国，但最终耿多巴德杀死了哥德吉赛尔并成为勃艮第王国唯一的国王。——译者注

狄奥多里克大帝上任后面临的头等大事便是如何满足曾在战争中立下汗马功劳的东哥特士兵们获取土地诉求的同时，又能避免必然遭受利益损失的罗马人心生不满而叛变。所幸奥多亚塞生前已经掠夺了罗马人三分之一的土地，因此，大部分东哥特士兵只需接管曾由奥多亚塞的手下占领过的土地便可，而罗马地主们的处境与过去的十三年相比也不会差多少。另外，狄奥多里克大帝非常明智地选择了一个罗马名人——利贝里乌斯全权负责东哥特人的领土划分问题。利贝里乌斯曾是奥多亚塞的大臣，他能够准确拿捏如何行事才能尽量安抚同胞的情绪。狄奥多里克大帝非常敬重利贝里乌斯。利贝里乌斯去世后，狄奥多里克大帝在一封写给元老院的信中特别称赞利贝里乌斯为人真诚，从来没有因为想要讨好狄奥多里克大帝而刻意隐藏对于奥多亚塞之死的悲伤。只有像狄奥多里克大帝这样内心真正高贵的人才能心无罅隙地称赞对手的拥护者忠实的品质，更何况还是在一份公开的文件中公然表达称赞之情。狄奥多里克大帝能心怀坦荡地称赞利贝里乌斯对于奥多亚塞的惋惜也正是其刚正不阿的表现。狄奥多里克大帝对利贝里乌斯的称赞只是狄奥多里克大帝一生义举中的一件，如同汪洋大海中的一滴水一样。这折射出的狄奥多里克大帝的品质足以让我们确信，当年狄奥多里克大帝绝非是如史书记载中那般通过背信弃义的可耻行径登上王位。狄奥多里克大帝在信中还讲到，东哥特人与罗马人能够和谐相处、彼此交好，在很大程度上都是仰仗利贝里乌斯运用了周到、合理的策略分割土地、分摊赋税。

虽然狄奥多里克大帝并不想冒着触怒东哥特民众及君士坦丁堡朝廷的风险自封为恺撒或皇帝，但狄奥多里克大帝的统治毫无疑问是明君的典范，至少罗马民众非常认可狄奥多里克大帝的统治。497年，东罗马帝国皇帝阿纳斯塔修斯一世认可了狄奥多里克大帝作为意大利的统治者，并授予了狄奥多里克大帝象征西罗马帝国皇权的紫袍与王冠。此举说明阿纳斯塔修斯一世非常清楚狄奥多里克大帝的统治与当年奥多亚塞的统治有本质的区别。事实上，虽然西罗马帝国名义上已然覆灭，但狄奥多里克大帝统治的东哥特王国在建制上已全

东罗马帝国皇帝阿纳斯塔修斯一世

然恢复至西罗马帝国历史上几个盛世时的状态。虽然东哥特的军队是由东哥特人组成的,但国家的主要职权部门官员都是罗马人。元老院虽然不再拥有以前在孱弱的君主执政时那般显赫的权力,政治影响性遭到极大削弱,不过还是受到了应得的敬重以示补偿:狄奥多里克大帝将元老院成员分配至法院担任法官,以便在案件的审判中让罗马人相信罗马法律仍然具有无上的权威。

　　罗马帝国史上一直存在着一颗毒瘤,即官员们对百姓强征苛捐杂税。在过去,只要能筹到足够的钱财充斥国库,罗马帝国的历代君主对手下的官员在征税过程中对百姓横征暴敛并中饱私囊都选择视而不见,而狄奥多里克大帝对手下官员则非常严苛。不管是谁,一旦受到投诉,可以先行为自己申诉,之后会有严格的审讯流程。被投诉者一旦被发现的确存在过失,便会受到非常严厉的惩罚。狄奥多里克大帝致力于尽可能公正地分摊赋税,而同一时期的东罗马

卡西奥多罗斯

帝国皇帝阿纳斯塔修斯一世则因总是试图"榨干民众的最后一滴血汗"而臭名昭著。对于收成糟糕或是遭遇了其他灾害的地区,狄奥多里克大帝从不吝于减少或者直接豁免赋税。从狄奥多里克大帝的大臣卡西奥多罗斯持有的一些国事信函中,我们能了解到许多关于狄奥多里克大帝及时而慷慨地为民众减轻赋税的举动,当然也换来了罗马人心悦诚服地接受了这位蛮族国王的统治。我们在帕维亚的天主教会主教艾比法纽斯的自传中也能从侧面了解到一个关于狄奥多里克大帝减轻民众赋税的生动例子。前文中提到过,狄奥多里克大帝非常敬重艾比法纽斯。496年,艾比法纽斯的教区因遭受洪水,庄稼毁于一旦,善良的艾比法纽斯又一次踏上征途,前往拉韦纳为自己心爱的民众请愿。狄奥多里克大帝满含同情地耐心听完艾比法纽斯讲述教区民众遭灾的始末,先是大谈了一番牺牲税收收益面临的种种困难,随后话锋一转,答应将艾比法纽斯教区当年的赋税减少至总额的三分之一。艾比法纽斯自是满心欢喜。艾比法纽斯带着减少赋税的好消息返回了帕维亚。然而,帕维亚教区民众的喜悦很快就蒙上了悲伤的阴霾,因为艾比法纽斯在返回帕维亚数日后,便因在拉韦纳之行中感染风寒而不幸去世。

横亘在狄奥多里克大帝与子民之间还有一个巨大的障碍——狄奥多里克大帝是阿里乌教派教徒,可绝大多数罗马民众是天主教教徒。不过在狄奥多里克大帝执政期间,从未区别对待过两个教派。狄奥多里克大帝手下最尊贵的东哥特将军伊巴就信奉天主教。凡是品格高尚且能够胜任职位的天主教神职人员,都能得到狄奥多里克大帝如同对待阿里乌教派神职人员一样的尊敬。狄奥多里克大帝采取宗教宽容政策并非只因为狄奥多里克大帝害怕触怒天主教教徒,还因为狄奥多里克大帝内心的确根植着在当时的年代实为罕有的对于真理的虔诚信仰,即君主无权干涉子民的宗教信仰,即便宗教迫害能起到表面的打压作用,也绝对无法让人真正成为某个宗教的虔诚信徒。狄奥多里克大帝对待犹太教教徒的方式就是他施行宗教宽容政策的最好证明。自从基督教成为罗马帝国的国教之后,犹太教教徒便惨遭各类残酷迫害,甚至连远在高卢的西哥特人都参与了镇压犹太教教徒的行动。如果狄奥多里克大帝也像之前的罗马皇帝一般镇压犹太教教徒的话,无疑会令罗马民众和很多东哥特民众拍手称快。然而,勇气过人且意志坚决的狄奥多里克大帝不光公然宣布"即便是那些因为信仰而犯错的人也应该享受到公正的待遇",还用实际行动践行了自己的宣言。有一次,罗马城里一群信奉基督教的奴隶谋杀了自己信奉犹太教的主人,行凶者被判处死刑,一时舆论哗然。罗马城内的民众几乎不信朝廷真的能对行凶者实施可怕的死刑。行刑日当天,一群暴民猛烈地攻击了犹太教教徒,并且焚烧了犹太教教徒堂。闹事者被带往元老院等待审判,却口口声声说是犹太教教徒有错在先,犯下过无数强取豪夺的劣行,试图为自己脱罪。元老院认为所有的说辞都无济于事,若犹太教教徒真的有罪,元老院随时欢迎任何人来投诉犹太教教徒,但闹事者的暴行必须先受到应有的惩罚,无论暴行的受害者是犹太教教徒还是其他宗教教徒。拉韦纳也发生过一起焚烧犹太教教徒堂的暴力事件,事后判决由闹事者自行出资完成犹太教教徒堂的修复工作,无力出资的暴徒当街受到鞭笞。还有一些地方曾经发生过基督教神父强占犹太教教徒堂,将犹太教教徒堂改造为基督教教堂的事件,后来基督教神父还堂而皇之地声称长达二三十年的占有权就意味着所有权。狄奥多里克大帝根本不予理会此类滑稽的说辞,责令基督教神父归还强占的教堂给犹太教教徒。尽管基督教教徒表面上总是义正词严,但实际上几乎没有基督教教徒真正从心底领略《圣经》中记载的"我厌恶借燔祭①而抢夺"的真谛。无论是狄奥多里克大帝还是大臣们,每当书写文本告知犹太教教徒某项特赦令或者对犹太教教徒有利的公正措施时,通常都会借机教导犹太教教徒不信基督教是一种罪过,并且对犹太教教徒死后进入另一世界后的悲惨境遇表示同情。不过狄奥多里克大帝通常还会谨慎地补充道,不论犹太教教徒的信仰如何离经叛道,都不应该遭受不公正的待遇。有一次书写诸如此类的信时,信的结尾部分堪称振聋发聩:"宗教信仰是人类无法控制的,任何人都不会被迫忤逆自己的意愿去信奉某个宗教。"狄奥多里克大帝能够不畏绝大多数子民的愤怒,为势力单薄且受压迫的小部分民众伸张正义,这正是狄奥多里克大帝高贵的品格该被永久铭记的根本原因。

---

① 燔祭意思为用火烧全兽作为献祭。燔祭不可为任何人留下一点肉,被认为是最好的一种祭祀,也是犹太教允许非犹太人到圣殿献上的一种祭祀。燔祭的具体做法是将所献上的整只祭牲杀死在会幕门口,然后把血洒在会幕门口祭坛的周围,要把祭物的皮剥掉,切成块,肺腑与腿要用水洗,然后烧成灰。——译者注

我们之前讲过，虽然狄奥多里克大帝名义上只是东哥特国王，但他一心想要成就有如恺撒大帝一般的丰功伟绩从而名垂青史。当然，狄奥多里克大帝也非常注重以各种方式彰显国家的强盛及自己的风范。以往罗马帝国的各个盛世时期，皇帝都会大赐天下，施以民众"面包与马戏"，即同时为民众提供物质食粮与精神食粮，以安民心。之前西罗马帝国的民众已经很久没有享受过盛世的待遇了，但狄奥多里克大帝登基后，罗马城和意大利其他城市的穷人又一次收到了朝廷的大礼——定期划拨的食物，整个国家仿佛又回到了曾经的盛世景象。锦上添花的是，全国都不再有从前那样残忍的角斗士血腥决斗的场景，毕竟血腥和残暴是异教徒所标榜的。狄奥多里克大帝本人在看戏或观赏各类体育竞技时也非常怡然自得。

有些人从骨子里就认定东哥特人毫无品位，只会肆意破坏古老文明的遗迹。当得知狄奥多里克大帝极其重视遗迹的保存维护时，这些人似乎不敢相信自己的耳朵。罗马帝国史上或许真的没有像狄奥多里克大帝这位蛮族国王一般热衷于古迹维护的了。在卡西奥多罗斯持有的官方信函中，有大量的证据显示狄奥多里克大帝毕生致力于杜绝毁坏古老艺术作品的行为。从狄奥多里克大帝在保护文物方面的各项举措来看，称他为意大利有史以来的第一位文明的统治者毫不为过。此前意大利那些信奉基督教的罗马皇帝均允许子民将异教徒曾经建立的神殿及其他公共建筑作为采石场，并放任他们随意毁坏、挖掘以供建立基督教教堂。罗马帝国皇帝们还经常亲自下令拆除古老、庄严的历史遗迹，并在原址上建立新的建筑。狄奥多里克大帝对于此类破坏气愤无比，坚决禁止。狄奥多里克大帝本人本就是一位缔造者，对于建造和美化城市的有功之人，更是不惜赐予荣华富贵。但狄奥多里克大帝在城市建设方面也曾说过"虔诚地保持旧貌比一味地建造新颜更珍贵"。狄奥多里克大帝除了会对手下官员巧取豪夺鱼肉百姓勃然大怒，最无法容忍的便是肆意毁坏艺术作品的行为。有一次，狄奥多里克大帝听闻在科摩的一个公共场所有一尊铜像于夜间失窃，立即提笔写信给元老院议员丹基拉。从姓名可以看出丹基拉显然是一位哥特军官,他是科摩的管理者。狄奥多里克大帝命令丹基拉悬赏一百枚金币抓捕盗窃者,并严格审问全城的冶炼匠人。狄奥多里克大帝深信,如此的行窃过程势必有精通五金的技师协助。很快,狄奥多里克大帝又追加了一封信,信中称如果盗窃者主动自首且交回赃物便可获得宽恕;如果被排查出来,等待着偷盗者的将是死刑。500年,狄奥多里克大帝在罗马城住了六个月,在这六个月的书信中,狄奥多里克大帝屡屡提及自己在凝望古老艺术珍品时内心油然而生的种种赞叹与钦佩。在众多的艺术作品中,狄奥多里克大帝最常提及的便是雄伟的图拉真广场。留居罗马城期间,狄奥多里克大帝明文规定每年必须单独留存

图拉真广场遗址

两百磅黄金（价值八千英镑或是四万美元）的专项资金用于修葺古城墙和公共建筑。从前，世人似乎都习惯责备"野蛮的哥特人"破坏了众多古罗马遗址，但事实是多亏了狄奥多里克大帝这位哥特国王精心保护珍贵的文物建筑，否则很多古老文明的遗迹早已荡然无存。

狄奥多里克大帝一心渴望自己的统治能够在岁月流转中名垂千古，不光想让许多古老文明的杰作受到良好的保护和珍视，而且希望自己在位期间意大利能够呈现出百花齐放的繁荣景象。然而，想要再塑意大利的艺术繁荣似乎遥遥无期。多年来饱受战争侵袭的意大利及整个原西罗马帝国地域已然是民不聊生，社会秩序亦遭受重创，艺术创造水平自然也跌至低谷。尽管如此，狄奥多里克大帝仍然不惜重金、不遗余力地在全城范围内寻觅、奖赏最杰出的建筑师、雕刻师及画师。另外，狄奥多里克大帝在位期间，马赛克艺术①可谓达到了发展历程的巅峰。回望狄奥多里克大帝在位期间建造的数不胜数的建筑，包括教堂、剧院、宫殿、公共浴池等，不仅遍布在东哥特王国的罗马、拉韦纳、维罗那三个大城市，甚至遍布于意大利很多规模较小的城市。有人可能会出言责备狄奥多里克大帝奢侈无度，浪费民脂民膏，但历史的真相是，虽然狄奥多里克大帝深知国库已是极度亏空，然而，凭借精明的管理，狄奥多里克大帝不光筹到资金大兴基建，而且令自己王国的财政状况完全摆脱了颓势，国库充盈。

狄奥多里克大帝虽并非如传言一般大字不识，但其实也没有多少文学水平。保护并鼓励文学发展历来都是罗马帝王的职责之一。狄奥多里克大帝在促进文学方面也是恪尽职守毫不怠慢。狄奥多里克大帝登基时面对的是一个各方面都极度退化的时代，文学的退化更甚于艺术作品方面。为此，狄奥多里克大帝给当时一些主要的作家及学者，无论成就如何，都赐予了荣誉及官衔。前文提到过的兼任狄奥多里克大帝的财务官卡西奥多罗斯就是演说家出身，同时还是历史学家、神学家及知名文人。卡西奥多罗斯很多作品仍然流传于世，

---

① 马赛克艺术，一种古老的艺术形式，通常用小玻璃片或石头拼接图案。——译者注

虽然论及文学价值实在不敢恭维,不过还是颇能体现作者对于古典文学的驾驭能力。另外,透过卡西奥多罗斯的这些作品,我们能更真切地感受到卡西奥多罗斯刚正不阿又和蔼可亲的性格。卡西奥多罗斯将狄奥多里克大帝及后来的一些国王撰写的官方信函整合成了十二本书。这些书对于历史学家而言无疑有着巨大的价值。就国务文件的文风而言,卡西奥多罗斯编纂的十二本书堪称是整个欧洲历史上包括盎格鲁-撒克逊人的几位国王颁布的一些拉丁文宪章在内的所有国务文件中文风最浮夸的。卡西奥多罗斯所著的《哥特历史》中有一节不幸遗失。在遗失的小节里,曾由哥特历史学家约旦尼斯频频引用过的内容也曾出现在本书前部分章节中。遗失章节的内容架构基本都是行文粗糙的简写本。根据约旦尼斯本人的说法,他曾借阅过卡西奥多罗斯写的史书,借期为三天。约旦尼斯所著的史书正是凭借三天之间匆忙记下卡西奥多罗斯所著史书的读书笔记才得以完成。

另外值得一提的是,当时以口才与学识过人著称的西摩马库斯,著有关于罗马历史的七本书,但均已失传。狄奥多里克大帝册封西摩马库斯为罗马城执政长官,并加封"贵族"头衔。后文中我们将会讲到西摩马库斯因叛国罪获死刑,与西摩马库斯有同样命运的还有西摩马库斯的女婿波伊提乌,波伊提乌比西摩马库斯名声更大,是一位哲学家。

我们要多花一些笔墨来讲讲波伊提乌。波伊提乌是狄奥多里克大帝在位期间,甚至可以说是整个6世纪中欧最杰出的文人。波伊提乌出身贵族,家世显赫,闲暇时总是潜心钻研科学,并向同胞们传播希腊知识。整个西方世界正是凭借波伊提乌的翻译和讲评才得以知晓亚里士多德关于逻辑的作品,从而在西方世界产生了无法比拟的深远影响。波伊提乌对古希腊思想的传承甚至是欧洲所有伟大的思想家产生的起源。波伊提乌之后的八百到九百年,欧洲所有伟大的思想家的研究范畴均是关于推论理论及一些形而上学的玄妙问题,所有的研究都是成果寥寥。因为这些思想家研究的原本就是一些无法回答的问题,甚至有些问题本身都无法合理解释。另外,波伊提乌还翻译了很多

波伊提乌（上）

音乐、天文学及数学方面的希腊著作，亲自撰写了关于神学思辨方面的诗歌及书籍。同时，波伊提乌在机械学方面的成就在当时也无人能及。年少时，波伊提乌便受到了狄奥多里克大帝的赏识，受封为罗马两执政官之一及"贵族"头衔。后来狄奥多里克大帝更是加封波伊提乌"一人之下万人之上"的官位。多年以来，波伊提乌都是东哥特王国内最受狄奥多里克大帝尊崇的人。至于备受尊崇且前途无量的波伊提乌是如何一下子穷途末路的，即波伊提乌如何因叛国罪获处死刑，我们将于后文详细讲述。

令狄奥多里克大帝寝食难安的头等大事便是让意大利恢复很久以前的物质丰富、国家昌盛的景象。当然，狄奥多里克大帝的统治法度严明、公正不阿，使安居乐业的人民不再成天担惊受怕，这让东哥特王国的农业和商业发展很快有了起色。狄奥多里克大帝更是一心想要趁热打铁，便采取了一系列积极的措施促进社会发展。狄奥多里克大帝鼓励在达尔马提亚开发铁矿，还在意大利南部开发金矿；大力发展造船业与渔业；推进泰拉奇纳和斯波莱托的沼泽排水工程，并免除了排水工程原址上原住民的赋税。狄奥多里克大帝每年都斥巨资维修道路、翻新旧沟渠、建设新沟渠。根据卡西奥多罗斯的说法，从前与西罗马帝国有贸易往来的外国商人都对西罗马帝国的关税贪腐谈之色变，恐惧感更甚于海难。狄奥多里克大帝登基后设置了一个专门的委员会裁定进口货物的关税。委员会成员由港口所在城镇的主教及一些在当地颇有影响力的公民组成，杜绝了关税方面的巧取豪夺现象。东哥特王国还制定了关于物品重量及测量方式的统一标准，曾大肆贬值的硬币也重新恢复了价值。另外，制造假币者一经发现，必受严惩。

然而，狄奥多里克大帝为了实现社会公正而采取的一些手段并非像解决关税贪腐问题的措施那么稳妥。狄奥多里克大帝在每一个城镇都设置了一个由当地主教和几位公民共同组成的委员会来裁夺粮食价格，严厉打击试图投机倒把的商人。明令禁止意大利出口谷物，若发现有谷物商人试图"囤积居奇"，即趁着谷物价格低迷时大批量买进，待到价格上涨时高价卖出谋取暴利，根据狄奥多里克大帝的命令，涉事商人必须以成本价立即抛售所有存粮。毫无疑问，上述措施都是弊大于利。不过狄奥多里克大帝的初衷毕竟是好的，而且从中可以看出狄奥多里克大帝当真是在一心一意为子民谋福祉而努力。尤其是那些经济条件较差的子民，更是狄奥多里克大帝心头难舍的牵挂。整体来讲，狄奥多里克大帝施行的博爱仁厚的政策无疑取得了有目共睹的成就。后人在回顾狄奥多里克大帝统治时期时，都认为当时是一片富足繁荣的盛世景象。

关于狄奥多里克大帝与罗马人之间的恩怨关系我们暂且先告一段落。狄奥多里克大帝与东哥特人的关系从某种程度上讲与罗马人不同。虽然东哥特人与罗马人混居在一起，但东哥特人并没有真正融入罗马人当中。东哥特人并没有被罗马人同化，他们有自己的一套体制，有自己的法律及一整套自治体系。就如同哥特人的早期历史那样，军队与国家其实就是一个概念，战争中的指挥官在和平年代自然而然成为统治者。有一个不争的事实是，狄奥多里克大帝的士兵全是东哥特人，他不允许当地的意大利人进入军队。王国内每个省份都由一位军事统帅管理，人们称这位当职的军事统帅为"哥特伯爵"。和平时期，每位哥特伯爵都受狄奥多里克大帝的直接领导。当哥特人与哥特人发生了官司，哥特伯爵负责根据哥特法律进行审判；当哥特人与罗马人有了诉讼案件，则由哥特伯爵与一位罗马法官一起进行审判。

无论如何，东哥特王国的政治体制经历了一系列的变革。东哥特勇士们获得了稳定的家园、土地及资产。为了获取这些福利，东哥特人也牺牲了历代人都拥有的自由。东哥特人不再定期集会制定法律或是商议部族事宜，一切都开始听从国王的决议，国王也无须征求民众的意见或建议。无论是对东哥特人还是对罗马人，虽然施行的具体政策不同，但狄奥多里克大帝的统治从本质来讲都是专制统治。尽管狄奥多里克大帝是一位公正且仁慈的专制君主，他也不能改变专制的本质。前文中讲到过，东哥特人与罗马人都是按照各自的传统法律分别管理。不过狄奥多里克大帝还颁布了一套简明法典，对东哥特人与罗马人都有约束力。《狄奥多里克大帝法典》主要以罗马帝国法律为基础，不过其中很多条目都是根据狄奥多里克大帝本人的意愿制定而成。对于秉持正义至上的狄奥多里克大帝而言，最令他深恶痛绝的恶行无疑是栽赃诬告及法官的贪污受贿。之前的罗马帝国历任皇帝对于诬告者都是处以死刑，而狄奥多里克大帝将诬告者的普通死刑改为活活烧死。罗马法律中对于法官贪污受贿的惩罚措施是流放荒岛并处没收财产；而狄奥多里克大帝则规定，法官若犯贪污受贿当处以死刑，并特意将这条法令作为整个《狄奥多里克大帝法典》首段着重强调的内容。当然，《狄奥多里克大帝法典》并非以严苛著称，有些对于原罗马法律的更改之处便更多包含了仁慈的元素。旧的罗马法律规定只要一个人犯了罪，除非嫌犯上有父母或下有子女，否则一切财产没收充公。狄奥多里克大帝则将此条修订为：只要嫌犯有三代以内旁系血亲，国家便无权剥夺亲属继承嫌犯财产的权利。

东哥特人有时也会因失去了往日的自由而愤懑不已。或许是因为狄奥多里克大帝总是铁面无私地惩处那些做出侮辱或者压制东哥特王国内其他民族的民众等各类无法无天的事情的东哥特人，触怒了东哥特人的神经。然而，即便对于王国内唯一兵权在握的东哥特人而言，稳操胜券地造反可谓是易如反掌，东哥特人也从来都没有想过要造反。如果东哥特人当真怪罪狄奥多里克大帝夺去了自己的自由，那么东哥特人眼中的狄奥多里克大帝就会只是个自私自利的暴君，而不会是勤政爱民且治国有方的明君。东哥特人深知，既然狄奥多里克大帝疾恶如仇，那么势必也会推崇、嘉赏忠勇之举。另外，东哥特人渐渐发现井然有序且安居乐业的生活才是莫大的福分。正是由于狄奥多里克大帝治国有方，东哥特人才得以享受祖先们从未享受过的福分，所以根本不会起意去破坏这份难得的福分。

后世可能会认为狄奥多里克大帝当年试图竭尽所能将东哥特人与罗马人紧密团结为一个整体，或许狄奥多里克大帝自己也曾希望有朝一日自己的继承者们能够成功地联合东哥特人与罗马人。然而，狄奥多里克大帝在位期间，非常享受东哥特人与罗马人作为两个民族能够共处一国、互敬互爱、各尽其能、各受管制的状态。东哥特人负责保护国家不受外敌侵扰、维护社会秩序、践行法律条款；而罗马人则致力于发展艺术与科学。在耕种土地方面，双方各尽其职。狄奥多里克大帝在位期间，上述理想的状态基本全部实现了。

毫无疑问，狄奥多里克大帝成了许多寓言故事中的主人公。许多传说更是将狄奥多里克大帝统治的时期描述为"人间天堂"。公元6世纪的意大利民众讲述关于狄奥多里克大帝的故事就如同公元9世纪的英格兰民众讲述关于阿尔弗雷德大帝的故事一样。据说，阿尔弗雷德大帝在位期间，整个英格兰风清气正、民风淳朴，即便是金币放在路上一整年，也不会丢失。人们将狄奥多里克大帝说过的很多话当作谚语广为流传，并有民众形容狄奥多里克大帝如同逸闻流传的所罗门①在"两个妇女争夺婴儿案"②中一样，高坐在审判席上，洞悉人性。然而，将歌颂狄奥多里克大帝的传奇人生推向最高点的地方并不是意大利，也并非哥特人。整个日耳曼民族都将狄奥多里克大帝的荣光看作属于自己的荣誉，所有日耳曼民族的土地上都广泛流传着以凭空想象的狄奥多里克大帝的事迹为主题的诗歌和传说。事实上，诗歌中流传的"伯恩尼的迪特里希"（高地德语中"维罗那的狄奥多里克大帝"的发音方式）的故事与历史上真实的狄奥多里克大帝可谓大相径庭。诗歌称狄奥多里克大帝是匈人帝国单于阿提拉的封臣，同时还是哥特首领厄门阿瑞克的宿敌，这很明显是混淆了厄门阿瑞克与奥多亚塞的身份。有些诗歌甚至将狄奥多里克大帝描述为惨遭征服的逃亡者或俘虏形象。尽管民间传说中有种种扭曲真实历史的地方，但根本上来看，传说中"迪特里希"的品质——钟爱和平与正义还是与真实的狄奥多里克大帝如出一辙。除非是万不得已的时刻，为了履行职责"迪特里希"才会动用武器；一旦到了不得不战的地步，其英勇无畏与作战能力无人能及。虽然诗歌和传说通常都会大幅度混淆历史事件发生的时间，但至少这些传说还是能真实地还原知名历史人物的品质与性格。或许日耳曼民族的诗歌和传说的确是混淆了奥多亚塞与残暴且奸诈的厄门阿瑞克。

狄奥多里克大帝的统治可以说是整个人类历史上"专制的仁政"的一个典范。在当时的社会历史环境下，狄奥多里克大帝如果不采取专制的手段，就不可能创造出一片国泰民安的盛世图景，甚至压根不可能打下江山、坐稳王位。但仅仅靠一个人的智慧和精力来确保整个政权统治的稳定必然不是长久之计。明眼人一眼就能看穿，一旦狄奥多里克大帝的继承者们的统治孱弱无力，

---

① 传说所罗门是古代犹太王国的国王，约公元前971年至公元前931年在位。《旧约·列王纪》称他有超人的智慧。——译者注

② "两个妇女争夺婴儿案"，据说两个妇女同时各产下了一个婴儿，其中一个夭折了，他的母亲在晚上把死婴和另外那个妇女的孩子调包。结果是两个妇女争执不下，都说自己是婴儿的母亲。为了找出真相，所罗门拿剑威胁说，要把孩子割成两半，好让两人各得一半。孩子的亲生母亲立刻出于天生的母性宁可放弃，而那个冒充的母亲却愿意看看孩子死于非命。最后说谎者受到严惩。这个故事是所罗门显示智慧和公正的一个生动实例。——译者注

那么整个王国内的各种矛盾必然会纷至沓来。基于上述原因,伟大的历史学家F.达恩形容狄奥多里克大帝的整套政策为"天才的过失"。我们也不得不承认,尽管达恩对狄奥多里克大帝的评价过于严苛且夸张,但不无道理。虽然狄奥多里克大帝是当之无愧的一代明君,但在生命的最后三年,他举世无双的敏捷思维不复从前。深感岁月不饶人的狄奥多里克大帝怅然发觉自己深陷各种难以解决的复杂问题中时却无力应对。至于究竟是怎样令人扼腕叹息的失误令一度辉煌的东哥特王国最终逐渐走向末路,我们后续再讲。

# 第18章
# 狄奥多里克大帝与邻邦的恩怨

**精彩看点**

狄奥多里克大帝渴望和平——联姻——夙愿——两次对外战争——狄奥多里克大帝摄政西哥特王国——兵不血刃的胜利

意大利在狄奥多里克大帝的统治下日益繁荣昌盛，逐渐成为其他王国梦寐以求的猎物。狄奥多里克大帝内心十分清楚王国四周都是蠢蠢欲动的劲敌，而且王国本身的军事力量也相对较弱。单与法兰克人相比，东哥特的军事力量便逊色很多。万一欧洲其他国家发现东哥特王国并没有看上去那么强大，联合起来共同进攻东哥特王国，那么狄奥多里克大帝则基本没有通过武力成功抵御外敌的希望。一旦外敌攻入东哥特王国，狄奥多里克大帝呕心沥血建立起来的社会秩序与经济繁荣将毁于一旦，必将出现"皮之不存，毛将焉附"的局面，所谓"为民众谋福祉"也会成为一句空话。即便狄奥多里克大帝有信心打败所有来犯的外敌，可他的内心还是非常清楚，只有尽力维持和平的局面才能确保国泰民安。年少时，狄奥多里克大帝曾是令敌人闻风丧胆的勇士，但战斗中胜利的荣光并没有冲昏他的头脑，他依然深知究竟什么才是东哥特王国的当务之急。

狄奥多里克大帝外交政策的首要目标便是极力笼络所有的日耳曼国王，并且试图营造一个令其他日耳曼国王都能认可狄奥多里克大帝做"王中之王"的氛围，从而使这些国王不会轻易与狄奥多里克大帝为敌。狄奥多里克大帝几乎与欧洲每个王室都结为姻亲：妹妹阿玛拉弗里达嫁与汪达尔人国王特拉萨蒙德；外甥女许配给图林根人首领埃尔曼弗里德；将自己的一个女儿许配给图

勃艮第国王西吉斯蒙德

卢兹的西哥特国王阿拉里克二世,另一个女儿奥斯特哥特则嫁给勃艮第国王耿多巴德之子,即后来继位的勃艮第国王西吉斯蒙德。上述两位东哥特公主的生母似乎并不是狄奥多里克大帝法定的妻子,薨年不详。狄奥多里克大帝后来与法兰克国王克洛维一世的妹妹奥多夫莱达成婚。

奥多夫莱达与狄奥多里克大帝只育有一女,叫阿玛拉逊莎。东哥特人已开始逐渐接受王位世袭制的理念,因此,自然而然将阿玛拉逊莎看作东哥特王国的王位继承人。阿玛拉逊莎成年后,择婿问题变成了王国的头等大事,因为阿玛拉逊莎的配偶人选关乎王位的继承。如果狄奥多里克大帝将阿玛拉逊莎许配给其他王国的王子,东哥特人便会觉得自己失去了国家;如果狄奥多里克大帝选择了自己麾下的某位将军或是罗马贵族来当女婿，则很可能会引发民众的嫉妒而生出事端。然而，狄奥多里克大帝最终还是在左右为难中找到了一个似乎能令所有人都满意的人选。当时西哥特王国有一个来自阿马林斯家族的王子尤塔里克，尤塔里克是东哥特国王托里斯蒙德的曾孙。前文曾讲过，托里斯蒙德英年早逝后，东哥特王位曾空置四十年的光景，直到当时的匈人国王再次恩准东哥特人可拥立一位自己的首领。根据逐渐深入民心的王位继承原则，从血统而言，尤塔里克似乎比狄奥多里克大帝更有资格坐上王位。一旦狄奥多里克大帝驾崩，自然会有民众拥立尤塔里克登基。反复斟酌后，狄奥多里克大帝邀请尤塔里克来到意大利，完成了尤塔里克与阿玛拉逊莎的婚事。如此一来，

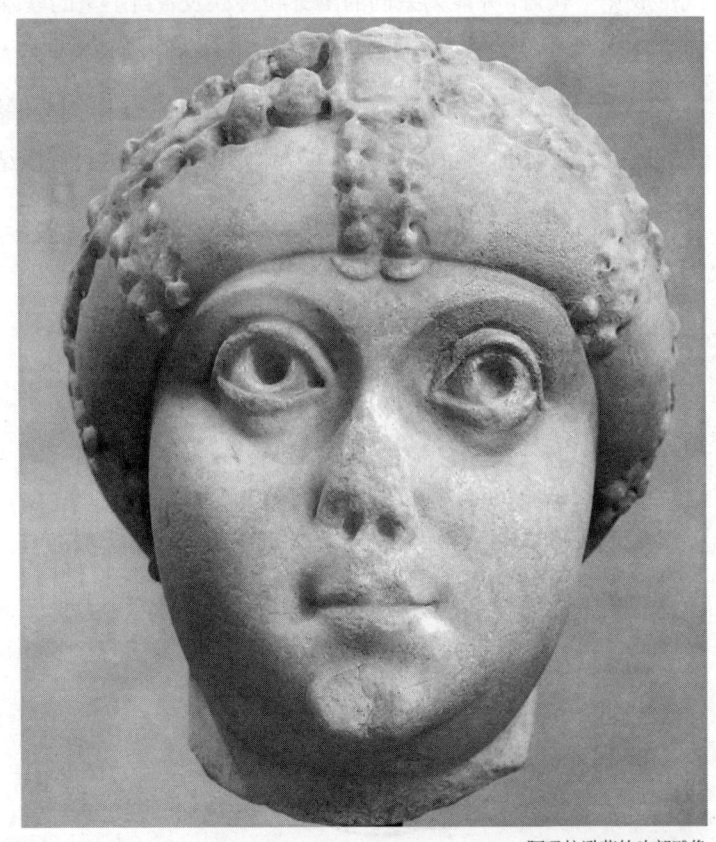

阿玛拉逊莎的头部雕像

狄奥多里克大帝通过女儿阿玛拉逊莎的婚事将阿马林斯家族的两个分支紧紧联合了起来。尤塔里克来到东哥特王国后，担任了重要职位，而且尤塔里克似乎还颇有治理国事的劲头儿和能力。尤塔里克为人慷慨大气，结识了很多非常投缘的罗马朋友。不过根据当时一些天主教作家的说法，尤塔里克是一个极其顽固的阿里乌教派教徒，并且非常不认同岳父狄奥多里克大帝的宗教宽容政策。然而，尤塔里克寿命并不长，在狄奥多里克大帝驾崩前几年便去世了。尤塔里克身后留有一子，叫阿塔拉里克。阿塔拉里克成为东哥特王国国王时年纪尚幼。

狄奥多里克大帝内心一直有一个夙愿——希望所有日耳曼人能以某种形式形成一个联盟，并能为共同的出身和种族及各自王室的联姻而紧密地团结在一起。东哥特人毫无疑问将是整个联盟的首领，因为东哥特人在攻占意大利后，积累了很多罗马人治国理政方面的经验，有能力带领日耳曼人在文明的康庄大道上不断前进。然而，狄奥多里克大帝内心构建的种族团结的宏伟蓝图只

货币上的阿塔拉里克

有依靠他自己才能完成。狄奥多里克大帝在世时，日耳曼民族之间确实实现了前所未有的大团结。其他日耳曼人的国王——法兰克国王、西哥特国王、汪达尔国王等都无比尊重狄奥多里克大帝的统治。彼此之间若有争端，他们还会寻求狄奥多里克大帝的裁夺，并且甘愿对狄奥多里克大帝俯首称臣。即便有时候不按照狄奥多里克大帝的建议行事，至少表面上也会表现出尊敬与感激涕零的样子并接受狄奥多里克大帝的建议。

尽管狄奥多里克大帝钟爱和平，但他在位时东哥特王国还是爆发了两次大规模的对外战争：一次是与君士坦丁堡开战，另一次是与法兰克王国的战争。两次战争总共持续了五年。

东哥特王国与东罗马帝国的战争始末如下。

狄奥多里克大帝一直以来都致力于维护东哥特王国东北边境的安稳，因为他深知东北边境是东哥特王国的软肋，因为自己当年就是从东北角侵入意大利的。为了避免受到东罗马帝国的算计，狄奥多里克大帝笼络了东罗马帝国与东哥特王国最古老分界线附近的一些小部落首领，其中有一个叫蒙杜斯的匈人首领。相传蒙杜斯是匈人帝国单于阿提拉的后代。蒙杜斯可以说是个土匪头子，却在位于今塞尔维亚地区自行称王。而当时仍然居住在萨沃河附近的格皮特人不仅拒绝与狄奥多里克大帝结盟，还袭击了东哥特王国。504年，狄奥多里克大帝派出军队攻打格皮特人。军队将领叫皮茨亚。皮茨亚很快便率军攻下了格皮特人位于锡尔米乌姆的要塞，迫使格皮特人首领斯拉萨利克向狄奥多里克大帝俯首称臣。与此同时，东罗马帝国皇帝阿纳斯塔修斯一世听闻蒙杜斯正在东罗马帝国边境地区为非作歹，立刻派出将军沙比亚纽斯前去剿灭。当时协助东罗马帝国军队的还有保加利亚人。这是颇有名望的保加利亚人第一次登上历史舞台。就在东罗马帝国的军队即将击溃蒙杜斯的部众时，皮茨亚及时赶到，于千钧一发之际拯救了狄奥多里克大帝的盟友蒙杜斯，并且大败沙比亚纽斯。一位年轻的哥特军官图尔文在此战中一战成名。后来，图尔文成了狄奥多里克大帝的密友之一。

东罗马帝国皇帝阿纳斯塔修斯一世恼羞成怒，召集东罗马帝国的舰队进攻意大利南部沿海。面对突如其来的进攻，狄奥多里克大帝一开始有些措手不及，不过后来很快集结了海上力量将东罗马帝国的舰队打得落荒而逃。自508年以后，东罗马帝国皇帝阿纳斯塔修斯一世与狄奥多里克大帝维持着和平的关系，没有再起冲突。东罗马帝国皇帝阿纳斯塔修斯一世驾崩后，查士丁一世继承东罗马帝国皇位。从此，东罗马帝国与东哥特王国的关系重归于好。

狄奥多里克大帝一边身陷与东罗马帝国的恩怨中，另一边还不得不同时应对另外一个劲敌，而且双方的战斗结果事关重大。这位让狄奥多里克大帝感到棘手的敌人便是法兰克国王克洛维一世。

东罗马帝国皇帝查士丁一世

当时，法兰克国王克洛维一世的势力不断膨胀，再加上法兰克国王克洛维一世为人嚣张跋扈、肆无忌惮，早已引起了狄奥多里克大帝的警觉。496年，法兰克国王克洛维一世在一场与阿拉曼人的战役中取得了决定性的胜利。阿拉曼人也是日耳曼人的一支，也正是现代法语中用来称呼"德意志人"的"阿拉曼人"一词的来源。狄奥多里克大帝写信给法兰克国王克洛维一世表达了自己对法兰克国王克洛维一世战胜的祝贺，同时言辞恳切地请求法兰克国王克洛维一世能够以仁慈之心对待战败的阿拉曼人。法兰克国王克洛维一世虽然貌似心悦诚服地接受了狄奥多里克大帝的劝告，但在实际行动中完全把狄奥多里克大帝的话当作耳旁风。狄奥多里克大帝不得已只能将自己王国北部领土的莱提亚，即现在位于德国东南部的巴伐利亚自由州的南部地区赐予饱受法兰克国王克洛维一世迫害的阿拉曼人，让他们在此建立新的家园。法兰克国王克洛维一世继续四处征战，不出几年便征服了勃艮第人，而且眼看就要率领由法兰克人和勃艮第人共同组成的大军进攻西哥特人。

狄奥多里克大帝竭尽全力阻止法兰克国王克洛维一世与西哥特国王阿拉里克二世双方爆发战争。狄奥多里克大帝先是写信给法兰克国王克洛维一世，以"作为一个朋友"自称，劝说法兰克国王克洛维一世切莫发动手足相残且战况未知的战争，称此举并不会给法兰克国王克洛维一世带来任何荣光。狄奥多里克大帝还说如果法兰克国王克洛维一世一意孤行非要宣战，那么狄奥多里克大帝就会认为法兰克国王克洛维一世是在故意羞辱自己。与此同时，狄奥多里克大帝写给西哥特国王阿拉里克二世的信中着重强调了盲目陷入一场毫无准备的战争将会带来非常严重的后果，并且力劝西哥特国王阿拉里克二世不妨以君子之量体面地做出一些让步。除非事实证明狄奥多里克大帝对法兰克国王克洛维一世的劝诫都是徒劳的，那么届时西哥特国王阿拉里克二世再动用武力也不迟。

虽然狄奥多里克大帝百般劝告，可都是徒劳的。法兰克国王克洛维一世铁了心要开战。西哥特国王阿拉里克二世原本打算服软以避免战争，但很快发现任何妥协都无济于事。前文中已经讲述过发生在507年的那场悲哀的战争。当时西哥特国王阿拉里克二世受到手下将军们的强迫，在尚未等到狄奥多里克大帝承诺的援军到来之前，便不得已与法兰克国王克洛维一世开战，结果是西哥特国王阿拉里克二世不幸战死，法兰克人占领了原本属于西哥特人的高卢。

狄奥多里克大帝当时正是因为陷入与东罗马帝国皇帝阿纳斯塔修斯一世的战争，才没能及时出手阻止西哥特国王阿拉里克二世的灭顶之灾。508年6月，东哥特王国与东罗马帝国的关系重修旧好后，狄奥多里克大帝立即派出由首席大将军伊巴率领的东哥特军队攻入高卢南部。没过多久，伊巴将军便取得了一场决定性的胜利，大败法兰克人和勃艮第人。509年，法兰克国王克洛维一世主动提出愿意停战和解，承认年幼的阿马拉里克（西哥特国王阿拉里克二世之子）为国王。不仅承认年幼的阿马拉里克是西班牙的国王，而且是统治包括阿尔勒和纳博讷在内的高卢东南部大部分城池的国王。狄奥多里克大帝还将位于罗讷河东部的普罗旺斯的绝大部分地区纳入了东哥特王国。

狄奥多里克大帝一心要把西哥特王国打造成自己年幼的外孙阿马拉里克的护身符和避风港。阿马拉里克有一个庶出的、同父异母的兄弟曾试图篡位称帝，最后却在将近一年的叛乱后战败并被处死。狄奥多里克大帝令自己手下的将军图迪斯掌政西哥特王国的西班牙地区。然而，图迪斯上任后于当地集结了一支军队，后来图迪斯的势力不断发展壮大，狄奥多里克大帝不得不封图迪斯为王。如此一来，东哥特王国的势力得到扩张，其他国家的国王对狄奥多里克大帝的膜拜也与日俱增。另外，狄奥多里克大帝还不费一兵一卒就变成了西班牙实际的掌权者。

523年，狄奥多里克大帝再次扩张了东哥特王国疆域。虽然名义上是通过一次军事行动，可事实是未费一兵一卒。看似不可思议的说法，实则很好解释。勃艮第国王西吉斯蒙德在第二任妻子的怂恿下，谋杀了自己与原配妻子奥斯特哥特的儿子西格里克，即狄奥多里克大帝的外孙。狄奥多里克大帝手下

图迪斯

的图尔文将军率领一支东哥特军队杀向里昂,准备好好教训勃艮第国王西吉斯蒙德。然而,当图尔文一行到达的时候,法兰克国王克洛维一世的儿子们早已擒获并处死了勃艮第国王西吉斯蒙德。新上任的勃艮第国王哥德玛二世当时正在与法兰克人交战,毫不犹豫地提出愿意把勃艮第王国的南部领土赠送给狄奥多里克大帝作为求和条件。如此一来,图尔文得以不费一兵一卒便大获全胜。

然而,天有不测风云。在班师的路上,图尔文一行遭遇了一场可怕的暴风雨。眼看着港口就在前方,暴风雨却摧毁了士兵们乘坐的船。当时狄奥多里克大帝也在岸边准备给自己的好友图尔文接风。就在大船即将倾覆的千钧一发之时，图尔文一把抱起自己的独子，跃身跳入一艘小船中，奋力向岸边划去。岸上的人都认为图尔文几乎没有生还的可能。狄奥多里克大帝更是悲痛不已，恨不得自己跳入海中去营救图尔文，哪怕明知是徒劳的。大船上的所有人最终没能上岸，葬身海中，但图尔文凭借过人的体力和高超的水性安全地返回陆地。狄奥多里克大帝激动得泪流满面，狂奔过去深深拥抱着图尔文。此刻，年迈的狄奥多里克大帝或许正在享受一生中最后的快乐。

第19章

# 狄奥多里克大帝的昏聩统治

**精彩看点**

灾祸伊始——波伊提乌遭定罪——波伊提乌的著作——西摩马库斯遭处死——恐怖的律法——教皇圣约翰一世入狱——狄奥多里克大帝驾崩——狄奥多里克大帝陵惨遭侵犯——狄奥多里克大帝的高贵品性

如果狄奥多里克大帝驾崩于523年年初，而不是再多活了三年，对于狄奥多里克大帝本人而言无疑是一件幸事。因为523年之前的狄奥多里克大帝在各方面都功德圆满：赢得了几乎所有子民的尊敬与爱戴，从未犯过大错，也从未背弃过自己一直坚守的公正仁慈的崇高信念。然而，在狄奥多里克大帝生命的最后三年，一切都变了。狄奥多里克大帝忽然像变了一个人，也或许是受到别有用心者的挑拨怂恿，他开始坚信自己心底最信任的人都在合伙密谋杀害自己。因为年迈，再加上多年治理国家耗费了大量心力，狄奥多里克大帝晚年变得极度多疑，并做出了一系列冒进而暴力，与之前整体的统治精神都背道而驰的令人无比费解的事。曾缔造了盛世意大利的狄奥多里克大帝在临终前内心充满了无比的悔恨和愧疚。懊恼自己在生命最后三年中做的蠢事、错事几乎毁了自己在位三十年倾尽心力打造的一切成果。

变故始于523年年初，时任狄奥多里克大帝首席大臣之一的西普里亚努斯向当时居住在维罗那的狄奥多里克大帝传递消息，称身为富有的罗马贵族，同时是元老院议员的阿尔比努斯与东罗马帝国皇帝有勾结，意图叛国。狄奥多里克大帝下令组织了一个由大臣与元老院资深议员组成的法庭在东哥特王国皇宫开庭审理阿尔比努斯案。阿尔比努斯当面与西普里亚努斯对质，否认了对自己的指控。当时在场的还有波伊提乌。前文中已经谈及过波伊提乌当时在东哥特王国的财富、影响力,以及波伊提乌作为一名哲学家和科学家的卓越声誉。听完对阿尔比努斯的指控后,波伊提乌提高嗓门说道:"尊敬的陛下,指控不成立。如果认定阿尔比努斯有罪,那就意味着我也有罪,元老院每个成员都有罪!"

然而,事与愿违,波伊提乌的挺身而出非但没能保护阿尔比努斯,反倒引火上身,招致了旁人对自己的怀疑。元老院的其他成员纷纷上前指控波伊提乌与阿尔比努斯一道正在密谋叛国,而且每个人似乎都言之凿凿。波伊提乌最后于帕维亚锒铛入狱。书面证词很快送至罗马,呈于元老院。结果罗马元老院一致裁定判处波伊提乌死刑,并且剥夺了波伊提乌为自己申诉及与原告对质的权利。至于阿尔比努斯的结局如何,历史中并未提及。

波伊提乌的牢狱之灾

东哥特朝廷并没有立即处死波伊提乌，而是先将波伊提乌囚禁了近一年时间。波伊提乌在狱中写作完成了千古名著《哲学的慰藉》。《哲学的慰藉》也是波伊提乌唯一一本广为人知的书。《哲学的慰藉》不仅是一本文学巨著，而且是一本心灵对话集，是记录一个勇敢无畏且品格高尚的人突然从权力与财富的巅峰坠入悲惨痛苦的深渊后安慰自己的心路历程。主人公似乎做好了心理准备，等待着死亡的召唤。《哲学的慰藉》寓意深远，将永远居于世界文学经典榜。《哲学的慰藉》在欧洲每个国家都有相应语言的译文，其中英语译者包括阿尔弗雷德大帝、英国著名小说家杰弗雷·乔叟，据说还有伊丽莎白女王。

波伊提乌究竟有没有叛国将永远成为历史的一个谜团。波伊提乌本人称控告自己的证据中包含一部分伪造的信，但波伊提乌说的话里包含的信息似乎也令人不免生疑。最有可能的情况是波伊提乌的确与东罗马帝国有某种程度不合时宜的联系，因为波伊提乌深受狄奥多里克大帝器重且在东哥特王国身居高位，显然本不应该私通君士坦丁堡方面。波伊提乌的仇家利用了波伊提乌的把柄，通过伪造虚假证据加大了波伊提乌的罪名。波伊提乌的罪名中有一项便是试图利用巫术杀害狄奥多里克大帝。在那个时代，最有学问之人往往被"妖魔化"。

值得关注的是，虽然波伊提乌因为不公正的判决饱受折磨，但波伊提乌也见证了狄奥多里克大帝在统治早期的正义、仁爱，以及狄奥多里克大帝从不姑息手下的哥特官员为非作歹的行为。

波伊提乌死后，年迈的岳父西摩马库斯也在劫难逃。甚至没有经过审讯，只是随意安插了一个莫须有的罪名后，东哥特王国便将西摩马库斯押送至拉韦纳处决。处决西摩马库斯的真实原因是害怕西摩马库斯日后为波伊提乌报仇。狄奥多里克大帝晚年内心充满了无尽的恐惧，甚至颁布法令禁止所有罗马人携带及拥有武器，否则会处以重罚。

连作为狄奥多里克大帝统治时期的宗教自由政策也难以幸免。狄奥多里克大帝统治的最后三年中废除了宗教自由政策，导火索正是东罗马帝国。524年，东罗马帝国下令收缴所有阿里乌教派的教堂,挪与天主教使用。消息传来,狄奥多里克大帝勃然大怒,命令教皇圣约翰一世立即启程,作为特使前往君士坦丁堡,要求东罗马帝国皇帝查士丁一世即刻恢复阿里乌教派教徒的权利。

东罗马帝国皇帝查士丁一世以极尽尊崇之势接待了教皇圣约翰一世。据说东罗马帝国皇帝查士丁一世为教皇圣约翰一世举行的欢迎仪式堪称如皇帝加冕仪式般隆重,以示自己对于基督教教皇的无比尊敬。教皇圣约翰一世内心十分清楚,如果自己没有完成狄奥多里克大帝交代的使命,返回意大利后必然是死路一条。因此,虽然心里有千万个不愿意,教皇圣约翰一世仍然冒天下之大不韪,成为历史上唯一一个请求天主教君王能够宽容对待宗教异端的教

教皇圣约翰一世

皇。教皇圣约翰一世向东罗马帝国皇帝查士丁一世阐明了如果东罗马帝国皇帝查士丁一世拒绝宽容对待阿里乌教派，那么教皇圣约翰一世本人及意大利的所有基督教堂都将面临灭顶之灾。东罗马帝国皇帝查士丁一世不得已答应了教皇圣约翰一世的请求，下令收回成命，将阿里乌教派教堂归还给阿里乌教派教徒。不过那些已经因为威逼利诱而加入了天主教的阿里乌教派教徒则再无权皈依阿里乌教派，也无法享受阿里乌教派权利。如此一来，事态发展基本上顺从了狄奥多里克大帝的心意。

教皇圣约翰一世满心欢喜回到意大利，想要邀功请赏。然而，不知狄奥多里克大帝从何处得到的消息，当然消息真假我们也无从得知，消息称教皇圣约翰一世出使东罗马帝国时，借机向君士坦丁堡泄露了东哥特王国的软肋所在，并力劝东罗马帝国皇帝查士丁一世进攻东哥特王国。狄奥多里克大帝将教皇圣约翰一世关进大牢。526年5月，教皇圣约翰一世最终死于狱中。狄奥多里克大帝怀疑整个天主教都变成了自己的敌人，因此颁布了一道诏书禁止天主教传统的礼拜活动，而且规定将所有天主教教堂在一个给定的日期之前转交给阿里乌教派手中。不过新的法令还未生效，狄奥多里克大帝便驾崩了。

当时正逢526年8月，狄奥多里克大帝已病入膏肓。民间有一个不知真假的故事，称狄奥多里克大帝的病其实是由于良心受到谴责而产生的恐惧感导致的。据说，有一次狄奥多里克大帝在就餐时突然心智混乱，非要说摆放在餐桌上的一条大鱼的头长得像西摩马库斯，然后一边冲出了房间，一边惊叫着说惨遭杀害的西摩马库斯正以燃烧着仇恨与复仇欲的眼神看着自己。接着，狄奥多里克大帝躺回到床上，一直说冷得要命，无论如何都无法缓解。后来，狄奥多里克大帝终于清醒过来，却深陷自责愧疚无法自拔。他沉痛地告诉御医自己无比后悔杀害了西摩马库斯与波伊提乌。

狄奥多里克大帝知道自己大限将至，便令东哥特王国所有的哥特将军和罗马官员前来觐见，并吩咐后事。狄奥多里克大帝临终前任命当时年仅十岁的外孙阿塔拉里克为王位继承人，由阿塔拉里克的母亲阿玛拉逊莎摄政。军队首领和朝廷大臣们当着狄奥多里克大帝的面庄严宣誓将会效忠于阿玛拉逊莎母子。随后，已经挣扎在死亡边缘的狄奥多里克大帝强撑着最后一口气言辞恳切地给官员们交代了在自己驾崩后意大利该施行的种种政策。狄奥多里克大帝敦促大臣们务必与东罗马帝国保持友好关系，要求哥特将领和罗马官员们消除彼此之间因为族群和信仰不同而产生的猜忌，共同努力为人民谋福祉。最重要的是，狄奥多里克大帝要求手下的官员将领们务必恪守"人人平等"的信条，严守法律。狄奥多里克大帝心底一直敬重法律，只是晚年因为身体的衰老，又被恐惧冲昏了头脑，曾在短时间内忽视了法律的地位。另外，狄奥多里克大帝还交代西哥特王国的政权毋庸置疑地必须掌握在另一个外孙阿马拉里克之手。阿马拉里克已经长大成人，再无须任何人摄政，可以独立治理王国。

526年8月30日，狄奥多里克大帝驾崩。狄奥多里克大帝的遗体放在由斑岩制成的灵柩中，葬在拉韦纳的狄奥多里克大帝陵。狄奥多里克大帝陵是巨大的圆形构造，通体由白色大理石建成。后来，狄奥多里克大帝陵变成了圣玛利亚·德拉·罗通达教堂，至今保存完整，只是已不再用于宗教礼拜活动。狄奥多里克大帝驾崩一两百年后，哥特人惨遭驱逐，离开了意大利。天主教再次成为意大利的统治宗教，狄奥多里克大帝的陵内部也不幸惨遭洗劫。后人在狄奥多里克大帝陵旁边的一个修道院的门边发现了当年盛放狄奥多里克大帝遗体的斑岩灵柩，而狄奥多里克大帝的遗体去向则成了永久的谜团。19世纪50年代，有人似乎找到了跟狄奥多里克大帝遗体相关的蛛丝马迹。1854年，一群工人在距离狄奥多里克大帝陵一两百码①的码头施工时，突然挖出了一具身着金质盔甲的骨架，且头盔和刀柄上都镶嵌着硕大的宝石。骨架出土的地方是一片颇有年代的公墓区。然而，骨骼的主人当时下葬时非但未按照正规程序入土为安，尸身似乎还是被非常草率地直接埋了。工人们原本想闭口不言挖掘到文物之事，然而，消息不胫而走，并很快传到了官方的耳中。官方下令逮捕了工人们。

---

① 码为英制长度单位，一码约等于零点九一米。——译者注

工人们对自己的发现供认不讳。但出土的黄金盔甲只留下了胸甲部分的几个残片,工人们已将盔甲的其余部分熔炼后出售了。

那么究竟是哪位勇士或者王子的尸体遭遇了如此奇怪的命运呢?身着金质盔甲、佩戴宝石入殓,却没有葬在一个体面像样的墓中,反而被埋在普通公墓区内随手一挖的浅沟中?有人认为是奥多亚塞的尸体,但更大的一种可能是狄奥多里克大帝的尸体。如果1854年出土的当真是狄奥多里克大帝的尸体,那么很明显,盗墓者侵犯信奉阿里乌教派的狄奥多里克大帝陵的动机只是出于宗教仇恨,而并非是想满足一己私欲,否则盗墓者肯定会将死者身上的黄金宝石洗劫一空,而不会将值钱的物件原封不动地留下。根据赫赫有名的教皇格里高利一世所言:"狄奥多里克大帝驾崩时,当时的一位隐居圣人预见了狄奥多

教皇格里高利一世

里克大帝的下场——曾受狄奥多里克大帝迫害的受害者们死死拖曳着他的灵魂，并将他的灵魂扔进了利帕里岛的火山口！"通过这样的说辞，我们就能够了解当时虔诚的天主教教徒对狄奥多里克大帝恨之入骨。

　　狄奥多里克大帝的故事到此画上了句号。要客观准确地评价狄奥多里克大帝的人格品质，我们不应该只看到狄奥多里克大帝生前最后三年的昏庸。因为晚年的狄奥多里克大帝已然历尽沧桑岁月的蹂躏洗礼，略显昏聩，至信友人的背叛更是深深刺痛了狄奥多里克大帝脆弱的神经。晚年的残暴举动给狄奥多里克大帝戎马一生的光辉岁月抹上了令人遗憾的污点，却无法抹杀狄奥多里克大帝在位三十年勤政爱民的不争事实。如果我们从政绩评判，那么狄奥多里克大帝无疑是一代明君。纵观历史上所有坐上王位的人，或许只有英格兰的阿尔弗雷德大帝能与狄奥多里克大帝媲美。虽然两者在很多方面不尽相同，但要问究竟两者中谁更胜一筹，实属难题。

# 第20章
# 摄政太后阿玛拉逊莎

**精彩看点**

年幼的统治者阿塔拉里克——摄政太后阿玛拉逊莎——阿玛拉逊莎的教育方式引发哥特人不满——东罗马帝国皇帝查士丁尼一世的阴谋——阿塔拉里克驾崩——阿玛拉逊莎与狄奥达哈德——谋杀阿玛拉逊莎——东罗马帝国皇帝查士丁尼一世宣战

东哥特王国的统治者突然由执政多年的狄奥多里克大帝变成了一个打着孩子名义摄政的女人，东哥特人总觉得哪里不太对劲儿。"战斗民族"出身的哥特人从未有过女性统治者，而且也罕有承认一位幼儿为国王的时刻。在之前的游牧岁月中，哥特人遵循的传统是：如果国王驾崩，而且子嗣还未长大，不能指挥军队作战或主持民众集会，那么则由民众从王室亲族中选举最有才能的人继承王位。虽然当时的哥特人没有经历过自由选举，也没有在世的长者能讲述自己在过去的美好岁月中的亲身经历，但哥特人还是能够通过代代相传的歌谣了解本民族的历史。民众中不乏有人蠢蠢欲动，口口声声说着要再次按照古老的规定，由民众选择深受狄奥多里克大帝器重，且身份为阿马林斯家族一位公主的丈夫的图尔文继承王位。

然而，图尔文对狄奥多里克大帝忠心耿耿，不仅对王位没有丝毫觊觎之心，而且动用自己的所有影响力规劝东哥特人忠心服从阿塔拉里克和其母亲阿玛拉逊莎的统治。卡西奥多罗斯以年少的阿塔拉里克的名义写了一封感谢信给图尔文，授予图尔文"贵族"的头衔，并大肆褒奖图尔文光明磊落的行为。信中将图尔文与哥特历史上的一位家喻户晓的英雄格西蒙德相媲美。格西蒙德是当时哥特首领的养子，首领去世后，民众有意扶持格西蒙德登上王位，而不是拥立国王的幼子。格西蒙德并没有选择篡位，而是忠心耿耿地拥护已故首领的幼子登基执政。信中称图尔文的行为就如同格西蒙德一样，是"人世间传唱的所有歌谣永恒的主题。只要哥特人存在一天，永远也不会忘记忠诚者的英名"。

东哥特王国内没有任何人能够撼动东哥特人对于狄奥多里克大帝的崇敬之情。私下里可能会有一些东哥特人对世事的变迁嗤之以鼻抑或扼腕叹息，但明面上还是与所有民众一道发誓效忠于阿玛拉逊莎母子。另外，有些东哥特人之所以会服从阿塔拉里克的统治，打的如意算盘可能是，政权落在阿玛拉逊莎一个女流之辈手中，管理势必孱弱，那么比起过去狄奥多里克大帝铁腕统治的时代，身为当下的东哥特人必然能获得更多机会去压榨罗马人。

如果的确有人如此盘算，那么必将以失望告终。阿玛拉逊莎身上哥特人的特征并不明显，相反，阿玛拉逊莎为人处世的风格非常罗马化。阿玛拉逊莎不仅通晓哥特人的语言，还能流利地讲希腊语与拉丁语，并且深爱文学与科学，她结交的朋友也均是罗马人。狄奥多里克大帝晚年昏聩后，卡西奥多罗斯似乎曾离开朝廷，隐退过一阵子。阿塔拉里克登基后，卡西奥多罗斯再次担任首席国务大臣。因此，他的信仍然是我们了解当时各项政策的依据。阿玛拉逊莎摄政期间，凡是东哥特人违法，必将受到严厉的审讯和惩罚；与宗教相关的政策开始倾向于天主教；从前被没收的波伊提乌与西摩马库斯的地产全部归还给了他们的儿女；大力提拔奖赏罗马官员；从前只有特殊情况才会施行的赋税减免政策不再具有特殊性，人人皆可减免赋税。据说在整个摄政期内，阿玛拉逊莎从未剥夺过一个罗马人的财产，或者判处过一个罗马人死刑。

阿玛拉逊莎的政策虽然赢得了罗马人的好感，却激起了东哥特人的愤恨。从前狄奥多里克大帝执政期间，东哥特人尽管有时也会抱怨罗马人得到了太多福利，但心里明白狄奥多里克大帝的目标只是想在整个王国内实现公平正义。然而，东哥特人并不认为阿玛拉逊莎如此偏袒罗马人也是秉持着如同狄奥多里克大帝一般的公正之心。

最令东哥特人难以忍受的便是阿玛拉逊莎抚养儿子阿塔拉里克的方式。

阿玛拉逊莎并不想让阿塔拉里克学习骑马、剑术，或是与其他贵族子嗣一道运动锻炼。相反，阿玛拉逊莎要阿塔拉里克天天钻在书本里，不读书的时候由三个年长的，所谓的"最聪慧且行为端正的"哥特人陪同生活。这三个人其实是阿玛拉逊莎经过多方寻觅找到的各方面最像罗马人的哥特人。哥特将士们称阿塔拉里克简直就是个孱弱多病且一无是处的书呆子，根本无力应对战争带来的无情与痛苦，更何况阿塔拉里克还鄙视自己的族人，称他们是无知的野蛮人。

据说，有一次阿塔拉里克好像做错了什么事，阿玛拉逊莎动手打了阿塔拉里克。年幼的阿塔拉里克哭着跑进了男厕，在男厕里的哥特人很快了解到事情的真相。"真是太可耻了！"其中一人听阿塔拉里克讲完事情原委后说道，"很明显阿玛拉逊莎恨不得赶紧杀死可怜的阿塔拉里克，如此一来阿玛拉逊莎便可以寻找新欢共享王国了。"针对阿玛拉逊莎的声讨声不绝于耳，后来东哥特人决定派出一个代表团规劝阿玛拉逊莎注意自己的行为。

不久后，由东哥特最位高权重的贵族们组成的一个团队要求面见阿玛拉逊莎。得到允许觐见阿玛拉逊莎后，一个代表说道："太后，我们今天来就是要说太后您培养小国王的方式是大错特错的。哥特人的国王需要的并不是什么书本知识，而是要学会如何去战斗。您父亲狄奥多里克大帝在世时常说，一个人如果在年少时没能掌握作战的本领，那么一辈子都弥补不了。狄奥多里克大帝从不允许哥特人的男孩儿们上学，因为狄奥多里克大帝生前嘴边常挂着的一句话就是：如果一个男孩子曾在学校老师的教鞭下颤抖过，那么将永远无法面对敌人的刀剑。狄奥多里克大帝就是最好的例子。从来没哪位君主像狄奥多里克大帝一般睿智且强大，但狄奥多里克大帝对书本知识一无所知。因此，太后，我们希望您解散阿塔拉里克的教师团队，让阿塔拉里克在同龄人的陪伴下成长为真正能够称职的哥特国王。"

毫无疑问，阿玛拉逊莎抚养儿子阿塔拉里克的方式肯定存在很大问题。如果换作狄奥多里克大帝负责培养王国的继承人，那么狄奥多里克大帝肯定会首先确保继承人精通各种彰显阳刚之气的本领，并且锤炼他拥有过人的勇气与耐力，满足哥特人对于一个国王最基本的期待。同时，狄奥多里克大帝也深知培养具有罗马人一样的学识的重要性，即便狄奥多里克大帝曾希望最好能够让东哥特勇士的儿子们远离书本学习，他也不会希望将来要君临天下统治哥特人和罗马人的整个东哥特王国的储君如野人般无知。

阿玛拉逊莎听到东哥特贵族们如此专横的要求自然是气不打一处来，但她心里明白抗拒毫无意义，只得不情愿地许可了贵族们的要求。阿玛拉逊莎同意让东哥特的首领们负责培养阿塔拉里克，并且承诺再也不会干涉阿塔拉里克的教育问题。

结果可想而知。可怜的阿塔拉里克突然摆脱了母亲阿玛拉逊莎的严厉束缚，同时不再受限于任何人的管教，在一群乌合之众的影响下开始日渐堕落，沉溺于吃喝玩乐，荒淫无度。没过多久，明眼人便发现过度的消耗已然拖垮了阿塔拉里克的身体，阿塔拉里克肯定命不久矣。

阿玛拉逊莎的让步并没有为自己带来任何好处。哥特首领们日渐专横，咄咄逼人。阿玛拉逊莎深感压力巨大。大臣们通常只将阿玛拉逊莎的命令当作耳旁风，东哥特王国很快便失去了往日的秩序。

最终，不堪重负的阿玛拉逊莎决定放弃意大利，随即致信当时的东罗马帝国皇帝查士丁尼一世，请求东罗马帝国皇帝查士丁尼一世能够在君士坦丁堡收容自己。东罗马帝国皇帝查士丁尼一世觊觎意大利已久，满口答应了阿玛拉逊莎的请求，并在亚得里亚海的希腊一侧的底耳哈琴为阿玛拉逊莎准备了一座金碧辉煌的宫殿，声称在君士坦丁堡准备好迎接阿玛拉逊莎之前，让阿玛拉逊莎暂时居住在位于底耳哈琴的宫殿。

阿玛拉逊莎派出一艘满载着四万磅黄金的船率先驶往底耳哈琴，同时为离开意大利做好了万全的准备。但就在阿玛拉逊莎即将动身的千钧一发的时刻，她突然又决定铤而走险，重新收复旁落的大权。

阿玛拉逊莎统治的劲敌主要是三个东哥特贵族。这三个人的权势大得惊

东罗马帝国皇帝查士丁尼一世

人。阿玛拉逊莎认为只要能铲除这三个带头反抗的东哥特贵族，自己就能随心所欲地统治东哥特王国。阿玛拉逊莎打着保卫边境的旗号，成功地将三个带头反抗的东哥特贵族派遣到王国的不同地方，之后又想方设法暗杀了这三个带头反抗的贵族。即便行动失败，阿玛拉逊莎也早已为自己留好了后路：船已随时待命，只待阿玛拉逊莎一声令下，便可带着阿玛拉逊莎穿越亚得里亚海。

不料，三个令阿玛拉逊莎寝食难安的东哥特贵族的死讯传来，阿玛拉逊莎便放弃了逃跑的打算。据说，惨遭阿玛拉逊莎暗杀的三人中有一人正是图尔文，就是身为狄奥多里克大帝的密友，誓死忠心耿耿效力于狄奥多里克大帝所属的阿马林斯家族，宁愿放弃唾手可得的王位的图尔文。

有一段时间，事态似乎确实按照阿玛拉逊莎的计划发展了。阿玛拉逊莎的暗杀策略的确对反对阿玛拉逊莎的东哥特人起到了敲山震虎的作用，她俨然成为整个意大利的绝对统治者。可惜，好景不长。

东罗马帝国皇帝查士丁尼一世已下定决心无论如何都要将意大利收入囊中。得知阿玛拉逊莎不再打算逃到君士坦丁堡投靠自己后,东罗马帝国皇帝查士丁尼一世开始打起了别的主意。最后,东罗马帝国皇帝查士丁尼一世将希望寄托在阿玛拉逊莎的一个亲戚身上。

东罗马帝国皇帝查士丁尼一世锁定的棋子正是狄奥多里克大帝的妹妹阿玛拉弗里达与她第一任丈夫的儿子狄奥达哈德。狄奥达哈德可谓少年老成,因过人的学识著称,精通拉丁文学、柏拉图作品及《圣经》内容。不过遗憾的是,狄奥达哈德生性懦弱而又贪财好利,不免令人诟病。几乎整个托斯卡纳行省都属于狄奥达哈德,可狄奥达哈德还总是觊觎周边"拿伯的葡萄园[①]"。狄奥多里克大帝在位时曾多次勒令狄奥达哈德归还非法所得的财物、土地。当时恰逢当地民众状告狄奥达哈德强取豪夺,阿玛拉逊莎派出的法官们正在彻查狄奥达哈德。狄奥达哈德心里十分清楚自己的恶行将会全部败露,自己将处于非常不利的境地,因此对阿玛拉逊莎的憎恨程度简直到了不共戴天的地步。

狄奥达哈德一心想要报复阿玛拉逊莎,同时趁机充实自己的腰包。狄奥达哈德通过多种渠道传递消息给东罗马帝国皇帝查士丁尼一世,声称只要东罗马帝国皇帝查士丁尼一世能给出足够的筹码,自己随时可以将托斯卡纳行省让给东罗马帝国皇帝查士丁尼一世。当时东罗马帝国皇帝查士丁尼一世刚好派出了两个使者团,分别面见阿玛拉逊莎及教皇。东罗马帝国皇帝查士丁尼一世命令使者秘密会见狄奥达哈德,试图说服狄奥达哈德降低先前提出的要求。狄奥达哈德之前提出的交出托斯卡纳行省的条件是,东罗马帝国皇帝查士丁尼

---

① 拿伯的葡萄园源自《圣经·旧约·列王纪上》。撒玛利亚王亚哈的王宫附近有一个葡萄园,园主叫拿伯。亚哈非常喜欢拿伯的葡萄园,想用更好的葡萄园或金钱跟拿伯交换。拿伯答复说:"我敬畏耶和华,绝不敢把祖先留下的产业跟你交换。"亚哈得不到葡萄园,闷闷不乐地回到宫里,躺在床上不吃不喝。王后耶洗别得知他的心事,便以亚哈的名义授意与拿伯同城居住的长老和贵族,让他们诬告拿伯亵渎上帝、诽谤国王,将拿伯用石头打死。就这样,亚哈不费吹灰之力就得到了拿伯的葡萄园。"拿伯的葡萄园"比喻指令人一心想据为己有的财产。——译者注

货币上的狄奥达哈德

一世允许狄奥达哈德居住在君士坦丁堡，封狄奥达哈德为元老院议员，当然还有最重要的一条——一笔天价酬金。

　　东罗马帝国皇帝查士丁尼一世的使者一边与狄奥达哈德讨价还价，一边不忘与阿玛拉逊莎斡旋。使者们拿出了一张写满了所谓东哥特人对东罗马帝国造成的种种损失的表单，要求阿玛拉逊莎一一赔偿。同时要求东哥特王国必须无条件交出位于西西里岛的利利巴厄镇并将其赠予东罗马帝国。狄奥多里克大帝在世时，曾在妹妹阿玛拉弗里达与汪达尔国王特拉萨蒙德大婚之时将利利巴厄镇作为贺礼赠予她。当时东罗马帝国皇帝查士丁尼一世已然派出贝利撒留将军灭了汪达尔王国。当然汪达尔王国覆灭正中东哥特人下怀，因为两国彼此积怨颇深。征服了汪达尔王国的东罗马帝国皇帝查士丁尼一世认为利利巴厄镇理所当然应该归自己所有，但东哥特人霸占着利利巴厄镇不肯放手。

阿玛拉逊莎召集朝廷大臣们共同商议东罗马帝国皇帝查士丁尼一世提出的要求，并按照大臣们的建议给东罗马帝国皇帝查士丁尼一世写了一封冠冕堂皇的信。信中言辞恳切地声称虽然阿塔拉里克臣服于东罗马帝国，但并不能接受东罗马帝国的无理要求，还提出希望东罗马帝国皇帝查士丁尼一世能够以一代明君的气度善待阿塔拉里克这个"少年丧父的可怜男孩儿"，不要因为芝麻绿豆的小事欺负幼子惹后世耻笑。阿玛拉逊莎当着众人的面将这封以东哥特王国太后的名义写的信交给东罗马帝国的使者。然而，狡诈的阿玛拉逊莎在背地里私自与使者会面，并一本正经地保证一旦万事俱备，自己就立即将东哥特王国拱手让给东罗马帝国皇帝查士丁尼一世。

东罗马帝国的使者回到君士坦丁堡复命。东罗马帝国皇帝查士丁尼一世听完使者的汇报后不胜欣喜，确信自己已然做好了两手准备，万无一失，意大利很快就会成为自己的囊中之物。东罗马帝国皇帝查士丁尼一世决定趁热打铁，随即派出了在君士坦丁堡以口才出众著称，传说中来自帖撒罗尼迦城的彼得前往意大利，分别敦促阿玛拉逊莎及狄奥达哈德务必恪守承诺，尽快兑现许诺给东罗马帝国皇帝查士丁尼一世的事宜。据说，当时东罗马帝国皇帝查士丁尼一世的皇后狄奥多拉因听闻阿玛拉逊莎姿色过人且成就非凡，不免心生妒意，便私下里密令彼得暗中操作，确保阿玛拉逊莎绝无可能踏入君士坦丁堡半步。

534年年底，彼得还未抵达拉韦纳。534年10月3日，阿塔拉里克却因为纵欲过度驾崩。阿玛拉逊莎继续以自己的名义统治东哥特王国，不过她时刻感到自己的统治岌岌可危。早前阿玛拉逊莎摄政时，东哥特人已然颇有微词，他们绝无可能忍受阿玛拉逊莎进一步成为东哥特王国的国王，因为女人登上王位是东哥特人闻所未闻的。虽然民众深深厌恶且鄙视生性软弱的狄奥达哈德，但狄奥达哈德毕竟是第二顺位继承人，再加上王位继承的观念正深入东哥特人心中。以当时的情况，东哥特人非常有可能推选狄奥达哈德继承王位。阿玛拉逊莎当然下定决心，绝不能任人宰割。如果阿玛拉逊莎将东哥特王国交给东罗

皇后狄奥多拉

马帝国皇帝查士丁尼一世,至少可以获得不菲的回报;但万一哥特人造反废掉了阿玛拉逊莎的头衔和地位,那对阿玛拉逊莎而言可谓是鸡飞蛋打。

四面楚歌的阿玛拉逊莎突然萌生出一个令人匪夷所思的想法。毫无疑问,阿玛拉逊莎认为自己的计划万无一失。后来的事实证明她的计划不过是愚蠢至极。尽管阿玛拉逊莎内心憎恨狄奥达哈德到了咬牙切齿的地步,而且也深知狄奥达哈德是自己的死敌,但还是邀请狄奥达哈德来拉韦纳,使尽浑身解数,花言巧语地说自己与狄奥达哈德的友谊牢不可破。阿玛拉逊莎信誓旦旦地向自己亲爱的表弟狄奥达哈德说自己不得已不在表面上故意表现出对狄奥达哈德不友好，自己内心也深受折磨，但请狄奥达哈德要相信自己一切都是为了他着想。阿玛拉逊莎称自己当初在知道阿塔拉里克将不久于人世的时候，早已默认了狄奥达哈德成为阿塔拉里克的王位继承人。阿玛拉逊莎还称，眼看着狄奥达哈德的所作所为已然引发了民众的不满，对未来登基不利，因此自己是义无反顾地介入了狄奥达哈德的行为，而且幸好狄奥达哈德悬崖勒马，听从了阿玛拉逊莎的命令，才得以挽救了狄奥达哈德岌岌可危的名声。因此，阿玛拉逊莎这才敢在东哥特王国里公然与狄奥达哈德站成一队。阿玛拉逊莎接着说，自己愿意与狄奥达哈德共享权力：阿玛拉逊莎继续摄政，狄奥达哈德名义上为国王，双方享受同样的殊荣和王室用度，但条件是狄奥达哈德必须立下重誓同意阿玛拉逊莎实际控制东哥特王国。

狄奥达哈德自然一眼就看穿了阿玛拉逊莎离谱的虚情假意，却仍顺水推舟地称万万没想到自己向来极其敬重的亲爱的表姐阿玛拉逊莎原来都是为自己着想。哪怕狄奥达哈德曾经误以为阿玛拉逊莎是仇敌，没想到阿玛拉逊莎竟然一直在隐藏内心的爱意，这令狄奥达哈德很触动。狄奥达哈德千恩万谢地接受了阿玛拉逊莎的提议，并发下毒誓称绝对安分守己，只当好名义上的国王，绝不会有其他非分之想。然而，事实的真相是登上王位的狄奥达哈德非但没有遵守自己当初不越雷池半步的誓言，反倒千方百计地想要摆脱阿玛拉逊莎的摄政。而且狄奥达哈德还在心里暗暗发誓有朝一日一定要好好报复阿玛拉逊莎，让她也尝尝饱受屈辱的滋味。在与狄奥达哈德的暗中博弈中，阿玛拉逊莎显然不是狄奥达哈德的对手。阿玛拉逊莎天真地相信自己的精湛演技已将狄奥达哈德骗得团团转，以为不仅与狄奥达哈德成功化敌为友，而且令狄奥达哈德内心满怀对自己的谦恭和感激。

如此一来，阿玛拉逊莎与狄奥达哈德正式宣布成为东哥特王国的统治者，同时两人分别致信东罗马帝国皇帝查士丁尼一世。信中告知东罗马帝国皇帝查士丁尼一世阿塔拉里克已驾崩，阿玛拉逊莎接管政权，并提携"自己的表弟"狄奥达哈德共治王国。阿玛拉逊莎的信中充满了对狄奥达哈德学识与品德的赞美之辞，同时狄奥达哈德的信中则口口声声感激"自己的表姐及君主"的盛情和恩典。两封信中表现出的对东罗马帝国皇帝查士丁尼一世的尊崇都溢于言表，并请求东罗马帝国皇帝查士丁尼一世能够继续护佑东哥特王国。与此同时，阿玛拉逊莎与狄奥达哈德还同时致信元老院，信中仍然采用了相互吹捧的老套路。这些书信均由卡西奥多罗斯执笔，且仍然保存在卡西奥多罗斯书信集中。

然而，仅仅几周之后，背信弃义的狄奥达哈德便公开与阿玛拉逊莎的宿敌，即当年惨遭阿玛拉逊莎谋杀的三位东哥特贵族的亲戚和亲信们联起手来，将当年参与谋杀案的凶手判处死刑，同时将阿玛拉逊莎囚禁在距离罗马城西北方向六十英里的博尔塞纳湖中央的一个小岛上。

东罗马帝国皇帝查士丁尼一世派出使者彼得前往意大利，向狄奥达哈德转达自己对于东哥特王国内发生政变的不满，并声称自己有意保护阿玛拉逊莎。可没过多久，一心要报仇雪恨的图尔文的亲朋好友们便来到囚禁阿玛拉逊莎的岛上城堡，将阿玛拉逊莎勒死在浴室中。

阿玛拉逊莎的惨烈下场终究还是咎由自取，她绝不是什么无辜的受害者，我们也大可不必滥用同情之辞。然而，阿玛拉逊莎的个人魅力也的确不容小觑。阿玛拉逊莎在统治期间不得不面对来自四面八方的阴谋、叛变，同时身陷各类似乎让人很难透过气来的政治泥沼。阿玛拉逊莎之所以采取了一系列狠辣、背信弃义的行为，更多是因内心软弱而试图自保，并非有意为之。当然，阿玛拉逊莎也为自己的行为付出了惨痛的代价。

狄奥达哈德使尽浑身解数向彼得百般辩解，称自己从未参与谋杀阿玛拉逊莎。然而，事后狄奥达哈德为谋杀了阿玛拉逊莎的人纷纷加官晋爵。这证明他当初至少是默许了谋杀阿玛拉逊莎的阴谋。至于阿玛拉逊莎惨遭谋杀的历史真相已然成为永久的谜团。根据可靠消息称，彼得虽然在表面上是东罗马帝国皇帝查士丁尼一世的使者，可暗地里同时是邪恶的狄奥多拉皇后的幕僚。彼得用尽花言巧语令狄奥多拉皇后最终相信阿玛拉逊莎之所以薨于人世都是自己的功劳。狄奥多拉皇后大喜，随即为彼得加官晋爵。狄奥多拉皇后与狄奥达哈德之妻古德利纳之间的通信往来也暗藏玄机。有种说法认为正是这两个女人联手谋杀了阿玛拉逊莎。之所以有如此的说法也并非空穴来风：在当时那种社会动荡、人心险恶的岁月中，凡是有头有脸的人物内心无不涌动着怀疑的暗流，怀疑发酵后，便极有可能密谋将敌人斩草除根，杀之而后快。

虽然东罗马帝国皇帝查士丁尼一世并未插手谋杀阿玛拉逊莎，但当时再没有别的什么事能比阿玛拉逊莎的死更令东罗马帝国皇帝查士丁尼一世称心如意了。东罗马帝国皇帝查士丁尼一世终于等到机会去实现自己梦寐以求的事：找到一个充分的理由向东哥特王国开战。东罗马帝国皇帝查士丁尼一世打着为惨遭谋杀的狄奥多里克大帝的女儿阿玛拉逊莎复仇的旗号，摇身一变仿佛成了义薄云天的英雄，不光获得了意大利所有罗马人的支持，甚至受到很多哥特人的拥戴。因为很多哥特人心目中依然难忘伟大的狄奥多里克大帝，对懦弱而卑鄙的狄奥达哈德更是唾弃不已。当时的意大利内部早已因各自心怀不轨的政党而四分五裂，国力衰弱。同时因为孱弱政府的多年不作为，东哥特王国的军事系统已然濒临崩溃。如此，东哥特王国自然而然就成了外敌眼中的肥肉。东罗马帝国皇帝查士丁尼一世非常清楚自己的实力，虽不确定东罗马帝国当时的将士数量，但他深信凭借贝利撒留本人的卓越才能和作战能力便可稳操胜券。东罗马帝国皇帝查士丁尼一世曾说过："只要有贝利撒留，便能坐拥江山。"

535年，东罗马帝国皇帝查士丁尼一世向东哥特王国宣战，并宣称要铲除哥特人在意大利的所有势力。尽管东罗马帝国皇帝查士丁尼一世后来的确实现了自己的想法，不过东罗马帝国与东哥特王国的战争之激烈及战线之漫长远远超出了东罗马帝国皇帝查士丁尼一世的想象。直到二十年后，战争才尘埃落定，意大利最终失守，沦为东罗马帝国管辖地。

# 第21章
# 不像国王的国王

**精彩看点**

东罗马帝国皇帝查士丁尼一世起杀心——贝利撒留攻占西西里岛——狄奥达哈德心惊胆战——女巫的预言——狄奥达哈德重拾信心——哥特人痛失那不勒斯——哥特人怒火中烧——罢黜、杀害狄奥达哈德东罗马帝国皇帝查士丁尼一世决意攻打东哥特王国实属勇气可嘉，因为东罗马帝国的军事力量已然非常薄弱，能够真正上战场的将士总数不超过一万人。不过，东罗马帝国军队的统帅是大败了汪达尔人的贝利撒留，他的作战能力尽人皆知，而且很多现代作家都评价贝利撒留是史上最伟大的将军之一。当时的东哥特王国政权分崩离析，狄奥达哈德软弱无能，这些似乎都注定了东罗马帝国必胜。东罗马帝国深知机会稍纵即逝，必须马上采取军事行动。同时千万不可过于轻敌大意，因为一旦战败，后果将不堪设想。

东罗马帝国皇帝查士丁尼一世在应对危机时将自己的精明展现得淋漓尽致。东罗马帝国皇帝查士丁尼一世首先致信法兰克国王，声称自己在饱受东哥特人的侵扰后，决定攻打东哥特人并一举收复原本属于东罗马帝国却惨遭东哥特人篡夺的一切。同时还呼吁信奉天主教的同胞们能够支持自己发动一场宗教战争，彻底铲除异端阿里乌教派。收到法兰克人同意支援的回复后，东罗马帝国皇帝查士丁尼一世发动了第一次攻击。这次攻击同时是一次胜券在握的攻击，意欲敲山震虎，吓唬狄奥达哈德尽快投降。

东罗马帝国皇帝查士丁尼一世决定派出贝利撒留率领七千五百名士兵，先假装准备乘船前往迦太基，然后假装中途靠岸休息片刻，实则借机在西西里岛登陆。届时再由贝利撒留审时度势，如果认为能够不费吹灰之力拿下西西里

贝利撒留

岛,那自不必说,自然要先占领西西里岛;如果贝利撒留发现夺岛需要大动干戈的话,则绕道航行至非洲,同时还要不留痕迹,绝不能让旁人看出端倪。与此同时,东罗马帝国皇帝查士丁尼一世调派格皮特人蒙杜斯攻打位于亚得里亚海东岸的东哥特人没有安排守备力量的地盘。

东罗马帝国皇帝查士丁尼一世的两手算盘均如愿得以实施。蒙杜斯顺利进入达尔马提亚行省,不费吹灰之力便占据了该行省的首要重镇萨罗纳。登陆西西里岛后,贝利撒留发现岛上的居民非常渴望摆脱东哥特人的统治,很快便攻陷了卡塔那。锡拉库萨则选择了不战而降。唯一令贝利撒留头疼的便是巴勒莫。因为巴勒莫层层设防,且由东哥特人的一支精锐部队把守。贝利撒留呼吁巴勒莫城内的东哥特人投降，但哥特人坚信巴勒莫的城防坚不可摧，丝毫未理会贝利撒留。据说，贝利撒留最后采取的攻占巴勒莫的策略颇有一番传奇色彩。他命令船全部泊于距离巴勒莫城墙很近的港口，接着部署弓箭手就位。巴勒莫城里的民众发现自己受到了"天外来箭"的围攻，不禁吓破了胆，当即投降。无论故事究竟是真是假，但事实就是贝利撒留几乎在短短几个星期内就占领了西西里岛全岛，甚至未费一兵一卒。对于西西里岛的岛民如此忘恩负义，欢欣雀跃地接受了新统治者的事实，东哥特人一直耿耿于怀。然而，没过多久，当东罗马帝国的税吏抵达西西里岛开始征税时，西西里岛的民众才恍然大悟，发觉成为东罗马帝国的臣民简直如同陷入了一个深不见底的黑洞。

虽然东罗马帝国与东哥特王国之间已经兵戎相见，但身为使者的彼得仍然马不停蹄地运用各种方式游说狄奥达哈德。彼得通过有意无意的暗示，想方设法地刺激狄奥达哈德，令狄奥达哈德因达尔马提亚行省和西西里岛的失守而惶恐不已。彼得的计谋全部得逞了。六神无主的狄奥达哈德很快陷入了痛苦、恐惧的深渊，开始臆想自己在战争中沦为阶下囚的惨状；或者更可怕的是，自己需要亲自率军于阵前，时刻面临着生命危险。彼得不费吹灰之力便恐吓狄奥达哈德同意了一系列丧权辱国的条件。双方签署了一份秘密协议，由彼得呈给东罗马帝国皇帝查士丁尼一世过目并定夺。秘密条约中的条款包含以下内容："东罗马帝国皇帝查士丁尼一世成为西西里岛的统治者；狄奥达哈德每年进贡三英担[①]黄金给东罗马帝国皇帝查士丁尼一世，并随时准备进贡三千名东哥特士兵给东罗马帝国；未经东罗马帝国皇帝查士丁尼一世许可，狄奥达哈德不能判处任何一位罗马元老院议员或者天主教牧师死刑或没收财产；东哥特王国内的所有贵族和议员的任命权都归东罗马帝国皇帝查士丁尼一世所有；东哥特王国内民众不能高呼'狄奥达哈德万岁'，只能高呼'东罗马帝国皇帝查士丁尼一世及狄奥达哈德万岁'；禁止单独为狄奥达哈德建立雕像，雕像中必须同时

---

① 英担是重量单位，一英担等于五十点八千克。——译者注

出现东罗马帝国皇帝查士丁尼一世，并且东罗马帝国皇帝查士丁尼一世必须占据象征尊荣的右侧位置。"

待狄奥达哈德签署协议后，彼得便起身前往君士坦丁堡。毫无疑问，彼得帮东罗马帝国占尽了便宜。然而，彼得前脚刚走，狄奥达哈德突然想到东罗马帝国皇帝查士丁尼一世可能不会同意协议的内容。果真是这样，那么战争还是无法避免。一想到真刀真枪的战场，狄奥达哈德简直如坐针毡，他立刻派出一位信使前去追赶彼得，苦苦哀求彼得能立即返回。彼得听到召唤后原路返回。彼得当时心里肯定以为狄奥达哈德或许突然心血来潮改变了主意，反悔签订屈辱条约。一想到回去后又得重新上演一遍各种威逼利诱的戏码，彼得自然是大为光火。

狄奥达哈德一见到彼得，便急切地询问彼得能否确定东罗马帝国皇帝查士丁尼一世会接受协议中的条款，以及万一东罗马帝国皇帝查士丁尼一世不认可条约会带来什么样的后果。彼得的回答自然是说最坏的结果就是开战。对于狄奥达哈德而言，听到"开战"两个字，简直像是堕入了无边的噩梦。"我不能上战场，"狄奥达哈德随即说道，"如果真到了要开战的地步，我宁愿退位，只要东罗马帝国皇帝查士丁尼一世答应每年能赐给我一千两百磅黄金便可。"彼得顺水推舟地建议狄奥达哈德将所说的建议写在给东罗马帝国皇帝查士丁尼一世的信中。彼得与狄奥达哈德说定：在彼得使尽浑身解数仍然未能说服东罗马帝国皇帝查士丁尼一世接受第一个条约之前，彼得不会将狄奥达哈德退位的信交给东罗马帝国皇帝查士丁尼一世，也不会透漏任何关于更大的筹码的信息。狄奥达哈德本是无信无义之人，这时却愚蠢地相信彼得会冒着背弃主人甚至失去生命的风险去遵守那荒唐的诺言。毋庸置疑，彼得一回到君士坦丁堡便将事情的来龙去脉向东罗马帝国皇帝查士丁尼一世和盘托出。东罗马帝国皇帝查士丁尼一世接受了狄奥达哈德的投降，并致信狄奥达哈德，称赞狄奥达哈德是识时务者，承诺不光会兑现狄奥达哈德信中所要求的资产，同时还会赐予狄奥达哈德在整个东罗马帝国内一人之下、万人之上的殊荣。

被寄予众望的彼得受命与一个叫阿塔纳修斯的人一道前往意大利接受狄奥达哈德正式退位，同时传东罗马帝国皇帝查士丁尼一世的诏令将狄奥达哈德之前讨要的土地赐予狄奥达哈德。与此同时，东罗马帝国皇帝查士丁尼一世命令贝利撒留离开西西里岛前往罗马，一举占领东哥特王国。

然而，世事难料。当彼得再次回到东哥特王国时，发觉形势发生了翻天覆地的变化。狄奥达哈德再也不是从前那个卑躬屈膝的可怜之人，反而摆出一副桀骜不驯的架势。造成狄奥达哈德前后形成如此巨大反差的根源是一些从达尔马提亚行省传来的消息。消息称一群来势凶猛的东哥特人在萨罗纳袭击了东罗马帝国的蒙杜斯将军，尽管战斗并没有取得什么重大的战果，但蒙杜斯将军父子均在战斗中阵亡。不过对于当时很多迷信的东罗马民众而言，蒙杜斯父子的死简直让所有人都松了一口气，并没有人对此感到遗憾或惋惜。因为当时有很多人信奉一个装神弄鬼的女巫发表的预言：一旦有人用铁骑征服了非洲，那么整个世界及世界的所有产物都会毁灭。当初贝利撒留征服了汪达尔王国后，很多人都担心世界末日即将到来。然而，"蒙杜斯"一词在拉丁语中正是代指"世界"，因此格皮特人蒙杜斯将军父子之死就理所当然地被民众当成女巫的预言得到应验。东罗马的民众们也就不再担心令人毛骨悚然的"世界末日"将会到来。

东哥特将军们率领的军队很快被东罗马帝国军队击溃，他们只好黯然率军退出达尔马提亚。不过，蒙杜斯将军父子被东哥特军队斩杀的消息已让狄奥达哈德一改往日的卑微模样，对待彼得与阿塔纳修斯两位东罗马来使可谓是极尽冷嘲热讽，甚至还威胁会要了两人的命。彼得与阿塔纳修斯转而试图拉拢东哥特的贵族们，并带来之前东罗马帝国皇帝查士丁尼一世专门给东哥特贵族们写的信。但东哥特贵族们对于除狄奥达哈德的诏令以外的任何建议均采取置之不理的态度。事态发展到最后，东哥特人将彼得与阿塔纳修斯关进了大牢。东罗马帝国皇帝查士丁尼一世意识到必须通过武力才能收复意大利。

大约在536年4月，贝利撒留穿越墨西拿海峡准备攻占东哥特王国。贝利撒留刚一抵达雷焦便遇到了狄奥达哈德的女婿埃伯蒙德。埃伯蒙德受命守卫东哥特王国南部海岸，不料一见到贝利撒留便立即带着手下举手投降。贝利撒留向东罗马帝国皇帝查士丁尼一世报告了埃伯蒙德的倒戈行为后，东罗马帝国皇帝查士丁尼一世册封埃伯蒙德为"贵族"并赐予他各种殊荣。

东罗马帝国的军队一路挺进，没有遇到任何抵抗，径直来到那不勒斯城下，没费多大力气就驱逐了所有驻守在那不勒斯城外垒的东哥特士兵。贝利撒留呼吁那不勒斯城守军投降。虽然当时城内有一小撮军民渴望借此机会摆脱东哥特人的统治，但当地的长官及绝大多数军民都决心誓死抵抗。尽管贝利撒留许诺会给那不勒斯城军民至高的荣誉及最有利的条件，但百般磋商无果后，贝利撒留不得已只得着手准备攻城。

那不勒斯城军民想方设法地捎信给狄奥达哈德，请求狄奥达哈德立即派出援军。然而，后来的事实是狄奥达哈德在收到那不勒斯城的消息时，请了一个犹太巫师来预测战争的结果。巫师让狄奥达哈德准备三十头肥猪，并分别关在三个不同的猪圈里。其中十头猪代表罗马人，十头代表东哥特人，十头代表东罗马帝国的军队。巫师要求狄奥达哈德在一个指定的期限内不给猪提供任何食粮，到指定的时间后再去观察所有的猪的下场。最后的结果是代表东罗马帝国军队的十头猪全部存活，而且精神状态比其他猪都要好；然而，有一半代表罗马人的猪及几乎全部代表东哥特人的猪都已经死亡，即便是幸存下来的一些代表东哥特人的猪也奄奄一息。我们姑且相信当真有这样的事情吧。狄奥达哈德接受了眼前的"凶兆"，认定哥特人注定会战败，并以此为借口拒绝给忠心耿耿而又万般不幸的那不勒斯城军民提供援助。

那不勒斯城驻防坚固、装备精良且补给充足，虽然围城者堵截了给城内供水的沟渠，但那不勒斯城军民还是利用城内的泉眼获得了充足的水源。二十天过去了，贝利撒留的围攻几乎还没有任何进展，贝利撒留便琢磨着要放弃围攻那不勒斯城，转而进攻罗马。正在这个节骨眼儿上，忽然传来了一个天大的好消息。当时东罗马帝国军队中有一个出身亚洲蛮族，叫普卡里斯的士兵。有一天，他闲着无聊，漫步时突发奇想，想要看看顺着沟渠一直走究竟能走多远。普卡里斯以当初贝利撒留在沟渠上挖掘开的地方为入口，毫不费力地走到了那不勒斯城墙下，忽然发现水流正通过旁边岩石上的一个小洞流入城内，小洞过于窄小，容不下一个人通过。普卡里斯转念一想，把小洞扩大并非难事，一旦成功，将成为东罗马帝国军队侵入那不勒斯城的绝佳途径。

普卡里斯马上将自己的特大发现报告给贝利撒留。贝利撒留大喜过望，并许诺一旦普卡里斯的主意能帮助东罗马帝国军队成功破城，将赐给普卡里斯一笔不菲的奖金。贝利撒留派出一支先遣队顺着沟渠先行探路。先遣队每个人都配备有不会发出很大声响就能凿开岩石的工具。没过多久，先遣队员便将原来的小洞挖掘到足够让一个全副武装的士兵通过的大小。

攻城已万事俱备，可贝利撒留还是希望再给那不勒斯城一个投降以全身而退的机会。贝利撒留派人叫来了一个在那不勒斯城内颇有声望，叫斯蒂芬的人。斯蒂芬早先曾作为那不勒斯城的代表与贝利撒留谈判。贝利撒留极力要求斯蒂芬回到城内劝说那不勒斯城军民接受东罗马方提出的优惠条件。"我方现在已做好万全准备，不出几日必将拿下那不勒斯城。"贝利撒留话锋一转，继续说道，"但一想到惨烈的战争将给那不勒斯城带来重创，我简直不寒而栗。我手下的将士都是残暴的蛮族，一旦胜利的狂热冲昏了他们的头脑，如果他们肆意做出各种发狂的举动，我也是无可奈何。我曾经亲眼看见很多美丽的城市在经历战乱的蹂躏后满目疮痍，饱受战胜方铁骑的残酷践踏。战争的后果堪称惨绝人寰，我再也不想看见人间有如此的惨剧上演。你回去将我说的话转告你的同胞，务必让那不勒斯城军民悬崖勒马，以防为时过晚。"

斯蒂芬觉得贝利撒留的说话方式绝不像是在危言耸听，回城后极力劝说那不勒斯城军民投降。但那不勒斯城军民认定贝利撒留无非是看攻城无望，只是假意上演威逼利诱的戏码而已，便拒绝了斯蒂芬的提议。贝利撒留无奈只得选择实施攻城计划。

贝利撒留派出四百人通过沟渠进入那不勒斯城。一开始，有一半人因为觉得行动太过危险而畏缩不前,好在立即就有人自告奋勇补上了缺口。之前拒绝参与行动的人为自己的懦弱感到无地自容,又主动请缨一起参与行动。在一个月黑风高的夜晚,一行六百人进入了沟渠。他们一路上尽量不发出声响,径直来到那不勒斯城城墙下。为了防止守城士兵听到动静,贝利撒留提前安排了手下一个叫贝萨的哥特军官前去用哥特语向城墙上的东哥特驻军大声喊话,呼吁东哥特士兵投降。东哥特士兵果然中计,城墙上士兵们群情激愤,纷纷叫嚷宣泄着不满,根本无暇顾及城墙下有什么动静。

贝利撒留派出的六百名士兵沿着干涸的渠道一直向前走,最后走到了一个非常大的地下室。地下室墙面很高,是砖墙,并有一个拱形屋顶。屋顶上的一个角落里有几片砖块已经脱落,从中可以看见外面;室内除了位于屋顶的小洞似乎再无其他出口。士兵们静立原地琢磨着接下来该怎么办。最后,士兵中有一个非常善于攀爬的人脱下了盔甲,拿出一根粗壮的绳子系在腰间,开始手脚并用地顺着砖墙的墙面攀爬,最终从房顶的小洞中成功钻出到室外。士兵出去后发现周边是处于那不勒斯城内的一处僻静的住宅区中。一个老妇人,也是住宅区中唯一的住户前来开门。士兵威胁老妇人称胆敢叫嚷便会没命。接下来,出去的士兵将自己腰间的粗绳一端系在一棵橄榄树上,另一端扔进了地下室中。如此一来,其他士兵均可以顺着绳子爬出地下室,且不用卸下盔甲。六百人全部从地下室爬出来后便一拥冲向北城墙,快刀斩乱麻地清除了北城墙的哥特守军,随后占据着北城墙,等着其他东罗马士兵能顺着梯子全部爬进那不勒斯城。

那不勒斯城内的东哥特人进行了殊死反抗。城内的犹太人也大举支援东哥特人共同作战,因为犹太人没齿难忘狄奥多里克大帝曾经赋予犹太人的种种恩惠。然而,一切反抗都是徒劳的。在当天日落之前,东罗马帝国的军队就攻下了整个那不勒斯城。贝利撒留预测的最可怕的事发生了:得胜的东罗马帝国士兵们在城内大肆烧杀抢掠。贝利撒留竭尽全力遏制士兵们的疯狂行为,他不断劝诫士兵们保持仁心,并亲自骑马在各个街道巡查,威胁并惩罚施暴者。贝利撒留最终凭借自己的威信力挽狂澜，强力禁止了东罗马士兵继续施暴，并将士兵抢劫来的意欲霸占为奴隶的妇女、儿童归还原家庭。那不勒斯城的民众们将满腔怒火全部发泄在当初口若悬河说服东哥特人拒绝贝利撒留提出的投降条件的两个说客身上。其中一个说客死于中风，另一个说客被东哥特民众大卸八块后将残骸挂在一个绞刑架上。此番疯狂的复仇行为过后，那不勒斯城的街道又恢复了往日的有序与宁静。

贝利撒留善待被俘的东哥特囚犯。东哥特囚犯转而加入贝利撒留的军队。附近地区的东哥特军事力量都倒戈加入东罗马军队。贝利撒留很快便控制了意大利南部几乎全部地区。

与此同时，罗马城附近的东哥特人都在耐心等待狄奥达哈德发动攻击抵御外敌。东哥特人对阿马林斯家族的忠心仿佛有一种神奇的魔幻力量。直到那不勒斯城失守，以罗马城为中心方圆五十英里范围内都收到通告称东罗马帝国皇帝查士丁尼一世已执掌了政权，东哥特人才最终死心，并开始相信狄奥达哈德是一个叛国者。事情发展到如此地步，狄奥达哈德居然还是一副处变不惊的样子。东哥特人再也没有理由相信狄奥达哈德不是东哥特王国的叛徒。

东哥特人在距离罗马以南约四十英里的一个叫雷吉塔的地方举行了一次声势浩大的集会。东哥特的贵族们向民众控诉了狄奥达哈德的种种罪行，并询问民众希望如何处置狄奥达哈德。"打倒狄奥达哈德！"民众众口一词地嘶吼，"打倒为求自保卖国求荣并把民众推向万劫不复的深渊的叛国贼！"但是谁来继承狄奥达哈德的王位呢？当时的局面需要一位勇士登上王位。虽然东哥特人尊崇阿马林斯家族的皇室血统，最终却一致选择了维蒂吉斯成为新的国王。维蒂吉斯虽出身卑微，却是当时东哥特王国最杰出的军事统帅。

狄奥达哈德听说东哥特人选举了一位新的国王，仓皇逃出罗马城，准备逃往拉韦纳避难。维蒂吉斯派出了一个叫奥塔哈里的手下捉拿狄奥达哈德。下令不管是死是活，必须要将狄奥达哈德擒回。奥塔哈里原本就与狄奥达哈德有私仇：奥塔哈里曾经与一位富有而美丽的年轻小姐有过婚约，没想到狄奥达哈德因为收人贿赂，强迫奥塔哈里的未婚妻嫁给了另一个男人。奥塔哈里奉命追拿狄奥达哈德，一路马不停蹄，星夜兼程，最终在狄奥达哈德到达拉韦纳之前擒获了狄奥达哈德。奥塔哈里将已经吓破了胆的狄奥达哈德重重摔在地上并杀死。根据当时历史学家的描述：当时的场景中，狄奥达哈德就如同在祭祀中用于献祭的动物般任奥塔哈里肆意宰割。

狄奥达哈德为人极其卑劣，堪称阿马林斯家族中的奇耻大辱，也是全体哥特人的污点，获得如此惨烈的下场也是罪有应得。但令人非常费解的是，史上没有留下任何线索能让我们一睹狄奥多里克大帝的容颜，却能让我们凭借出土的一些刻有狄奥达哈德容貌的硬币，看到不成器的狄奥达哈德的面目。我们应该相信硬币上印刻的狄奥达哈德的画像应该是真实还原了狄奥达哈德的模样：画像将狄奥达哈德卑鄙、愚蠢及懦弱的性格刻画得入木三分。

# 第22章
# 准备不周的维蒂吉斯及罗马围城战

**精彩看点**

新任国王维蒂吉斯——维蒂吉斯的错误决策——玛瑟逊莎——贝利撒留占领罗马——维蒂吉斯最终采取行动——第一次正面对抗——万德里哈里——罗马围城战爆发

继承了狄奥达哈德王位的维蒂吉斯是个实诚人，本性善良。早在三十年前大战格皮特人时，维蒂吉斯就曾展示出过人的勇猛。然而，维蒂吉斯并没有统率全军的才能，尤其对手还是用兵如神的贝利撒留。可东哥特人还是坚信维蒂吉斯的智慧和勇气，相信他很快能够将东罗马帝国的军队赶出意大利。

虽然各种事实表明维蒂吉斯并不是一个聪慧且有远见的人，但他还是能很明智地意识到如果选择与贝利撒留硬碰硬开战无异于自残。要想打赢贝利撒留，必须要做好两手准备：首先要严肃东哥特军队的军纪，之前两任无能的国王从未狠抓过军纪问题；其次必须与法兰克人和解，如此一来才能将纠缠于北方战线的东哥特士兵腾出来对抗东罗马帝国。维蒂吉斯召集在罗马的东哥特人举行集会，以"各位士兵同胞"称呼民众，并解释了自己之所以没有选择立即开战的原因。民众听后非常失望，不过还是选择尊重维蒂吉斯的决定。维蒂吉斯同时还提议留下四千士兵守卫罗马城，其余士兵跟随自己前往拉韦纳。对此民众也没有提出异议。

维蒂吉斯做的决定无疑是一个天大的错误。如果东哥特人能全力戍守罗马城，则贝利撒留绝不敢凭借手中为数不多的士兵攻打罗马城，那么贝利撒留想要破城无疑就需要等待援军，如此一来自然也会被维蒂吉斯寻得一直渴望的战机。然而，维蒂吉斯极其愚蠢地选择了逃往拉韦纳，不光没能推迟战争的发生，反而是加速了开战的步伐，相当于将所有的作战有利条件都拱手让给了敌人。虽然维蒂吉斯知道不能过于指望罗马人的忠心，可他也万万没想到只留下四千将士守卫罗马城，无疑等于自寻死路。维蒂吉斯没有意识到，一旦罗马城失守，对东哥特王国而言将会是釜底抽薪般的滔天灾难：意大利的所有民众将会毫无顾忌地支持东罗马帝国皇帝查士丁尼一世，同时哥特人定会因为觉得胜利无望而士气全无。

维蒂吉斯终究踏上了一条不归路。动身前往拉韦纳前，维蒂吉斯强迫罗马教皇西尔弗里斯及元老院议员们立下重誓永远效忠于自己。为了确保教皇西

维蒂吉斯

教皇西尔弗里斯

尔弗里斯及议员们恪守誓言，维蒂吉斯带走了一些元老院议员作为人质。一位久经考验、勇气过人且技艺非凡的军官卢达哈里负责统率留守罗马城的四千士兵。随后维蒂吉斯带着东哥特大军动身前往拉韦纳。

虽然维蒂吉斯当选国王是通过民众的一致选举，但维蒂吉斯内心十分介怀于自己没有阿马林斯家族的血统，因此他时刻担心阿马林斯家族在世的两位有王位继承权的人可能发动政变。其中一位是狄奥达哈德之子狄奥达吉塞。因为父亲狄奥达哈德在世时已然臭名远扬，狄奥达吉塞显然不再对王位具有威胁性。不过维蒂吉斯觉得仍然有必要将狄奥达吉塞关进大牢，这样才能高枕无忧。还有一位在世的阿马林斯家族后人便是阿玛拉逊莎的女儿玛瑟逊莎。年轻貌美的玛瑟逊莎无疑会成为维蒂吉斯算计的对象。为了坐稳王位，维蒂吉斯前脚刚刚抵达拉韦纳，后脚便休掉了自己的发妻并迎娶了玛瑟逊莎。如此一来，维蒂吉斯名正言顺地获得了继承王位的血统资格。维蒂吉斯在致辞东哥特民众时呼吁民众恪守对阿马林斯家族的忠心，甚至他在位时期发行的货币中有的还印刻着由玛瑟逊莎姓名首字母组成的组合图案。不过当时的每个人都心知肚明：玛瑟逊莎完全是被迫与维蒂吉斯结婚。她从未掩藏过对维蒂吉斯的厌恶，有很多线索显示玛瑟逊莎婚后与维蒂吉斯的多个仇家结成了联盟。

抵达拉韦纳后，维蒂吉斯召集东哥特贵族进行集会，旨在动员东哥特贵族们同意东哥特王国与法兰克人达成和平条约。和平的前提是东哥特人放弃在高卢所拥有的一切，同时支付法兰克人两千磅黄金。维蒂吉斯声称此条约的确"令人痛心却万不得已"，而且口口声声说再没有更好的选择。一番商榷后，东哥特贵族们同意了维蒂吉斯的建议。法兰克人接受了和平条约，并承诺会在战争中援助东哥特王国。但法兰克人又称并不想与东罗马帝国皇帝查士丁尼一世有正面冲突，所以他们并不会派兵上战场，只是会授意下属的诸侯国阿勒曼尼亚公国及勃艮第王国[①]派出军队支援东哥特王国。

正当维蒂吉斯在拉韦纳一边忙着操练士兵，一边忙着与法兰克人谈判时，惊天的消息忽然传来：贝利撒留已占领罗马。此前罗马教皇西尔弗里斯及元老院议员们早就听说那不勒斯城抵抗东罗马军队的悲惨下场，因此，他们为了防止相似的惨剧发生在罗马，决定早早投降，全然不顾早先面对东哥特人立下的誓言。教皇西尔弗里斯和元老院议员们派出了代表团，告知贝利撒留直接快马加鞭行军，罗马城的大门已随时准备迎接贝利撒留的大军。贝利撒留自然一口答应，只留下三百士兵继续戍守那不勒斯城，随后带领着剩余的将士们直奔罗马城而去。

---

① 此时的勃艮第王国已不再是勃艮第人建立的国家，而是法兰克国王克洛维一世的儿子们的封国。——译者注

罗马城墙下的贝利撒留

罗马城内的元老院议员们听闻贝利撒留即将进城，便将自己的所作所为向罗马城的东哥特守军首领卢达哈里和盘托出。卢达哈里立刻集结手下士兵，并动员说虽然遭到罗马人恬不知耻的背叛，但仍决定不惜一切代价捍卫罗马城。然而，东哥特士兵们拒绝从命，并异口同声地称应立即放弃罗马，前往拉韦纳与大部队会合。

536年12月9日，贝利撒留率军从南面经阿西尼亚门进入罗马城；与此同时，原本留守罗马城的四千名东哥特士兵从北面经弗拉米尼安门逃出罗马城。誓死不愿弃城而逃的卢达哈里最后被捕入狱。贝利撒留将卢达哈里与罗马城的城门钥匙一道作为胜利的标志呈送给东罗马帝国皇帝查士丁尼一世。

贝利撒留入住宾西亚丘陵上的宫殿后，立即着手修复罗马城各级城防要塞，同时从西西里岛调集了大量的谷物。罗马民众看到贝利撒留的一系列行动，逐渐心生沮丧。一切迹象表明贝利撒留已经在为未来可能的围城做准备。

罗马民众觉得背叛维蒂吉斯似乎并没有给自己带来任何好处，民众仍然面临着有朝一日被围困于城中的可怕命运。而且谁都无法预料罗马城未来究竟会鹿死谁手，万一罗马城又落入了化悲愤为力量的哥特人之手呢？这时罗马民众早已将当初喜迎贝利撒留入罗马城时的欢欣雀跃全部转化成了满腔的不满与失望。

然而，东哥特人不会立即就围攻罗马城。维蒂吉斯仍不动声色地安居拉韦纳；而贝利撒留险中求胜，从本来就数量不多的将士中派出了一支小分队攻占了托斯卡纳行省。贝利撒留手下那个叫贝萨的哥特军官占据了位于纳尔尼的岩石要塞；另一个叫康斯坦丁的军官更是一路拿下了斯波莱托及佩鲁贾，惊得当地居民无人胆敢反抗。听说东罗马军队已占领了位于罗马与拉韦纳之间的佩鲁贾，维蒂吉斯派出了一支由亨尼拉与皮扎两位将领率领的军队前去收复佩鲁贾。就士兵数量而言，东哥特的要远远多于康斯坦丁的。然而，双方难分胜负。最后，落荒而逃的东哥特人被东罗马军队乘胜追击、穷追猛打，只留下个别活口被放回去讲述惨败的经历。俘虏了亨尼拉与皮扎后，康斯坦丁立即将他们押送至贝利撒留面前。

佩鲁贾惨败后，维蒂吉斯意识到自己不能再坐以待毙。维蒂吉斯其实还没有按计划做好万全的准备，因为从高卢调回来的士兵还未抵达拉韦纳。即便如此，维蒂吉斯当时也已手握十五万大军，并且"几乎每个士兵都配备钢质的护胸甲"。维蒂吉斯率领着浩浩荡荡的队伍，沿着弗拉米尼安路前去包围由贝利撒留带领的少量守卫部队把守的罗马城。

维蒂吉斯一路上并没有试图收复沿线失守的城镇，而是马不停蹄地赶路，直奔罗马城而去。东哥特大军一路上时不时会遇到从罗马城里被赶出来的民众。民众说罗马城规定"不养吃闲饭的"，因此，不得已只得北上返回北方的家园。听民众讨论东罗马军队已然令罗马城不堪重负，维蒂吉斯心中不禁为自己当初所做的愚蠢决定懊悔不已，不知当初自己怎么就鬼使神差地放弃了罗马城！不过维蒂吉斯相信，只要能将贝利撒留围困在罗马城内，那么胜利便指日可待。维蒂吉斯生怕等自己赶到罗马城的时候，煮熟的鸭子飞走了。"贝利撒留还在罗马城内吗？"维蒂吉斯在路上看到一个一两天前才从罗马城出来的牧师后急不可耐地询问。"千万别担心，"牧师大笑着回答道，"贝利撒留是不太可能会逃走的。"牧师当时真实的想法可能是：维蒂吉斯更应该担心贝利撒留会长久占据罗马，而不是天真地担心贝利撒留会逃走。

东哥特军队一路挺进，路上没有遇到任何阻碍，径直来到米尔维亚大桥。米尔维亚大桥横跨台伯河，罗马城在距离米尔维亚大桥以北两英里处。东哥特大军万万没想到会在米尔维亚大桥遭遇拦截——贝利撒留早已在米尔维亚大桥入口处修建了一座城楼，同时派精兵把守。如此一来，无论谁想要占领米尔维亚大桥必然都要经过一番鏖战。贝利撒留的初衷并非是阻止东哥特大军渡河，而是想在君士坦丁堡派出的援军到来之前尽可能拖延时间。无论东哥特大军最终选择攻打城楼、乘船渡河，抑或是另辟蹊径放弃米尔维亚大桥转而寻觅

米尔维亚大桥

第22章 准备不周的维蒂吉斯及罗马围城战 | 279

另一座可渡河的大桥，无疑都能让贝利撒留争取几天的时间。为了让东哥特人的渡河难上加难，贝利撒留决定安营在台伯河沿岸最靠近罗马城的地方。

一看到米尔维亚大桥有重兵把守，维蒂吉斯瞬间六神无主，不知如何是好。东哥特军队中的大部分军官都认为攻打城楼是最好的选择，但最终还是决定在第二天黎明前均不采取任何行动。

不料当天夜里，看到黑压压的东哥特大军后，驻守城楼的东罗马士兵惊恐不已，随后溜之大吉。当然，逃兵不敢朝罗马方向逃亡，而是一股脑奔向了坎帕尼亚。守城楼的士兵中有二十二个东哥特士兵当场倒戈，其余士兵均纷纷逃往各自的家乡，并向家乡的父老乡亲讲述了亲眼所见的一切。因此，第二天一大早，东哥特大军不费吹灰之力便捣毁了城楼，如履平地般顺利渡过了米尔维亚大桥。

就在东哥特大军成功渡河的同时，贝利撒留仍然以为东哥特军队还滞留在河对岸，自己完全可以高枕无忧，便率领一千名骑兵外出寻觅合适的营地。突然一阵震耳欲聋的喊叫声传来，贝利撒留的侍卫们发现前方出现了刚刚通过米尔维亚大桥的东哥特骑兵先遣部队。贝利撒留虽勇猛有余却沉着不足，完全忘记了自己的安危多么事关全局，一马当先冲到阵前，如一个普通士兵一般奋不顾身地杀敌。贝利撒留当时骑的是自己最爱的战马——一匹深棕色且额头上有一颗白星的骏马。先前从米尔维亚大桥城楼中逃跑的东哥特士兵认出了贝利撒留，"盯住额头有白星的马"，这一消息迅速在东哥特军中蔓延。东哥特士兵虽然并不知道其中深意，但都按照消息指令行动，纷纷举着长矛刀剑杀向东罗马军队的统帅贝利撒留。贝利撒留的近身护卫们围成了一个圈，将贝利撒留保护在圈内，并在贝利撒留四周围起了盾牌墙。昏天暗地般的恶战过后，东哥特先遣部队返回营地，阵亡一千将士。

然而，新过河的东哥特骑兵很快发起冲锋，已然遭受重创的东罗马军队不敢恋战，逃离了战场。正当东罗马军队在一个山头上意欲停留片刻喘口气时，东哥特军队又追了上来。双方又一次陷入激战。贝利撒留的继子手下有一个叫

贝利撒留遭到东哥特军队围攻

瓦朗蒂讷的人。瓦朗蒂讷作战的架势好比一头狮子。仅凭瓦朗蒂讷一人之力，一度削弱了东哥特大军的士气。然而，面对东哥特大军潮水般的攻势，一切抵抗都无济于事。东哥特大军一鼓作气将东罗马军队直逼至罗马城墙附近。其中一些逃得比较快的东罗马士兵连滚带爬地逃进了罗马城内，并称贝利撒留已然阵亡，且东哥特大军正在大举杀向罗马城的路上。罗马民众紧急关闭了城门，因此，当贝利撒留率众抵达罗马城外时发现竟然被关在了城外。贝利撒留自然是奋力疾呼、大声咒骂，但城楼上的守城士兵并没有听出贝利撒留的声音，而且因为当时光线昏暗，再加上贝利撒留的脸上布满了血迹和灰尘，与普通的士兵毫无两样。贝利撒留眼看着东哥特军队即将越过护城河将滞留在城外的自己和手下的士兵们斩杀得片甲不留，说时迟那时快，他突然想到一个极其大胆的计策，得以令自己和当时所有随行的手下都幸免于难。在夜色掩护下，贝利撒留命令手下为数不多的士兵组成作战队形，并向东哥特军队发起了一次突然袭击。东哥特人误以为是罗马城内的东罗马驻军发起了突围，瞬间惊慌失措，如鸟兽般散去。城楼上的哨兵通报称东哥特军队确已逃走，贝利撒留得以带领着人数不多但骁勇过人的小部队回到罗马城内。贝利撒留当时进城的城门被叫作贝利撒留门，并在很长的历史时期内都闻名天下。

有一位历史学家在记录了贝利撒留此战四两拨千斤的战绩的同时，还记录了当天东哥特军队中一位能与贝利撒留相媲美的勇士。此人叫万德里哈里，姓氏确切来说是威斯顿，也称比斯恩。在与东罗马军队的交战中，万德里哈里全身上下共中了十三处剑伤，与他并肩作战的哥特士兵们认为他已经死了，便将他留在了战场上。然而，当战后第三天东哥特士兵回到战场上准备埋葬死去的战友时，发现万德里哈里虽然已经不能开口说话，却还有呼吸。众人迅速给万德里哈里灌水。进水后的万德里哈里清醒了几分，众人将万德里哈里抬入大营。万德里哈里活了很长时间，而且凭借在战争中展示出过人的勇敢与坚毅，自然而然地受到了东哥特民众的崇拜，一生享尽荣誉。

漫长的一天终于快要过去。虽然焦头烂额的这一天早已令贝利撒留疲惫不堪，但贝利撒留知道还有很多事情亟待自己去做，事态还不允许自己拥有片刻的休息时间。贝利撒留的当务之急就是要解决罗马城墙的守卫问题。罗马城墙长十三英里，呈环状。贝利撒留手下的士兵本来就不多，显然无法再腾出人手去守卫城墙。贝利撒留命令手下的军官去罗马城内各个区域召集所有身强力壮的男子，然后将所有合适的人选分入不同的小组。这些小组中的一些人立即上岗，到达罗马城墙上的指定位置执勤；其余人员等待换岗，所有哨位都要做到日夜有人执勤。每逢无月之夜，城墙上规整的缺口处必须有大型烽火不间断燃烧。东哥特人密切注视着罗马城墙上的一举一动。当他们趁着烽火发出的光亮突然发现城墙上有身着便装的民众掺杂在东罗马士兵中的时候，立即派出一位叫瓦基斯的首领前去训斥背叛了东哥特人的罗马民众。"你们究竟是中了什么邪啊，罗马人！"瓦基斯喊道，"你们竟然背叛了不畏生死保护你们的哥特人，投入一小撮奸诈阴险的希腊人①的怀抱。希腊人根本无力保护你们。希腊人带给意大利的除了戏子和盗贼还有什么？"民众鸦雀无声，瓦基斯返回大营。

与此同时，贝利撒留正忙着指派手下几员大将分别前去守卫罗马城的各个城门。不料任命还未结束，贝利撒留便收到了负责守卫普兰斯廷门的哥特人军官贝萨传来的消息，称东哥特军队已经攻陷了以爱尔兰传说中的守护者圣潘克拉斯命名的罗马城门，同时还占据了罗马城内台伯河以西的区域。听闻消息后，众人言辞恳切地劝说贝利撒留立刻从其他罗马城门逃走。然而，贝利撒留认为贝萨的消息不过是无稽之谈，随即派出骑兵渡过台伯河去一探究竟。探马回禀称一切看似风平浪静。贝利撒留向负责守卫罗马各个城门的所有军官下达了死命令，称无论罗马城内出现什么动静，所有人必须坚守自己的岗位。"每个人只需恪守自己的职责，"贝利撒留说道，"其他所有事都交给我。"

一大早贝利撒留就开始一刻不停地指挥部署，甚至连一口饭都没有吃。一天中屡次经历大起大落，贝利撒留似乎已经忘记了饥饿和疲惫。一直到后半

---

① 作为地中海文明的发源地，希腊文化也深刻影响了东罗马帝国，甚至可以认为东罗马帝国是个"希腊化"国家。因此西方中世纪也常用"希腊人"指代东罗马帝国人（拜占庭人）。——译者注

夜，贝利撒留才在妻子与友人的劝说下从忙碌的工作中抽出片刻休息时间，草草吃了几口饭。

第二天的黎明预示着罗马城即将迎来有史以来历时最长的围攻。围攻从537年3月月初开始，一直持续了一年零九天。贝利撒留在这场旷日持久的围城战伊始便笃定了信念，从未有过片刻的迟疑与恐惧。贝利撒留早已预测到战局的走向：东哥特军队虽然人数庞大，但指挥官领导无方；同时东哥特大军并不熟悉围城战术，最终他们自然会因为饥荒引起士兵的大规模出逃而数量骤减，不战自败于罗马城墙外。而且贝利撒留还坚信，要不了多久东哥特王国就会彻底覆灭，意大利终将会处于东罗马帝国的统治之下。罗马民众想不通为何在面对看似如此凶多吉少的局面时贝利撒留依然能够保持自信，纷纷嘲笑贝利撒留像个疯子，是一个疯癫而自负的希腊人。其实就连贝利撒留手下的士兵们也都有所怀疑，不过这时没有任何事物能够动摇士兵们对于久经沙场的指挥官贝利撒留的信任。

第23章

# 长达一年的罗马围城战

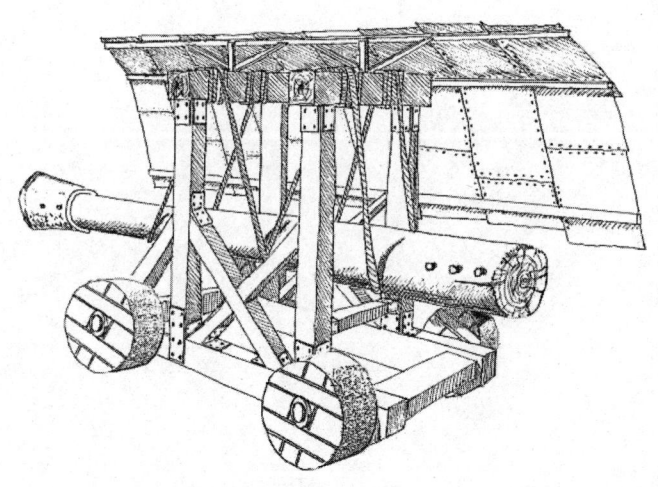

**精彩看点**

哥特人精心备战——无所畏惧的贝利撒留——哥特人粗笨的军事策略——进攻惨败——强化戍军部队——罗马军队发动突击——严密的封锁——停战三个月——维蒂吉斯背信弃义——罗马围城战结束

东哥特大军耗时一年围攻罗马城的故事连续不断地展现了贝利撒留惊人的耐心、决心及防患于未然的细心；而对东哥特人而言，故事却反映了他们令人扼腕叹息的无能。维蒂吉斯的第一步本打算用栅栏式扎营的方式围困罗马城。不过维蒂吉斯规划的大营规模太大，即便是人数庞大的东哥特大军也只能勉强组成七个大营。七个大营堵住了罗马城十四个城门中的八个城门，其余六个位于罗马城南部的城门则无人防守。七个大营中每个大营里的东哥特士兵的数量都接近整个罗马城守军数量的三倍，但每个大营中仍然一派风声鹤唳的景象。所有人都严阵以待，似乎他们要面对的是千军万马。维蒂吉斯的作战信条是小心为妙。

东哥特大军第二步的行动是效仿当年贝利撒留围困那不勒斯城的做法：破坏了为罗马城提供水源的沟渠。贝利撒留绝不允许当年自己在那不勒斯城用过的计策被东哥特人照搬，因此早已做好准备，确保所有进入罗马城的地下水源通道全部砌有坚实的内壁。东哥特人切断沟渠供水后，罗马民众再也无法感受公共洗浴带来的快乐，因为洗浴是罗马民众生活中一个极大的奢侈享受，沟渠水源被切断后他们自然是怨声载道。不过还有地下水源通道保障了水源流入罗马城内，而且城内各家各户都有水井，因此，东哥特人想通过截断水源迫使贝利撒留举手投降似乎已不大可能。

无独有偶，有一条沟渠是专门为了给罗马城内的磨粉机提供动力水源而准备的，东哥特人捣毁沟渠等于直接让罗马城每日给士兵及民众供应的面粉断供。贝利撒留很快便想出了对策，令人将两艘大船泊于位于罗马北城墙附近的艾利安桥下，并在两艘船之间架设了水车。如此一来，流经桥拱之下的水流便会在力的作用下转动水车，继而带动安置在船上的磨粉机。东哥特人从一些罗马逃兵处听说了贝利撒留创造的磨粉系统，随即将许多粗壮的树干与罗马人的尸体一道扔进河里顺流而下，从而影响了磨粉系统的运作。然而，贝利撒留用过人的智慧再一次化险为夷。他令人将长铁链安装在艾利安桥两侧，从而拦截所有从上游漂流下来的东西，并安排人手定时清理。贝利撒留此计可谓一石二鸟，因为铁链除了能拦截杂物，还能防止敌人乘船而下进行偷袭。

几日过后，维蒂吉斯觉得拿下罗马城并非自己想象的那么易如反掌，他决定用荣华富贵利诱贝利撒留投降。维蒂吉斯派出一个叫阿尔贝斯的东哥特首领带着其他几个东哥特贵族一道进入罗马城内与贝利撒留谈判。阿尔贝斯一看贝利撒留身边簇拥着许多谋士及主要的元老院议员，便开始以自居正统的口气高谈阔论，责令贝利撒留抬头看看城墙外浩浩荡荡的东哥特大军，再好好考虑试图抵抗东哥特大军是否只是徒逞匹夫之勇做的无谓挣扎。

贝利撒留冷冷地回应说自己心里很清楚究竟是不是在做无谓的抵抗，不劳东哥特人费心，同时称自己压根不会考虑东哥特人提出的劝降建议。贝利撒留还表态称自己会一直坚持抵抗东哥特人，而且坚信有朝一日东哥特人肯定会成为那种即便是苟全于荆棘丛中，都恨不得俯首隐藏、羞于见人的战败之师。罗马城本就属于东罗马帝国皇帝查士丁尼一世，既然自己已经将曾经入侵并占据罗马城的东哥特人赶出了罗马城，那么只要自己活一天，东哥特人就休想再次进入罗马城。

听完贝利撒留大义凛然的一席话后，阿尔贝斯一行转而满怀期待地等待元老院议员们的回应。阿尔贝斯一行之前就已经听逃兵们说过那些有头有脸的罗马人私下里是多么猛烈地抨击贝利撒留雷厉风行的作风和冷面狠辣的手

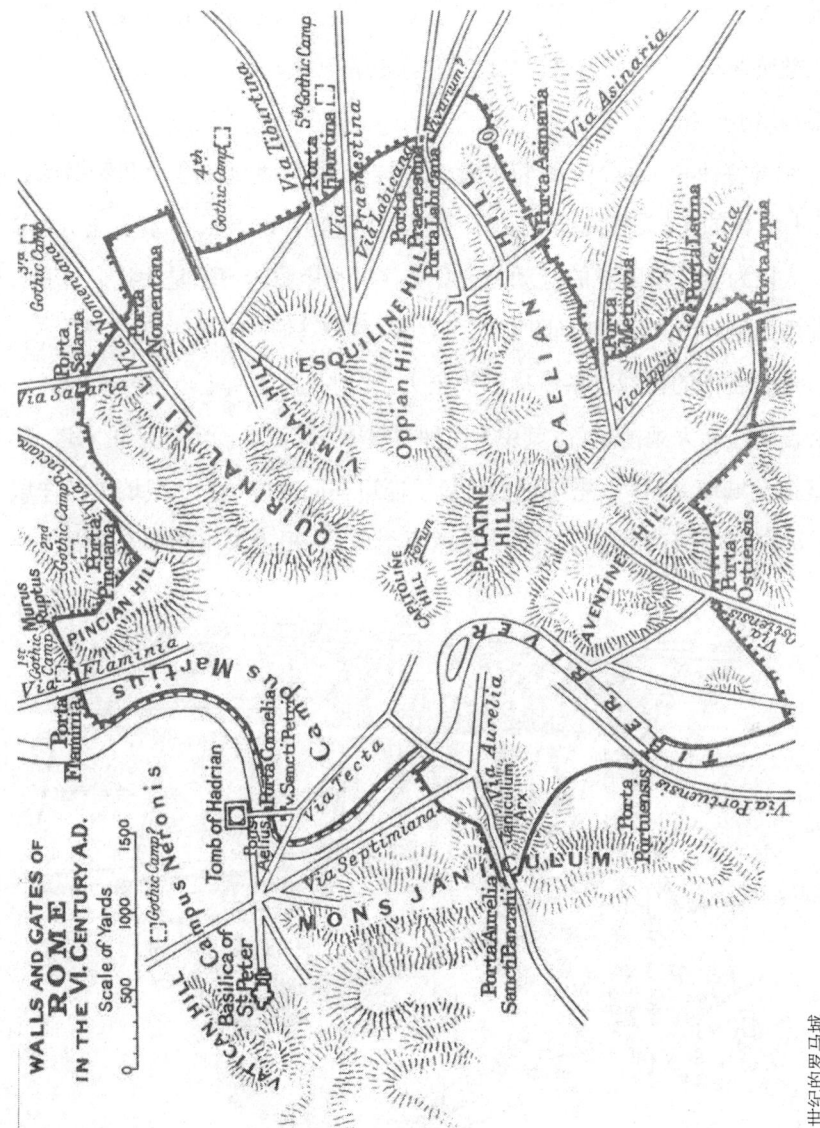

6 世纪的罗马城

腕，因此，他们天真地以为阿尔贝斯的一席话必能起到推波助澜的效果，激发罗马人的众怒，从而迫使贝利撒留投降。然而，现实是所有的元老院议员都僵硬地坐在原地，面色苍白且浑身颤抖。除了一个叫菲德利乌斯的议员，没有一人胆敢吭声。菲德利乌斯是贝利撒留任命的首席执政官，一开口就把东哥特人狠狠辱骂了一番。

东哥特使者一回到东哥特大营，维蒂吉斯便急切地询问："贝利撒留到底是个什么样的人？有投降的可能吗？"使者在回复中反复强调，事实证明之前东哥特人以为能凭借随意的行动与言辞唬住贝利撒留的想法是大错特错的。听闻此番回复后，维蒂吉斯当即加快了武力收复罗马城的准备进度。

维蒂吉斯的作战准备堪称规模宏大。当时凡是能用于攻打要塞的武器，维蒂吉斯通通大规模配备。其中有一种与罗马城墙高度一致的带轮木塔，用牛将其拖至城墙处后，木塔顶端的弓箭手便可在同高度与罗马城墙上的守城部队一决高下。还有破城槌，由巨大的木梁组成，每根木梁尾端都安装着铁块，

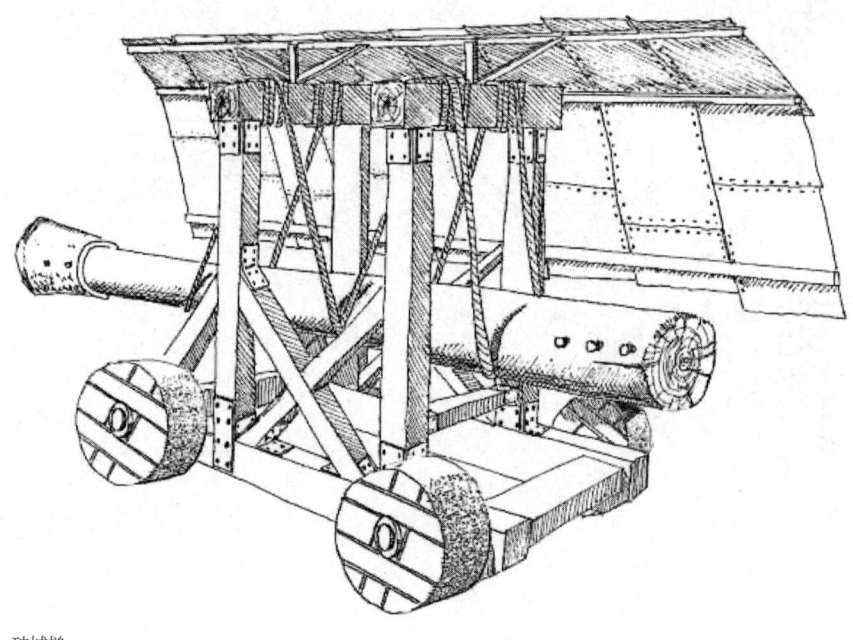

破城槌

带轮木塔

所有木梁经链条连接，整个结构悬挂在木质框架上。破城槌依靠四轮前进，内部由五十人操作。整个破城槌都包有外皮以保护藏匿于内部的人。在工作时，众人合力将沉重的"槌"向后拉，之后放手让"槌"依靠惯性直冲罗马城墙而去。另外，维蒂吉斯还准备了云梯，一旦木塔上的东哥特士兵成功击溃了城墙上某处的罗马驻军，便可直接利用云梯登上罗马城墙。除了云梯，还有柴捆，也就是扎成捆的芦苇和树枝，用来填补各种攻城机关前进路上的沟壑。

圣安杰洛城堡

  贝利撒留自然丝毫不敢怠慢,加紧构筑工事准备迎战。贝利撒留手下的军队人数已经锐减至五千人,为此,贝利撒留花费了很多精力思考如何让人数不多的军队发挥出最大的威力。罗马帝国伟大的皇帝哈德良陵坐落于艾利安桥西端,位于罗马城墙旁,整个建筑由大理石建成。贝利撒留将哈德良陵改造成要塞[①]。由哈德良陵改造成的要塞一直保存至今,现更名为圣安杰洛城堡。贝利撒留还在罗马城墙四周安装了颇具杀伤力的罗马特有的"大炮"——能够以极其迅猛的速度和强大的打击力投掷巨石及铁块的机关。

  围城开始后的第十八天,东哥特人认定自己已做好了开战的准备。在清晨的曙光中,集结在罗马北城墙的东罗马士兵惊恐万分地看到声势浩大的对手正朝着罗马城一路杀来。东哥特人的破城槌及由牛拉着向前走的围城塔也紧

---

① 人们通常认为早在贝利撒留之前,已经有人将哈德良陵改装成了要塞。但无论如何,贝利撒留肯定是修复并且极大地加固了哈德良陵。——译者注

跟其后。城内的罗马人认定自己肯定要完蛋了。贝利撒留放声大笑，同时命令士兵按兵不动，没有听到自己的指令之前不得放箭。惊恐万分的罗马人看到贝利撒留非但没有意识到情况的严重性，反倒还自信满满，这给他们的恐惧平添了几分愤怒。"贝利撒留到底打的是什么算盘？是不是疯了？还是比疯了更可怕？"罗马民众们彼此问道。最终，当东哥特大军抵达罗马护城河边缘时，贝利撒留拿起一支箭瞄准了一个东哥特首领。虽然东哥特首领身着盔甲，但贝利撒留的箭不偏不倚地射中了他的脖子，受到致命伤的东哥特首领当即倒在地上奄奄一息。原本沉浸在不满中的罗马民众大吃一惊，爆发出一阵欢呼声。欢呼声还未完全落下，贝利撒留又一次射箭，再次将另一个东哥特首领一箭毙命，罗马民众再次欢呼雀跃。紧接着贝利撒留发出信号命令东罗马全军放箭，命令自己身边的士兵只负责瞄准牵引围城木塔的牛放箭。片刻之后所有牛都中箭死亡，原本由牛拉着的笨重器械也成了一坨无用的废铜烂铁。民众们这才终于明白当时贝利撒留会放声大笑，并且直待敌军走到足够近的地方才下令放箭的原因。

维蒂吉斯一看由北面攻城的希望已然破灭，再加上另外一支同样配备有围城塔和破城槌的东哥特军队正在赶来普兰斯廷门的路上，便下定决心全力以赴从东面的普兰斯廷门附近区域攻打罗马城。维蒂吉斯命令一支士兵数量庞大的部队继续留守北门，并命令士兵无须攻城，只需保持持续而猛烈的放箭态势佯攻，让贝利撒留无法发觉东哥特人的主攻方向已转移至别处即可。留守的士兵全力以赴地执行着维蒂吉斯的指令，但因为身居低处，自然很难与高居在城墙上的东罗马军队较量。不过，当时东哥特士兵中有一个出身贵族且颇有名望的勇士，发现附近的一棵大树可以用来充当围城塔的角色。尽管身着厚重的头盔与护胸甲，勇士依然一口气爬到了大树的顶端。占据了制高点后，勇士杀死了许多守城士兵。不幸的是，罗马城的守城机关发射出的一枚铁块炮弹最终击中了勇士。铁块径直穿透了勇士穿着盔甲的身体，并将勇士牢牢钉在了树上。目睹了惨剧的东哥特士兵吓得魂飞魄散，立即撤退到守城机关射程以外的安全地点。随后罗马北面城墙上的守城士兵再没有受到任何来自东哥特士兵的攻击。

  与此同时，贝利撒留得到消息称罗马城东面的要塞受到攻击，立即赶往事发地点，言简意赅地讲了一些振奋军心的话。贝利撒留的鼓励堪称及时雨，因为在他到来之前，当东罗马士兵看到东哥特军队的人数和装备时就已经开始丧失信心。普兰斯廷门附近有一处连接罗马城壁垒与一面外墙的区域，这里在异教徒时代①曾用于圈养为露天剧场的残忍斗兽活动而准备的野兽。东哥特士兵用机关击穿了外墙，一下拥入外墙与罗马城墙之间的区域。东哥特人之前听闻罗马城墙已经年久失修，认为破城并非难事。贝利撒留命令手下一位得力的军官猛烈攻击聚集在内外墙之间的东哥特士兵。有如神兵天降般的袭击令东哥特士兵陷入了一片混乱。数千名东哥特士兵惨遭屠杀，剩下的东哥特士兵几乎没有做任何抵抗，只是一心想要从进来的缺口处逃出去。贝利撒留紧接着命人打开城门，命令主力部队追捕逃跑的东哥特士兵。出逃的东哥特士兵一个个如同惊弓之鸟，将恐怖的气氛传染给了驻守在外墙以外的其他东哥特士兵。很快，所有东哥特士兵都惊恐万状，开始四散逃命。贝利撒留下令将所有东哥特士兵仓皇逃走留下的围城塔与破城槌付之一炬。

  当天发生的其他事情再无须详细赘述。不过值得一提的是，当时东哥特军队在攻打由哈德良陵改造而来的要塞时几乎离胜利只有一步之遥。千钧一发之际，东罗马士兵突然心生一计——拆下要塞上大大小小的雕塑，将完整或碎裂的雕塑重重砸向东哥特人的头部。直至近代，人们在环绕圣安杰洛城堡的壕沟中发现了多个有名的希腊雕塑，很可能还有更多雕塑仍然埋藏在圣安杰洛城堡附近的地下。被扔掉的雕塑保住了罗马城的要塞，东哥特士兵士气大减。同时，因为在围城战的其他据点取得胜利，很多东罗马士兵顺利脱身后赶来支援驻守圣安杰洛城堡的东罗马士兵，很快合力将东哥特军队打得落花流水。

---

① 指4世纪末以前基督教尚未被定为罗马帝国国教的时代。——译者注

千钧一发之际,东罗马士兵用雕塑砸向东哥特人的头部

东哥特军队在罗马城各个方向发起的攻击都以惨败告终。三万东哥特士兵阵亡，数万人受伤，所有的围城塔及破城槌都被东罗马士兵收缴并焚烧。直至当天深夜，各处的战事才全部落下帷幕。"罗马人整晚都在高歌胜利，颂扬贝利撒留的英名，展示各种从哥特阵亡士兵身上搜刮来的战利品；而当天夜里的哥特人则是忙着护理受伤士兵，同时为阵亡的战友哀悼。"

此番大败之后，东哥特人再没有动过凭借武力攻破罗马城防的念头。在此后的漫长围城岁月中，维蒂吉斯的目标就是迫使贝利撒留因为饥饿而投降，或是引诱贝利撒留在一次次毫无成效的突围中白白消耗原本就不强的兵力。

贝利撒留自然料到攻城失败的东哥特人会竭尽全力采取滴水不漏的封锁战术。因此，贝利撒留迅速采取措施，尽量节约使用罗马城内的所有供给。大战后的第二天，贝利撒留下令将士兵的每日口粮供应量缩减一半，减少的口粮通过增加军饷来补偿；同时将罗马城内的所有妇女、儿童及奴隶迁往那不勒斯城，其中一部分人乘船转移，其他人则沿着亚壁古道徒步前进。如果东哥特军队能够阻止浩浩荡荡的平民队伍逃离罗马城，则围城的胜算势必更大一些，有百利而无一害。然而，前日的战败令东哥特人无比灰心丧气，因此，这次他们没有采取任何行动阻止罗马平民出城。所有从罗马城里迁出的人悉数抵达那不勒斯城，其中一些人后来又转移至意大利南部的其他城镇，还有部分人迁至西西里岛避难。

东罗马帝国皇帝查士丁尼一世曾许诺加派军队增援贝利撒留，不知何故援军迟迟未到。这令贝利撒留坐卧不安。其实，援军早已于圣诞节从君士坦丁堡启航，不料路上船队遭遇了暴风雨，只得在希腊西海岸避难。直到东哥特人的罗马围城战打响时，东罗马援军仍停滞在希腊西海岸。贝利撒留想不通为何援军一直不见踪影，便提笔写信给东罗马帝国皇帝查士丁尼一世，称如果援军再不迅速赶来，罗马城必将失守。信的结尾内容如下："我深知效忠于陛下是分内之事，即便献出生命也在所不惜。只要我在世一天，定会誓死守卫罗马城。但如果我真的在孤立无援的境地下肝脑涂地，恐怕也会有损陛下您的英名吧？"

亚壁古道

看过贝利撒留的信后，东罗马帝国皇帝查士丁尼一世内心深受震撼，随即下诏命令已耽误多时的援军的两位指挥官瓦勒良及马丁立即率军全速赶往罗马。同时，东罗马帝国皇帝查士丁尼一世还组建了一支新的军队并将其派往罗马支援忠勇无比的贝利撒留。没过几天，贝利撒留向全军朗读了东罗马帝国皇帝查士丁尼一世的回信，宣称盼望已久的援军正在赶来罗马的路上。东罗马士兵备受鼓舞，士气高涨。

在遇上暴风雨后的第二十二天，瓦勒良及马丁终于率领着一千六百名援军抵达罗马城。尽管此前这段时间罗马援军迟迟未到，但东哥特人白白让剿灭贝利撒留这支孤军的绝佳战机溜走。更确切地说，东哥特人因为吃了败仗心灰意冷，压根就再没有想过派兵把守由南边通往罗马城的道路，只是成天躲在营地里无所事事。

维蒂吉斯因罗马围城战给东哥特人带来的惨重伤亡心生报复，下令将所有扣留在拉韦纳当人质的罗马元老院议员全部处死。根据战争法则，当人质的人是应该做好成为战争牺牲品的准备，但真刀真枪处死无辜人质的做法的确过于残忍，同时无比愚蠢。处死这些无辜人质唯一能起到的作用便是加剧罗马人对于先前的蛮族统治者的恨意，同时刺激罗马人誓死与东哥特人血战到底。

当一千六百名援军抵达罗马城后，贝利撒留终于有底气派出弓骑兵作为突击队袭击东哥特人。这支弓骑兵突击队的作战策略是避免一切近距离作战的可能，主要任务就是朝对手放箭。所带弓箭射完便立刻策马飞奔回城。贝利撒留的作战策略取得了巨大的成功，虽然只派出了一支人数不多的小突击队，但弓箭手们射出的根根利箭令东哥特人如惊弓之鸟。东哥特人派出的追兵行至罗马城下时，顿时被城墙上的"大炮"发射出的石块拦住去路。东罗马人的战术用过几次后，维蒂吉斯认为自己发现了东罗马战术中一个颇具价值的秘密——很明显小股骑兵比大部队在作战中更具有灵活性，并且更容易给对手造成致命打击。因此，维蒂吉斯也命令一支由五百名骑兵组成的小股部队前去占

东罗马骑兵

领罗马附近的各处要塞。不料，贝利撒留早已挑选好一千名精锐士兵从距离不远处的一处城门杀出。一千罗马精兵借助地势的掩护，仿佛神兵天降，一下子从后方包抄了东哥特骑兵。最终，这支小股骑兵只有为数不多的东哥特人得以幸存下来返回大营。维蒂吉斯勃然大怒，咆哮着怒斥先前派出的骑兵都是懦弱鼠辈，并称自己很快就能指派新的士兵前去打个漂亮的翻身仗。三天后，维蒂吉斯从东哥特军队的七个大营中再次选出了五百名以英勇著称的士兵，命令第二批勇士前去一雪前耻。出征前，维蒂吉斯亲临阵前，训导五百名士兵切莫在此战中辱没了之前出生入死才赢得的英雄名号。这五百名东哥特士兵后来进行了可歌可泣的鏖战，无奈对手的人数是自己的三倍，最终几乎全军覆没。

贝利撒留尝到甜头后，打算一直采取诱敌深入再一网打尽的战略。如果能在重创对手的同时自己几乎没有任何损伤，何乐而不为？贝利撒留命令全军加紧训练在马背上开弓射箭的技能，而这个技能是东哥特人怎么都学不会的。因此，当东罗马的弓骑兵射出阵阵夺命箭时，东哥特人简直毫无还手之力。然而，可惜的是，东罗马军队轻而易举取得的胜利使他们滋生了极其不明智的轻敌念头，东罗马士兵开始向贝利撒留请命举兵攻打东哥特大营。贝利撒留本人非常抵触与东哥特人正面开战，但他的退缩引发了东罗马军队的极大不满。同时，罗马城的民众一直以来都抨击贝利撒留缺乏勇气，因为贝利撒留不敢与士兵数量超过己方十倍的东哥特军队展开正面激战。民众的埋怨为东罗马士兵的不满情绪火上浇油。最终，贝利撒留思来想去，决定顺从民意，否则万一因为自己的退缩而诱发兵变就得不偿失了。况且趁着现在己方军民士气高涨，而东哥特军队的军心因为持续的失利正处于低迷时期，即便东哥特军队人数庞大，东罗马方如果乘胜追击，也许真的有可能打一场胜仗。

贝利撒留带着自己人数不多的小军队出征时，内心其实充满了焦虑和不安。在接到东罗马逃兵的通风报信后，维蒂吉斯随即命令军队，除了抱病在身和受伤的士兵留守大营，其他人全部上阵。根据罗马历史学家的记录，维蒂吉斯给军队的训话可谓大义凛然。"众将士都应该心知肚明，"维蒂吉斯说道，"一直以来，我都将诸位当成朋友和战友，而非下属。可能诸位中会有人觉得我只是怕失去王位而佯装抬举诸位，认为我此刻召集众将士前来鼓舞军心也只是为了一己私欲。诸位有如此想法也是人之常情，我并不怪罪。但说句实话，如果此刻能有哪位哥特同胞愿意接替我的王位，我心甘情愿今天就脱下这身紫袍。只要我的子民能安居乐业，无论何种灾祸会降临在我身上，我做什么都在所不惜。但我时刻都铭记着汪达尔人当年的命运①，我仿佛能看见哥特人落得与汪达尔人一样的下场——有朝一日哥特同胞和子女们沦为奴隶，众将士

---

① 指阿兰-汪达尔王国被贝利撒留的大军灭国。——译者注

的妻子惨遭罗马男人的凌辱,而且只得眼睁睁看着对手随心所欲地带走东哥特王国的王后——狄奥多里克大帝之女阿玛拉逊莎的女儿玛瑟逊莎。想到这一切,难道诸位将士还未下定宁愿光荣地战死沙场也不愿屈辱地苟延残喘的决心吗?如果诸位能铭记着这样的信念,那么击败罗马人那可怜的小撮残兵将易如反掌。东哥特大军的勇气与数量都远在罗马人之上,必须要罗马人为自己曾经对东哥特人所做的一切卑鄙行径和羞辱言行血债血偿。"

  战争的结局印证了贝利撒留的担忧。一番苦战过后,东罗马士兵落荒而逃,东哥特大军穷追猛打,直逼罗马城墙下。少数东罗马士兵连滚带爬逃进了罗马城,随即迅速关闭了城门,徒留身后的战友蜷缩在护城河与城墙之间的区域。东罗马士兵的长矛都已断裂,而且因为彼此挤得过紧,甚至都无法拉弓射箭。如果当时东哥特人跨过护城河,便能不费吹灰之力屠杀这些东罗马士兵。然而,当时东罗马士兵和民众开始聚集在罗马城墙上,这让东哥特士兵不敢继续乘胜追击。随后,东哥特大军高呼胜利,狂喜着返回大营。

  东罗马士兵得到了惨痛的教训,再也没有胆量质疑贝利撒留的决定。贝利撒留继续按照先前的策略,利用弓骑兵进行突击战,结果也还是同之前一样,几乎屡战屡胜。这样的围城战又持续了三个月。当时有一位历史学家叫普罗科匹厄斯,与贝利撒留同时期居住于罗马,为后世记载了很多发生在当时的事。此处有必要提及其中的一场冲突。某个夜晚,东罗马军队在与东哥特军队的一场小规模战斗中损失惨重。其间,一个东罗马士兵在逃跑的过程中不慎踩到一个洞口,然后掉进一个地窖,而地窖里没有任何逃生出口。东罗马士兵不敢大声呼救,以防东哥特士兵发现自己,便独自一人在地下室中待了整整一夜。第二天,一个东哥特士兵也不幸掉进了同一个地窖。于是,这个东哥特士兵与东罗马士兵发现彼此同病相怜,就成了好朋友。这两个士兵约定不论谁先出去,必须要帮助另一人也摆脱困境。两人都开始用尽浑身力气大声呼救,最后终于有一队东哥特士兵听见了呼救声。他们派出一个士兵弯腰探在洞口问道:"下面是谁?""你的战友,"地窖中的东哥特士兵用哥特语答复道,"我今早掉进地窖里了，现在出不去。"随后，东哥特士兵将一根绳子扔到地窖。然而，顺着绳子爬上来的居然不是东哥特人，而是个罗马人。东哥特士兵惊讶得目瞪口呆。"地窖里共有两个人，"东罗马士兵解释道，"你们的战友还在下面。我们都知道如果哥特士兵先上来，那你们肯定不会再考虑兴师动众地救我一个罗马人了。"绳子再次放下去，东哥特士兵顺着绳子爬了上来，东哥特士兵提及自己已经承诺给东罗马士兵自由，东哥特士兵践行了战友的承诺同意放人。于是，这个东罗马士兵得以有惊无险、毫发无伤地返回罗马城。

　　仲夏时节，一个叫尤塔利亚斯的人抵达了泰拉奇纳——一个沿着亚壁古道距离罗马城六十二英里的城市。他身上带着将要发给罗马城内将士们的军饷。最终军饷被安全送达罗马城。不过，在当时，粮食可比金子更受欢迎，因为被困罗马城内的士兵和民众开始逐渐感受到饥饿的痛苦。

　　维蒂吉斯或许是听说了有人带着一大笔钱抵达了罗马城，随即忽然想到应该派人封锁进入罗马城的南部通道。说来也奇怪，维蒂吉斯竟然没有提早封锁南部通道，或许是因为维蒂吉斯一直寄希望于武力攻占罗马城吧。维蒂吉斯占领了距离罗马城四英里的一个据点。这个据点附近不到几百码的范围内，两排沟渠两次交错汇合，还可以远望亚壁古道与拉丁古道。维蒂吉斯将沟渠的拱门改装成要塞，并在这里部署七千名士兵把守。

　　如此一来，任何补给都再无可能运进罗马城。东罗马士兵还囤有一些谷物，但其他补给都已用完。罗马民众被迫食用城内的草坪和杂草充饥。饥荒与发烧每天都在夺去罗马城内士兵和民众的生命。

　　七月结束之前，罗马城士兵与民众都靠着一个迷信的说法维持着勇气。因为在七月之前的几个月中，罗马人引用了一句女先知西比尔[①]的预言不断鼓励自己。据说预言的内容是："当七月来临的时候，新国王会登基，罗马再也不用害怕哥特人的刀剑。"罗马人虽然信奉基督教，但仍然笃信西比尔，只要宣称是西

---

[①] 西比尔是古希腊人心目中的女性圣人群体。传说最早的西比尔是在圣地依靠神灵的启示进行预言，而且西比尔依靠的神灵都是来自地狱的神灵。——译者注

比尔的预言，罗马人就会深信不疑。然而，七月来了又走了，东罗马帝国的皇帝仍然是查士丁尼一世，而且黑压压的东哥特大军仍然团团包围着罗马城。

罗马民众最后的希望破灭了。绝望的罗马民众前去向贝利撒留讨要武器。"让我们为自己而战，"罗马民众说，"要么活个明白，要么死个痛快。"贝利撒留嘲笑了一番民众的请求，并声称没有经过战争训练的平民到了战场上就是白白送死。"不过，"贝利撒留补充道，"不出几天，罗马城将会迎来整个东罗马帝国有史以来集结数量最庞大的军队。大军已抵达意大利南部，携带着充足的各类补给。我向你们承诺，大军投掷的飞镖将会令对手大营没有丝毫喘气之机。"

贝利撒留夸下了海口，但援军并未如约到来。当时的确有传言称东罗马帝国派出的援军正在前来罗马城的路上，但贝利撒留对于援军的具体动向一无所知。然而，贝利撒留仍然派出普罗科匹厄斯前去那不勒斯城打探情况，看看传言究竟是真是假。如果没有传说中的大军，普罗科匹厄斯则需尽全力召集所有能作战的士兵，同时通过海路向罗马输送粮食，以缓解罗马城的粮食危机。

普罗科匹厄斯安全抵达了那不勒斯城。然而，那不勒斯城压根就没有贝利撒留期待中的援军。不过，普罗科匹厄斯还是成功召集到了五百名士兵，同时部署大量船装满了补给品。就在普罗科匹厄斯的一切准备工作即将全部完成之际，东罗马帝国皇帝查士丁尼一世承诺的从君士坦丁堡出发的援军抵达了那不勒斯城。不过援军并非像贝利撒留吹嘘的"千军万马"，而是仅有大约五千士兵的小部队。深秋时节，五千援军抵达了位于台伯河河口的奥斯蒂亚。其中一半人是沿着亚壁古道而来，另一半人则乘坐普罗科匹厄斯安排的运粮船而来，负责保护运粮船。

与此同时，因为维蒂吉斯军队调度管理极度不善，导致东哥特大军也饱受缺粮之苦。如同东罗马士兵遭受的状况一样，饥荒与发热快速削减着东哥特士兵的数量。个个无精打采的东哥特士兵被东罗马军队趁机发起了多次攻击，甚至原本运往东哥特大营的谷物和牲畜也被东罗马军队屡次拦截。

因此，当东哥特人听说有"千军万马"正在赶来解救罗马城的路上，瞬间就丧失了所有获胜的希望，只想尽快与东罗马军队和解。前文中读者已经很熟悉的卡西奥多罗斯在两名东哥特贵族的陪同下，受命前往罗马城劝诱贝利撒留签署和平条约。

东哥特使者奉命面见贝利撒留。卡西奥多罗斯开口便谈及战争持续到目前并无任何有重要意义的战果，只是为双方都平添了几分不幸。如果双方都能做出一些让步，达成某些协议便可终止无谓的战事，双方都能从中获益。卡西奥多罗斯提议双方的谈判可通过非正式的谈话形式进行，而非正统的演说形式，以便任何一方提出的任何问题都可以在第一时间得以解决。"没有问题，"贝利撒留说道，"只要贵方言之有据，我方就没有异议。"但卡西奥多罗斯仍情不自禁地发表了一番长篇大论，声称东罗马帝国皇帝查士丁尼一世于情于理都不该攻打东哥特人。当年狄奥多里克大帝并非是通过武力从东罗马帝国手里强夺意大利，而是因为狄奥多里克大帝推翻了暴君奥多亚塞，因此，东罗马帝国皇帝芝诺心甘情愿地将意大利的统治权交给了狄奥多里克大帝。狄奥多里克大帝当时可谓受命于危难之际，并出色地完成了使命。狄奥多里克大帝及后来的历任继承者们都是按照罗马法律治理意大利，从未亏待过意大利的罗马人，并处处为罗马人着想。因此，东罗马帝国现在攻击东哥特人，简直是兔死狗烹的行径，应该立刻停止。东罗马帝国的军队应该带着缴获的战利品离开意大利，让东哥特人继续风平浪静地管理自己合法的领土。

卡西奥多罗斯所讲的一切似乎都言之有理，但好像丝毫未能打动贝利撒留。听完卡西奥多罗斯的一席话后，贝利撒留回复说，当年东罗马帝国是派狄奥多里克大帝前去攻占隶属于东罗马帝国的意大利，不料狄奥多里克大帝竟然没有忠于旧主，并擅自篡夺王位。"我认为，"贝利撒留补充道，"直接抢劫和间接侵吞几乎没有任何区别。意大利本来就属于东罗马帝国，属于东罗马帝国皇帝查士丁尼一世，谁想说服我将意大利拱手让人，简直是痴人说梦。如果你还有其他什么要求，就继续说吧。"

"其实你心知肚明，"卡西奥多罗斯答道，"我说的全是事实。但为了表示我方真诚希望能够以对双方而言都体面的方式做出让步的诚意，我们同意东罗马帝国继续保持对西西里岛的所有权。"之后，卡西奥多罗斯继续用自己的三寸不烂之舌游说贝利撒留——用数字证明西西里岛的规模，每年的收益，同时还从军事角度进一步论证西西里岛的重要性。

"我们非常感激，"贝利撒留说道，"既然哥特人如此慷慨，作为回报，我们愿意授予哥特人整个不列颠岛的拥有权[①]。不列颠岛的面积比西西里岛还要大，而且不列颠岛原本属于罗马人，就如同西西里岛原本属于哥特人一样。"

卡西奥多罗斯继续提议希望东罗马帝国放弃那不勒斯城和整个意大利南部区域，并同意作为补偿，东哥特王国每年向东罗马帝国皇帝查士丁尼一世交纳供奉金。然而，贝利撒留的回复只有不变的一句话：自己无权放弃隶属于东罗马帝国的任何国土。

"好吧，"卡西奥多罗斯说道，"那你是否同意双方停战一段时间，我们希望借停战期派出大使前往君士坦丁堡与东罗马帝国皇帝查士丁尼一世本人谈判，可以吗？"

贝利撒留接受了卡西奥多罗斯的建议，东哥特使者随即返回东哥特大营。

双方花费了好多天来商议停战条件，并讨论彼此质押的人质事宜。与此同时，从奥斯蒂亚出发的东罗马援军及运粮船平安抵达罗马城。东哥特人不敢提出任何异议，害怕轻举妄动会让贝利撒留中止协议。

虽然历经波折，在圣诞节期间，双方最后签署停战三个月的协议。在此期间，双方交换了人质。东哥特使者随即出发前往君士坦丁堡，同行保驾的还有一个罗马人。随后，贝利撒留派出两千名士兵前往位于罗马城以东七十英里的阿尔巴富钦斯，带兵首领叫约翰。约翰其人后文中我们还会不断提及。根据贝利撒留的指示，只要双方处于正常休战期，约翰就按兵不动，但只要东哥特人

---

[①] 不列颠早在西罗马帝国灭亡前就不在罗马人的控制之下了，由罗马帝国分裂出的东罗马帝国也从未拥有过不列颠岛。——译者注

胆敢生事，约翰的使命便是肆意践踏东哥特领土，带走东哥特妇女、儿童充当奴隶，并极尽可能地搜刮各类战利品。

贝利撒留等待的开战借口很快就出现了。维蒂吉斯竟然愚蠢到亲自破坏自己曾无比迫切且煞费苦心才得来的停战期。这简直令人不可思议。根据历史学家的记载，维蒂吉斯在停战期内曾三次企图突袭罗马城。一个月黑风高的夜晚，罗马城宾西亚门哨楼内站岗的士兵汇报说自己看到距离罗马城墙不远处接近地面的地方闪过了一道光。其余士兵都认为这位站岗士兵看到的其实可能是黑夜里穿行的某只狼发着阴森森光的眼睛。但第二天贝利撒留听说此事后，当即料定东哥特人是在模仿贝利撒留当年在攻打那不勒斯城时采取的战术——试图通过沟渠侵入罗马城。东罗马哨兵看到的光束其实是东哥特人举着明亮的火把通过隧道裂缝的瞬间透出的光。贝利撒留派人仔细检查沟渠，发现沟渠中的确有火把残留物及一些东哥特人的照明灯。因为贝利撒留早已封锁了沟渠通道，东哥特人派出的入城先遣队在沟渠中走着走着发现面前竖起了一道拦截墙，无法继续深入，只得带回拦截墙上的一块石头回去向维蒂吉斯证明自己经历的真实性。贝利撒留派出士兵专职负责守卫沟渠。东哥特人此后便打消了利用沟渠进入罗马城的念头。

还有一次，东哥特人准备了云梯及火把试图趁着东罗马士兵吃午餐的间隙突袭罗马城。然而，东罗马士兵发现了东哥特人的图谋，并立即采取行动打跑了东哥特人，给东哥特士兵造成了伤亡。维蒂吉斯采取的第三次行动是通过贿赂居住在台伯河岸边且靠近罗马城墙的两个罗马人，让这两个罗马人用下过药的酒招待放哨士兵。一旦哨兵吃过药后昏睡过去，东哥特人便可以利用船和梯子径直进入罗马城。不料，东哥特人贿赂的两个罗马人中的一人中途变卦，将东哥特人的阴谋原原本本地报告给贝利撒留，顺便还指认了自己的另一个同伙。同伙对罪行供认不讳。东罗马军队砍掉了同伙的鼻子和耳朵，并将该名同伙绑在一头驴上送往东哥特大营。

面对东哥特人三次图谋不轨的行为后，贝利撒留自然而然地认为双方的所谓停战协议无非是一纸空谈,无须再恪守。贝利撒留当即致信约翰,命令约翰见信后立即采取行动,好好教训东哥特人。接到命令的约翰简直喜出望外。约翰其人堪称勇士中的佼佼者,残酷无情而又无所畏惧。当时,人们都称呼约翰为"血腥约翰"。放眼望去,看着焚烧中的农田及俘虏的一排排泪流满面的妇女、儿童,约翰的内心充斥着兽性的快感。约翰率领着自己的两千名骑兵一路向北挺进,一路掠夺了属于东哥特人的一切财物。不过,约翰对于原属于意大利当地人的财产是尊重至极,丝毫未侵犯。维蒂吉斯的叔父威利修斯率领着一支部队前来迎战约翰,结果威利修斯战死,大部分东哥特士兵惨遭屠杀。此战大捷后,约翰继续率军前往毗邻亚得里亚海的阿里米努姆,一路上没有遇到任何抵抗,如入无人之境。约翰途经每个地方都会受到当地罗马人的热情欢迎。戍守阿里米努姆的东哥特军队一听说约翰即将率军前来,立刻弃城逃往拉韦纳。约翰不费一兵一卒便占领了阿里米努姆。

占领阿里米努姆后,约翰忽然收到了玛瑟逊莎王后的信。玛瑟逊莎王后在信中称自己愿意将东哥特人的统领权交至约翰手中,并嫁给约翰。毫无疑问的是,信中还提到要谋杀维蒂吉斯。玛瑟逊莎王后称当年维蒂吉斯强迫自己与他结婚,自己与维蒂吉斯有不共戴天之仇。

一路向亚得里亚海挺进的过程中,约翰违反了贝利撒留最初的命令:约翰在一路行军的过程中每遇到一处东哥特要塞,都需全力攻打;如果约翰遇到无法攻破的东哥特要塞,则就地按兵不动,不许再前进,以免受到两面夹击,无法全身而退。不过此时约翰内心的想法是,一旦东哥特人听说自己已经攻克距离拉韦纳只有一天行军距离的阿里米努姆,必然会立即停止继续包围罗马城。事实印证了约翰的预测。三个月的停战期已过,对于东哥特人来说,东哥特大营内的补给物资已然捉襟见肘,君士坦丁堡未传来任何消息,而罗马城的城防工事与之前有了天壤之别。罗马城的围城形势非常不乐观,又有消息称东罗马帝国军队已然逼近拉韦纳,可谓雪上加霜。严峻的形势让维蒂吉斯一刻也不敢耽搁。某天一大早,约538年3月月末,罗马城墙上的哨兵报告称七个东哥特大营都燃烧着熊熊大火，整个东哥特围城大军正沿着弗拉米尼安路向北撤离。

东哥特大军突然撤离令贝利撒留非常吃惊。贝利撒留起初很纠结，究竟是否应该允许对手全身而退。有一个不争的事实是东哥特军队势必会经过距离罗马城两英里的米尔维亚大桥，如果趁着东哥特军队过桥时派出一小部分兵力埋伏，等待时机成熟便可成功偷袭位于队伍尾部的东哥特士兵。于是，贝利撒留命令所有士兵全副武装待命，等到绝大部分东哥特士兵都成功过河后，下令对仍然滞留在河岸边的东哥特士兵发起猛攻。双方进行了殊死鏖战，均损失惨重。东哥特人在一片混乱中四散逃命，数千东哥特士兵阵亡。其中有的人中箭身亡；有的人被发疯般逃跑的东哥特人踩死；还有些人失足坠入河中，因为身上的盔甲太重溺水而亡。

东哥特人发起的第一次包围罗马城的行动就此告终。纵观人类战争史，诸如东哥特人一般几乎占尽天时、地利、人和的绝对优势的队伍竟然最终因为无能的将领而伤亡惨重、颓然败北的事件几乎再无其他。即便如此，东哥特人依然忠于他们一手推举的国王维蒂吉斯。

# 第24章

# 隐匿幕后的维蒂吉斯

**精彩看点**

哥特人迁往拉韦纳——哥特人包围阿里米努姆——纳尔塞斯奉命前来——哥特人落荒而逃——东罗马帝国将军们内讧——哥特人攻占米兰——恐怖的饥荒

尽管因为饥荒、瘟疫及中箭伤亡等种种原因，东哥特大军的人数急剧下降，但最终在维蒂吉斯指挥下，离开罗马城的东哥特军队仍数量庞大。东哥特人此番从罗马城撤军，让贝利撒留除了感到喜悦，还为他增添了一丝焦虑。通往拉韦纳的路上势必要路过阿里米努姆，而约翰和手下的两千名骑兵仍然驻留在阿里米努姆。贝利撒留深知，约翰的个性就如同一头犟驴，他担心一旦东哥特大军包围了约翰，那么约翰带领的小部队就会全军覆灭。

为了避免惨剧发生，贝利撒留派出两位信得过的军官希尔迪格与马丁率领一千名骑兵向约翰转达自己的命令，要求约翰立即率领骑兵部队撤出阿里米努姆，只需留下之前从安科纳要塞收编的一小股步兵部队负责安保。贝利撒留料想，维蒂吉斯如果发现阿里米努姆城内既没有骑兵，也没有能押作人质的重要军官，便会认为没必要大动干戈包围阿里米努姆城。即便是维蒂吉斯当真包围了阿里米努姆城，约翰及手下的两千骑兵也非无能之辈，定会令东哥特人头痛不已，或许还会迫使东哥特人打消围城的念头。

希尔迪格与马丁没费多大力气便赶超了行军缓慢的东哥特大军，沿途在一处叫隧道岩石——也称佩特拉佩尔图萨的地方占领了一处东哥特据点。此地堪称天险，通行的道路是从万丈陡峭悬崖一侧开辟出的栈道，脚下即是河

韦斯巴芗

谷。同时，通道还要穿过一座早在韦斯巴芗在位时从一块坚硬的岩石中挖掘出的长达四十英尺的隧道。为了保护这条重要的通道，当年罗马人在通道两端均砌有围墙，还安装了门。东哥特人无心开战，只是在隧道另一头搭建了临时营房稍事休息整顿。东罗马军队随后爬到悬崖顶部，用尽全力向下推巨大的石块，砸中了东哥特人临时营房的屋顶。受到巨石攻击的东哥特士兵不仅连滚带爬地打开了隧道的门，还提出愿意倒戈加入东罗马帝国的军队。东哥特军队中的绝大多数士兵加入了东罗马骑兵的队伍继续前进，剩余的东哥特士兵则与少许东罗马士兵一起留下来守卫隧道。此后，希尔迪格与马丁一路畅行无阻地抵达安科纳。在安科纳集结了所需数量的步兵，之后又继续行进至阿里米努姆，向约翰转达了贝利撒留的命令。约翰直言不会遵命。希尔迪格与马丁继而返回罗马，留下了步兵，同时带走了阿里米努姆守备部队中的一些士兵。跟随希尔迪格与马丁一道离开的士兵都是不愿听从约翰号令的贝利撒留的侍卫。

没过多久，黑压压的东哥特大军到达了阿里米努姆。此次东哥特人用来攻打阿里米努姆城墙的设施依然是一座安着轮子的木塔，就如同之前围攻罗马城时使用的攻城木塔一样。不过，东哥特人吸取了之前的教训，此次将木塔的设计改造为由木塔内部的人推动，而不再使用牛来拉动木塔。阿里米努姆城内的多数罗马人看到东哥特人的"武器"后瞬间觉得东罗马方胜利无望。不过约翰可真是一员能受命于危难之时、化解困局于无形之中的奇将。在一个死寂的夜晚，约翰调集城内的一些士兵组成小分队，带着铲子在东哥特人的攻城木塔和阿里米努姆城墙之间挖出了一道深深的沟渠。如此一来，东哥特人此次攻击就如同之前维蒂吉斯指挥的所有军事行动一样，最终以失败告终，同时还损失了数百名东哥特士兵。东哥特人决定不再尝试通过武力占领阿里米努姆，而是通过严密的封锁逼迫城内小小的守备部队因饥饿而投降。这样的围困对于东哥特人好像并非什么难事，除非贝利撒留派出一支强大的军队前来支援。不过派援军对于当时的东罗马方是不太可能的事。

就在东哥特人在阿里米努姆城外扎营的同时，一千余名东罗马帝国士兵在当地居民的邀请下进入了伟大的米兰城。听闻米兰人如此背信弃义的行径，维蒂吉斯怒火冲天，派出自己的侄子乌雷亚斯——也叫瓦里亚——率领一支庞大的东哥特军队前去围攻米兰城，并命令乌雷亚斯见机行事，只要形势需要，只管毫不留情地狠狠教训背叛了东哥特人的米兰民众。随乌雷亚斯共同出征的还有由法兰克国王提奥德贝尔特一世派出的一万名前来援助东哥特人的勃艮第人。东哥特人与勃艮第人组成的联军将米兰城围得水泄不通，甚至连一粒粮食都运不进米兰城。

大约在538年仲夏时节，又一支东罗马帝国军队登陆安科纳。军队指挥官是东罗马帝国皇帝查士丁尼一世的大将纳尔塞斯。

纳尔塞斯

纳尔塞斯虽没有受过系统的军事教育,却是天生的将才。众所周知,十四年后,正是凭借纳尔塞斯英勇而卓越的指挥,才使东哥特王国灭亡,让东罗马帝国皇帝查士丁尼一世名正言顺地开始统治整个意大利。不过,纳尔塞斯此次前来意大利非但没能为东罗马帝国在意大利的战事锦上添花,反倒造成了很多不幸。当时的情况似乎是东罗马帝国皇帝查士丁尼一世眼看贝利撒留在意大利节节胜利,内心开始隐隐担忧贝利撒留会因战功而膨胀,要求"西罗马帝国皇帝"的帝位。因此,东罗马帝国皇帝查士丁尼一世其实是想将纳尔塞斯安插在意大利作为监视贝利撒留的眼线。尽管东罗马帝国皇帝查士丁尼一世写给驻扎在意大利的东罗马帝国军官们的信中明确指出,并非是派纳尔塞斯前去掌控全军指挥权,而且"一切有益于东罗马帝国利益的命令",纳尔塞斯则必须服从贝利撒留。但军中很多人还是心知肚明,东罗马帝国皇帝查士丁尼一世的真实用意并非如信中所写,因此,许多将士转而听命于纳尔塞斯。纳尔塞斯总是以各种理由推脱或反对贝利撒留的种种计划,并经常拒绝按照贝利撒留的

马赛克拼成的查士丁尼一世图像

计划行事。每当贝利撒留要求纳尔塞斯服从命令时，纳尔塞斯总是面不改色地称自己不认为贝利撒留的命令有益于东罗马帝国，所以自己和其他军官都没有义务服从。东罗马帝国军队与当时数量庞大的东哥特军队在士兵数量方面的差距堪称天壤之别，再加上内部军官之间的离心离德，形势非常不乐观。

然而，一开始贝利撒留并不知道纳尔塞斯前来的真实用意，还亲率自己手下的全部将士与纳尔塞斯会合，并暗自为自己获得一支如此大规模的援军而高兴。双方在亚得里亚海海岸附近且与安科纳南部有一天行军距离的福尔摩姆镇会面。贝利撒留和纳尔塞斯商议后，共同组成了一个大规模的战时委员会负责决策东罗马军队的行动。当时讨论的问题是第一步行动究竟是解救阿里米努姆的守军，还是攻打奥西米姆要塞。奥西米姆要塞当时由四千名东哥特士兵驻守，指挥官是威斯顿。

东罗马人普遍认为若是奥西米姆要塞一直握在东哥特人之手，必定后患无穷。因为当东罗马帝国军队与维蒂吉斯率领的大军正面作战时，身后一定会遭到奥西米姆要塞的威斯顿的袭击。"我们先拿下奥西米姆，"一些东罗马将士呼吁道，"然后再去解救阿里米努姆。如果在我们攻打奥西米姆的过程中阿里米努姆不幸失守，也不能怪罪到我们头上，是约翰咎由自取。如果约翰一开始就按照贝利撒留的命令行事，那么压根也不会有今天的困局。"纳尔塞斯与约翰是死党，因此，纳尔塞斯口若悬河地辩论称一旦约翰与手下的两千名士兵被俘，将会极大地助长东哥特人的士气。贝利撒留在言之凿凿的纳尔塞斯的煽动下决定冒险出兵。贝利撒留将军队分成了三部分：其中人数最多的部队跟随希尔迪格走水路；第二支部队跟随马丁沿海岸线走陆路，并命令第一支部队在第二支部队经陆路抵达阿里米努姆的同时于阿里米努姆正前方泊船；贝利撒留本人则与纳尔塞斯一道，沿山路行军至距离阿里米努姆两天行程的地方，如此一来，便可出其不意地从北方逼近东哥特军队。贝利撒留的用意是希望通过三个方向同时出兵的阵势震慑东哥特军队。一切果然如贝利撒留所料，东哥特军队中的一支搜索队发现贝利撒留的军队后大吃一惊，立即逃回东哥特大营报告称一支庞大的东罗马帝国军队正从北方杀过来；当天夜里，东哥特人发现了南边八英里处由马丁率领的部队点起的营火；次日清晨，东哥特人又看见不远处的海面上一支东罗马舰队缓缓驶来。

不出几个小时，整个东哥特大军如惊弓之鸟般悉数逃往拉韦纳，大营里只留下老弱病残，同时还留有大量的财物。这些全部成为希尔迪格麾下士兵的囊中之物。接近午间时分，贝利撒留抵达阿里米努姆。看到约翰和手下的士兵们个个形容枯槁，疲惫不堪，贝利撒留便对约翰说，约翰应该铭记希尔迪格的救命之恩。"不是希尔迪格，"约翰阴沉着脸回答，"我应该感谢的人是纳尔塞斯。"贝利撒留心里明白约翰此番话的用意，同时意识到自己结下了一个一生都难以和解的仇家。

尽管纳尔塞斯与约翰百般从中作梗，贝利撒留仍成功地拿下了厄比纳姆及乌尔布维特斯——又名奥尔维耶托——两处敌军防守严密的要塞。然而，因为东罗马帝国将军们之间离心离德，东罗马帝国军队痛失米兰城。为了解救遭受围攻的米兰城，贝利撒留派出了一支规模庞大的部队，命令马丁及另外一位东哥特籍的军官威利哈里为指挥官。谁知两位军官竟然在波河南岸扎营并消闲度日长达几个月，最后还致信贝利撒留请求划拨援军，声称因河对岸的东哥特人与勃艮第人联军数量远超自己的军队数量，不敢轻易渡河。贝利撒留只得写信命令约翰及贾斯丁起兵援助米兰，但两人声称自己只接受纳尔塞斯的号令。最后拖到539年年初，贝利撒留万般无奈之下只好卑躬屈膝地恳求纳尔塞斯发号施令。纳尔塞斯同意了，但为时已晚。纳尔塞斯的命令还未得到实施，米兰就已经沦陷。

当时的米兰城已经到了弹尽粮绝的境地。东哥特指挥官劝米兰守军投降，并承诺东罗马守军一旦愿意举手投降便可活命。时任米兰城东罗马帝国军队指挥官的蒙迪拉坚持要求东哥特人发誓不光饶东罗马士兵不死，也要放过米兰民众的性命。蒙迪拉和当时很多"罗马人"军官一样，流淌着东哥特人的血液。然而，东哥特士兵始终铭记着维蒂吉斯的命令——要让米兰民众为自己的背叛行为付出代价,便拒绝了蒙迪拉的要求。英勇的蒙迪拉随即号令手下剩余的一千多名士兵"宁愿死得光荣,不愿活得苟且",命令士兵跟随自己一道与对手展开一场殊死血战。可惜士兵们没有蒙迪拉一般的英雄气概,随即接受了东哥特人的建议,举手投降,保全了自己的性命,徒留遭殃的米兰民众听天由命。

在夺取米兰城后,东哥特人以极尽野蛮之势烧杀抢掠:屠杀了城中所有的男人,据说被屠杀人多达三十万[①],但是三十万的数字似乎有些令人难以置信;将女人都当作奴隶送给勃艮第人;将米兰城夷为平地。米兰周边的城市都害怕遭受同米兰城一样的命运,争先恐后地向东哥特人投降,因此,东哥特人没有耗费一兵一卒,再次成为利古里亚行省的主人。

马丁与威利哈里两位东罗马军官,眼睁睁地看着米兰城陷落后,竟然像没事人一样返回了罗马城。贝利撒留当时正在集结手下全部军事力量前往亚得里亚海海岸围攻奥西米姆要塞的路上,突然听闻关于米兰的惨痛消息。贝利撒留难抑满腔悲愤,写信给东罗马帝国皇帝查士丁尼一世。信中将事情的来龙去脉和盘托出,当然还要求东罗马帝国皇帝查士丁尼一世严惩造成米兰灾难的罪魁祸首。然而,东罗马帝国皇帝查士丁尼一世仅仅命令纳尔塞斯立即启程返回君士坦丁堡,试图以这种方式安抚贝利撒留;同时还正式下令贝利撒留拥有意大利所有东罗马军队的最高指挥权。贝利撒留心里或许认为威利哈里比纳尔塞斯更加罪不可赦,据说贝利撒留此后的余生都不允许威利哈里面见自己。

关于539年剩下的时光里波澜不惊的故事我们不在此详细叙述。539年5月至12月,贝利撒留一直在对亚得里亚海附近的奥西米姆要塞实施围城战,同时命令副官围攻位于佛罗伦萨附近的弗苏拉。奥西米姆要塞的守卫部队英勇无比,虽然遭遇了一系列惨绝人寰的困境,但因为多次收到拉韦纳传来的承诺称援军马上就到,不断地自我打气。然而,事实是根本就没有援军。维蒂吉斯

---

① 或许原本的记载中是四万人。希腊数字很容易令人混淆犯错。——原注

一直都无法下定决心——是否要无视在开阔地上作战的一切风险去换取要塞的安全。最后，弗苏拉陷落后，攻陷弗苏拉的东罗马帝国士兵把俘虏的囚犯带到贝利撒留的大营。看到这一幕后，原本已经饥饿难耐的奥西米姆要塞守军的心理防线瞬间崩溃，不仅举手投降将奥西米姆要塞拱手送出，而且意识到东哥特人想要在维蒂吉斯这般无能的君王领导下获取自由简直是痴人说梦，便愤然加入东罗马帝国军队。如此一来，原本属于维蒂吉斯的四千名勇士转眼投入东罗马帝国皇帝查士丁尼一世的怀抱。

东罗马帝国军队围攻奥西米姆要塞及弗苏拉的同时，法兰克国王提奥德贝尔特一世率领十万名士兵越过阿尔卑斯山脉进入意大利北部。东哥特人原本以为法兰克人是来帮助东哥特军队攻打东罗马帝国军队的，没有做任何防备。因此当东哥特人原本以为的"友军"突然猛烈地攻击东哥特大营时，东哥

货币上的法兰克国王提奥德贝尔特一世

特人惊恐万分，纷纷落荒而逃。东罗马方得知消息后，自然而然地认为法兰克人是与东罗马帝国站在一边的。如此一来，东罗马帝国也同东哥特人一样陷入了法兰克人的陷阱。法兰克国王提奥德贝尔特一世出战的目的仅仅是希望通过抢掠壮大自己的力量。法兰克国王提奥德贝尔特一世"不失公平"地同时搜刮了东罗马和东哥特两方的大营，全面扫荡了意大利，最后盆满钵满地返回了法兰克王国。不过，这次行动中法兰克士兵病死很多，因此，法兰克国王提奥德贝尔特一世也没有什么理由为自己奸诈卑鄙的行为带来的战果喝彩庆祝。

意大利民众在灾难不断的539年究竟经历了怎样的不幸，只有历史知道答案。仅皮塞努姆一省就有五万农民死于饥荒。当时的历史学家普罗科匹厄斯用生动形象的语言描述了亲眼看见的生灵涂炭的惨烈景象。根据普罗科匹厄斯的描述，饱受饥饿的人的面庞一开始会变得没有血色，苍白无比，之后变成铁青色，最终变成黑色，"如同烧焦的火把一般"。眼神会变成深不见底的空洞，同时又夹杂着疯癫。甚至有传言称有些饿极了的人为了活命不惜吃人肉。当时的人们能看到成千上万的死尸横躺在地上，而且手中紧紧抓着临死前最后一刻还试图用力拔下来充当食物的草。尸体虽然都裸露着没有下葬，但就连鸟儿都不会在这些尸体上啄食，因为饿死的人几乎都只剩骨头，没有一点儿肉。

虽然饿殍遍野的场景无比骇人，但能在某种程度上让我们更好地理解我们所讲的长达几个世纪的战事中经常提到的"饥荒"究竟给民众带来了多么惨烈而深重的灾难。

# 第25章
# 东哥特人痛失拉韦纳

**精彩看点**

封锁拉韦纳——东罗马帝国皇帝查士丁尼一世提出和解——匪夷所思的提议——贝利撒留入主拉韦纳——贝利撒留受诏返回君士坦丁堡——拒绝哥特王位——高风亮节——东罗马帝国皇帝查士丁尼一世铸成大错

除了拉韦纳及位于现在意大利北部隶属于伦巴第州的各个地区，整个意大利的主人已经变成了贝利撒留。奥西米姆要塞的围攻刚一结束，贝利撒留便率领全军前去封锁维蒂吉斯的避难地——同时是东哥特王国的都城和军事要塞的拉韦纳。

拉韦纳的陷落只是时间问题。毫无疑问，如果东哥特王国能有一位骁勇、睿智的将军，那么拉韦纳城内的东哥特大军在这位将军的带领下仅凭借自己人数上的绝对优势便很有可能突围出去，杀出一条血路。无奈东哥特大军的指挥官是维蒂吉斯，这几乎扼杀了东哥特人所有的胜算。贝利撒留截获了一批通过波河运往拉韦纳的谷物，同时亚得里亚海上的东罗马舰队负责拦截所有试图通过海路开往拉韦纳的补给船。屋漏偏逢连夜雨，拉韦纳城内的粮仓正在全城即将断粮的节骨眼儿上突然起火。据说起火是因为玛瑟逊莎王后从中搞鬼。维蒂吉斯派侄子乌雷亚斯率领四千名士兵前去攻打东罗马军队。在东哥特人攻占米兰的战役中，乌雷亚斯是头等功臣，但他率领的四千名士兵几乎全部临阵倒戈加入了东罗马军队。乌雷亚斯不得已只得返回利古里亚，留下拉韦纳自生自灭。

如此看来，似乎故事的结局已十分明了。不料，东罗马帝国皇帝查士丁尼一世派出的大使突然到来，打乱了贝利撒留原本的计划——大使奉命前来宣称愿意与东哥特方签订和约。和约拟规定维蒂吉斯继续做波河以北地区的国王，并可保留一半皇室财产。东哥特人听闻条约内容后自然是喜出望外，但不禁怀疑所谓和平条约或许只是东罗马帝国皇帝查士丁尼一世蓄意安排的一个陷阱。因此东哥特方面提出同意条约的前提是贝利撒留必须亲手留下书面保证愿意遵守和约。然而，贝利撒留早已下定决心一定要亲手俘虏并押送维蒂吉斯至君士坦丁堡，就如同自己曾将汪达尔国王当作阶下囚押送至君士坦丁堡一样。眼看着煮熟的鸭子临到嘴边却飞了，眼看着自己潜心作战多年才等来的荣耀要被生生夺走，贝利撒留感觉受到了奇耻大辱。贝利撒留心中想着如果东罗马帝国皇帝查士丁尼一世当真愿意有条件地与东哥特人和解，那么自己即便是十万个不愿意也于事无补，自己可以选择旁观，绝不会参与到东罗马与东哥特双方和解的戏码中。然而，贝利撒留如果坚持拒绝东哥特人提出的和解条件，似乎会是对东罗马帝国皇帝查士丁尼一世的不忠，因此贝利撒留决定召集手下军官，并征求他们的意见。军官们异口同声地称战争再持续下去已经没有任何意义，最好的解决办法就是按照东罗马帝国皇帝查士丁尼一世提出的条件与东哥特人和解。贝利撒留要求所有军官亲手签署一份表明立场的文件，留作凭据，以防万一日后发生变故。如果真的发生变故，至少还有这些文件可以证明贝利撒留自己不必为这个在他看来非常愚蠢的和解行为负责。

就在贝利撒留召集军官开会的同时，东哥特人也进行了集会，并且做出了一个非常奇怪的、匪夷所思的决定。东哥特人称如果贝利撒留能够签署和平条约，则东哥特人愿意相信条约的真实性，因为东哥特人不相信东罗马帝国皇帝查士丁尼一世会恪守承诺。东哥特人担心一旦投降并交出拉韦纳，东罗马帝国皇帝查士丁尼一世便会下令将东哥特人带到君士坦丁堡或小亚细亚半岛。因此东哥特人决定将意大利拱手交给贝利撒留！维蒂吉斯命信使带着自己的亲笔信前去向贝利撒留转达东哥特人的决定。这时的维蒂吉斯早已被自己根本无法胜任的国王身份搞得心力交瘁，在信中甚至极力恳求贝利撒留接受东哥特人的意愿在意大利称王。

贝利撒留拒绝在意大利称王

也许贝利撒留收到信后曾产生过趁机成为"西罗马帝国"统治者的想法，但贝利撒留还是无法背叛自己"誓死效忠东罗马帝国皇帝查士丁尼一世"的誓言，况且越位称帝势必险象环生。不过，贝利撒留心想如果自己假装同意东哥特人的诉求，也许可以借此一举收复拉韦纳。贝利撒留随即召集手下军官与东罗马帝国皇帝查士丁尼一世派来的大使一道开会，声称自己有一个万无一失的办法能为东罗马帝国收复整个意大利，还能一举擒获维蒂吉斯和东哥特贵族，并将他们和所有东哥特财产送至君士坦丁堡。"假如，"贝利撒留说道，"我的计划能成功，那么你们认为我即便违背了东罗马帝国皇帝查士丁尼一世的指令也是情有可原的吗？"所有人都答复称如果真能取得如贝利撒留所说的成就，那简直是不世之功，天大的褒奖都承受得起。贝利撒留随即传话给东哥特人称自己愿意接受东哥特人的提议。东哥特方立刻派出使者前往东罗马大营要求贝利撒留发誓不会伤害拉韦纳城内的东哥特士兵及百姓，并保证登基后会一视同仁地对待东哥特人和意大利原住民。

东哥特人提出的凡是涉及拉韦纳的条件，贝利撒留均毫不迟疑地按照东哥特人的要求给出了自己的承诺。但贝利撒留称，至于自己登基的事宜必须先与维蒂吉斯及其他东哥特贵族面谈商榷。东哥特使者没有反对贝利撒留的要求，因为使者们认为，贝利撒留突然有机会毫不费力便得到梦寐以求的东哥特王国王冠，狂喜都来不及，绝不可能有其他想法。

如此一来，在东哥特使者的陪同下，贝利撒留率领着自己的部队大摇大摆地进入了拉韦纳城。与此同时，满载粮草的东罗马战船停靠于克拉西斯港，船上的士兵将食物分发给饥饿的百姓。拉韦纳城内的百姓极其热情地迎接东罗马人的到来。但当东哥特妇女们看到贝利撒留率领的队伍中体形矮小且面貌凶恶的男人时（很有可能是匈人），便群情激愤地斥责东哥特男人们太不中用，竟然输给了如此的对手。东哥特妇女们甚至还向男同胞的脸上吐口水以发泄自己的情绪。贝利撒留恪守自己的誓言，表示不会侵吞任何东哥特民众的私有财产，只会接管所有储存在拉韦纳王宫内的财物。同时贝利撒留还称需要维蒂吉斯及一些主要的东哥特贵族暂且受点儿委屈,在到达君士坦丁堡之前会失去人身自由,不过绝对是以非常体面的方式,并非真正的囚禁。贝利撒留还承诺家在波河以南的东哥特人也可以回到自己原来的地方。

在一段时间内,贝利撒留的所作所为的确让旁人相信贝利撒留身着紫袍登上东哥特王位指日可待。然而,没过多久,东罗马帝国皇帝查士丁尼一世传令贝利撒留即刻启程返回君士坦丁堡。东罗马帝国皇帝查士丁尼一世此举可能有两种原因:一种可能是东罗马帝国皇帝查士丁尼一世听闻贝利撒留意欲在意大利称王;另一种可能是当时波斯国王公然宣称意欲进攻东罗马帝国。东哥特人听说了东罗马帝国皇帝查士丁尼一世召唤贝利撒留返回君士坦丁堡的消息,但东哥特人想当然地认为贝利撒留绝不可能听命返回。然而,东哥特人很快发现贝利撒留竟然真的开始着手准备离开意大利。因此他们开始认为之前贝利撒留承诺的种种不过是欺骗。随后,东哥特人将王位候选人定为仍然在意大利北部带兵的两位将军身上——希尔迪巴德将军和维蒂吉斯的侄子乌雷亚斯将军。东哥特贵族首先派出一支代表团前去帕维亚等待乌雷亚斯,力劝乌雷亚斯继承王位。乌雷亚斯没有答应,声称自己非常敬重叔父维蒂吉斯,因此绝不会在叔父维蒂吉斯的有生之年篡夺王位。此外,乌雷亚斯还说因为可怜的叔父维蒂吉斯在任期间并没有什么建树,而凭借自己与维蒂吉斯的叔侄关系,自己恐怕也很难赢得东哥特军队的信任。乌雷亚斯建议推选希尔迪巴德继承王位。希尔迪巴德当时在维罗那担任军事指挥官,同时希尔迪巴德还是西哥特国王图迪斯的侄子。

东哥特贵族们随即召唤希尔迪巴德来到帕维亚穿上紫袍登基为王。但没过多久,希尔迪巴德心里开始打鼓:东哥特人选自己为王究竟是不是一个明智的选择?对于自己而言,仓促接受王位是不是一个明智的做法呢?希尔迪巴德召集了数量庞大的东哥特人集会,敦促众人再做最后一次努力尽力说服贝利撒留登基为王。

东哥特人随即派出使者团前往拉韦纳试图说服贝利撒留回心转意。使者团声色俱厉地控诉贝利撒留背信弃义。因为所言均基于事实，使者团并没有一句话是冤枉了贝利撒留：使者团讥讽贝利撒留胸无大志，"明明有机会当国王，却甘愿选择去当奴隶"。但无论使者团说什么，贝利撒留都是油盐不进。贝利撒留回复称自己已经下定决心绝不会在东罗马帝国皇帝查士丁尼一世的有生之年登基称王。

自此，希尔迪巴德必须成为东哥特王国国王。同时贝利撒留带着俘获的东哥特贵族及从拉韦纳王宫掠夺的财物，踏上了返回君士坦丁堡觐见东罗马帝国皇帝查士丁尼一世的征程。贝利撒留抵达君士坦丁堡时正值540年6月——东罗马帝国刚刚在与波斯王国的对决中经历了一次丧权辱国的惨败，痛失安提阿。此时无论是对东罗马帝国皇帝查士丁尼一世而言，还是对东罗马帝国所有的百姓而言，都渴望贝利撒留的胜利之师凯旋，但这并未打消东罗马帝国皇帝查士丁尼一世对贝利撒留的嫉妒。这种嫉妒使东罗马帝国皇帝查士丁尼一世迟迟没有授予凯旋的大功臣应得的荣誉和罗马式的礼遇。不过东罗马百姓的热情弥补了东罗马帝国皇帝查士丁尼一世对贝利撒留的忽视。只要贝利撒留出现

贝利撒留回到君士坦丁堡拜见查士丁尼一世

在公共场合，都会出现万人空巷的情景，百姓们争先恐后想要一睹最爱的大英雄的真容，人群还会爆发出阵阵欢呼声表达对贝利撒留的赞誉。

贝利撒留当时只有三十五岁，却已达到毕生名望的巅峰。贝利撒留的幕僚普罗科匹厄斯正是选择在贝利撒留的人生巅峰时刻记录下了伟大的贝利撒留的容貌与性格。根据普罗科匹厄斯的描述，贝利撒留身材高大、体形匀称，同时还生得一副令其他男人都相形见绌的倾世容颜。不光如此，贝利撒留"非常平易近人，为人谦逊低调，就像是出身非常贫苦的平头老百姓一样"。贝利撒留既能深切体会手下士兵们的难处，又可以非常大方地奖赏士兵们的英勇行为。因此他深受东罗马士兵的爱戴。不过，贝利撒留制定的军纪非常严明，绝不姑息任何欺压百姓及掠夺或者肆意破坏农作物的行为，军队所需的供给品总是以高于市场的价格从百姓手中购买。贝利撒留的私生活更似美玉般纯洁，从未有人看见过贝利撒留喝酒乱性。贝利撒留无论何时都能保持惊人的镇定自若，从来没有什么紧急状况能令贝利撒留自乱阵脚。身处险境时，贝利撒留总是能欣然面对，沉着冷静。论勇猛，贝利撒留是勇士中的勇士，无人能及。同时贝利撒留也从来不会逞匹夫之勇鲁莽行事，凡事都会经过深思熟虑。就如同贝利撒留从不会因为困境而沮丧一般，贝利撒留也从来不会因为顺境而膨胀，更没有片刻放纵过自己脱离一贯固守的极其自律而单一的生活方式。

以上便是与贝利撒留关系密切的普罗科匹厄斯对一代名将贝利撒留的描述。普罗科匹厄斯的描述有意回避了贝利撒留性格中不好的一面，因为贝利撒留的性格中的确存在一些严重的问题。普罗科匹厄斯讲的关于贝利撒留身上的闪光点句句属实，没有半点儿夸张。但遗憾的是，贝利撒留这样一个无比高贵的人虽劳心费力，但终究只换来了摧毁伟大的东哥特王国并使得意大利被东罗马帝国统治这样一个结果。

虽然最终给东哥特人和意大利带来悲惨命运的结局愧对贝利撒留的英名，但从另一个角度来看，贝利撒留一路走来获得的累累战绩也恰恰反映了贝利撒留的确是一位举世罕见的将才。如果当时东罗马帝国皇帝查士丁尼一世能派贝利撒留立即返回意大利,不出几个月可能就会彻底终结东罗马帝国与东哥特人在意大利的战事。然而,东罗马帝国皇帝查士丁尼一世天真地以为既然贝利撒留已锁定了战局,东哥特大势已去,那么随便派个人去,哪怕没有贝利撒留的能耐,也能圆满收场。事实证明,东罗马帝国皇帝查士丁尼一世犯了一个天大的错误。东罗马帝国与东哥特王国的战争又持续了整整十二年之久。虽然最终以东哥特方的战败告终,但东罗马帝国为此也付出了巨大的财产损失和众多将士的生命。如果当初东罗马帝国皇帝查士丁尼一世能够及时做出明智的决定,本来一切代价都可以避免。

贝利撒留带到君士坦丁堡的两个东哥特阶下囚都得到了很好的待遇。到达君士坦丁堡后,维蒂吉斯受封为"贵族",并恬不知耻地在君士坦丁堡享受了两年多荣华富贵后才死去。不过维蒂吉斯年轻的遗孀玛瑟逊莎——确切地说是当时只有二十二岁芳龄的玛瑟逊莎王后——丝毫没有为维蒂吉斯的驾崩而感到哀痛,并且很快改嫁给东罗马帝国皇帝查士丁尼一世的侄子吉曼努斯[①]。

---

[①] 吉曼努斯(?—550),东罗马帝国将军,东罗马帝国皇帝查士丁尼一世麾下的重要军事指挥官之一,同时是东罗马帝国皇帝查士丁尼一世的堂兄弟。此处将东罗马帝国皇帝查士丁尼一世与吉曼努斯描述为"叔侄"关系,应是作者误将吉曼努斯与玛瑟逊莎结婚后生下的儿子小吉曼努斯当成了吉曼努斯。——译者注

第26章

# 东哥特人重获大捷

**精彩看点**

东罗马帝国皇帝查士丁尼一世贪婪无度——好运再度眷顾哥特人——托提拉登基——托提拉首战告捷——人道主义对待俘虏——不满情绪充斥罗马——万念俱灰的罗马人

东罗马帝国皇帝查士丁尼一世认为意大利已是东罗马帝国的囊中之物，因此立即采取行动利用新到手的猎物意大利，攫取一些真金白银。在东罗马帝国皇帝查士丁尼一世眼中，国家机器就是一个用来敛财的工具，而搜刮来的财富则用来供给朝廷的高昂花销，在整个东罗马帝国范围内建立雄伟壮观的教堂、宫殿及要塞。东罗马帝国皇帝查士丁尼一世尽管认为自己是公平的拥护者，同时曾费尽心机不惜以刮骨疗毒之痛将罗马法律精简为一套科学的体系，但几乎未采取任何措施保证自己统治下的东罗马帝国官僚们能公正地执法。东罗马帝国皇帝查士丁尼一世最在意的事就是百姓必须按期缴纳赋税，至于百姓生活安康与否，在他心目中都是次要问题。东罗马帝国皇帝查士丁尼一世默许税收官员可以随意欺压百姓，中饱私囊，只要税收官员能按期寄送大量金钱至君士坦丁堡即可。东罗马帝国皇帝查士丁尼一世治国无方、目光短浅、愚蠢不堪，甚至可以说是典型的"杀掉下金蛋的鹅"①的做法。狄奥多里克大帝在位时早已发现唯一能使国家持续繁荣的方式就是努力为百姓谋取福利。东罗马帝国皇帝查士丁尼一世也不可能完全不明白国与民之间休戚相关的关系，但

---

① "杀掉下金蛋的鹅"出自古希腊《伊索寓言》。寓言大意是有个农夫养了一只会生金蛋的鹅，鹅每天下一只金蛋。农夫心想鹅肚里一定有个大金块。农夫发财心切，决定把鹅宰了，以便直接取出鹅肚里的金块。可是杀了鹅之后，农夫发现此鹅与其他鹅并无区别，肚里根本没有金块。此话常用来比喻贪图眼前利益而损害根本利益。——译者注

东罗马帝国皇帝查士丁尼一世的统治印证了一句名言——"我死后,哪怕洪水滔天"①。东罗马帝国皇帝查士丁尼一世在位期间,东罗马帝国表面看来国运昌隆、风光无限,但后继者们不得不为东罗马帝国皇帝查士丁尼一世不计后果的奢靡腐化付出代价。

贝利撒留从意大利凯旋后,东罗马帝国皇帝查士丁尼一世做的第一件事就是派遣东罗马帝国最擅长鱼肉百姓,也是最寡廉鲜耻的税收官前往拉韦纳收缴赋税。派去的税收官叫亚历山大。君士坦丁堡当地的百姓说起他无不恨得咬牙切齿,并给他起了一个绰号——"剪刀手",声称亚历山大就算剪掉一枚金币的一角,也还能让这枚金币变成圆的。东罗马帝国皇帝查士丁尼一世赋予了亚历山大在意大利的绝对权威,这让亚历山大得以利用手中的权力压迫意大利境内各个阶层——不光压迫意大利本地人和已经臣服于东罗马帝国的东哥特人,甚至还压迫东罗马帝国的士兵。亚历山大克扣士兵的军饷,还借口微小的事端或者"莫须有"的罪名对士兵处以重金处罚。

不难想象亚历山大的所作所为最终会导致什么样的结果。原本臣服于东罗马帝国统治的东哥特人被迫揭竿造反,集结于东哥特国王希尔迪巴德的大营前。东罗马士兵也无心战事,很多人倒戈加入东哥特阵营。不出几个月,希尔迪巴德率领的原本人数不多的小部队逐渐壮大成一支实力强劲的大军。

东罗马帝国皇帝查士丁尼一世没有再任命任何总指挥官前往意大利去担任当初贝利撒留在意大利的统帅角色,因此在意大利任职的所有军官彼此都是平级的。东罗马帝国皇帝查士丁尼一世这样的安排使军官们彼此嫉妒仇视,同时又都纷纷挖空心思想要通过搜刮百姓来壮大自己,丝毫无意团结起来共同抵抗东哥特人。当时碰巧有一位驻守威尼提亚的军官率领着东罗马帝国的一支大部队,举兵在特雷维索附近攻击希尔迪巴德,不料遭遇惨败,几乎所有的东罗马士兵均阵亡。

---

① 此话是法王路易十五面对日薄西山的法兰西君主制及法国大革命将无法避免的形势下所说的名句。此句是路易十五的情妇蓬帕杜夫人那句"我们都终将迎来末日审判"的变体。——译者注

久违的胜利令东哥特人无不欢欣雀跃。大捷后的好一段时间内，东哥特人对希尔迪巴德十分拥护爱戴。但希尔迪巴德亲手浇灭了民众对自己的爱戴之情——希尔迪巴德竟然派人暗杀了乌雷亚斯！要知道，希尔迪巴德的王位都是拜乌雷亚斯所赐。希尔迪巴德并没有否认自己的行径，还假惺惺地谎称因为自己发现乌雷亚斯做出向东罗马帝国出卖东哥特王国的勾当，所以才下手杀死乌雷亚斯。然而，东哥特王国的每一个人都心知肚明，希尔迪巴德谋杀乌雷亚斯的真正导火索是乌雷亚斯的妻子辱骂了希尔迪巴德的妻子。东哥特人并没有试图废黜希尔迪巴德，因为东哥特人认为希尔迪巴德的勇猛和治国能力对东哥特王国不可或缺。不过，东哥特人不再像从前那样对希尔迪巴德忠诚了，也不愿意再对希尔迪巴德唯命是从。有一天，希尔迪巴德正懒洋洋地斜倚在餐桌上时，一个与希尔迪巴德有私仇的格皮特人来到希尔迪巴德身后，提起大刀，一下子砍下了希尔迪巴德的头颅。当时东哥特王国所有显赫的贵族都在场。尽管东哥特人对希尔迪巴德谋杀乌雷亚斯的可耻行径深恶痛绝，但东哥特人认可希尔迪巴德作为东哥特王国国王的价值，因此，希尔迪巴德的突然驾崩也令东哥特人在一段时间内心灰意冷。

就在东哥特人陷入萎靡不振的同时，作为东哥特人的一个小分支的鲁吉人隆重登上了历史舞台。鲁吉人虽然之前已经加入了东哥特人的队伍，但始终没有与东哥特人相融合。趁着东哥特人处于低迷状态，鲁吉人举荐了一位鲁吉人的贵族——一个叫艾拉里克的人做东哥特国王。东哥特人并不中意这样的安排，但因为当时东哥特人确实迫切需要一位领袖，因此即便领袖是鲁吉人，只要有治国能力，东哥特人也都心甘情愿俯首听命。但艾拉里克上任后迟迟没有任何动静，后来东哥特人才发现原来艾拉里克早已开始在暗地里以意大利为砝码与东罗马帝国皇帝查士丁尼一世讨价还价。

当时担任特雷维索的东哥特守军指挥官的是希尔迪巴德的一个侄子，一个年仅二十五岁的年轻人，叫托提拉。见艾拉里克上任三四个月后仍然没有对东罗马军队采取任何行动，东哥特人的耐心早已耗尽，随后便派出一支代表团授意托提拉继承东哥特王位。托提拉告诉代表团自己已经与东罗马帝国的康斯坦丁将军达成协议，会在指定的某一天率领手下军队弃城投降。这件事真实与否有待考量，不过据说是如此。"不过，如果能在我与东罗马将军协商好的投降日前处死艾拉里克，那我愿意继承王位。"托提拉说道。无论托提拉对代表团说的话真实与否，一个确凿的事实是：艾拉里克不久之后就惨遭暗杀，随后托提拉登基为王。

托提拉

艾拉里克

　　如果说托提拉通过违背诺言和煽动暗杀的行径获得东哥特王位很不光彩，那么后来托提拉登基后的统治则与之前不光彩的行为形成了鲜明对比。托提拉身上充满了侠义之气，同时还拥有一颗在那个年代罕有的对敌人的宽宏大量之心。虽然载入史册的有关托提拉的行为中的确有一两件事似乎与托提拉高贵的人格不相符，但我们必须要谨记的是，托提拉的生平并非是由朋友或者东哥特同胞书写记录，而是由一个不属于哥特民族而且还与托提拉为敌的人记录的。托提拉身上体现出的正直及人性光辉一度令这位记录者情不自禁地想要浓墨重彩地抒发自己对于托提拉这个"蛮族人"的钦佩与赞叹之情。

　　值得一提的是，登基后，托提拉好像就将姓名改成了巴迪拉。当然也有可能"巴迪拉"才是托提拉原本的姓名，而"托提拉"只是个绰号。无论如何，托提拉的两个名字都广为东哥特人所知。不过当时的货币上印刻的名字均为巴

第 26 章　东哥特人重获大捷　｜　337

迪拉，而历史上人们更熟知的名字是托提拉。要不是因为货币上的刻字以及约旦尼斯的著作中的相关阐述①，巴迪拉这个名称或许就不为人知了。听闻东罗马帝国在意大利的千秋伟业因为将军们的不作为而正处在分崩离析的边缘后，东罗马帝国皇帝查士丁尼一世立即下诏给在意大利执行任务的各位将领。东罗马帝国皇帝查士丁尼一世的措辞极其严厉。东罗马帝国皇帝查士丁尼一世的训斥的确起到了敲山震虎的作用，将军们意识到必须要有所作为了。所有在意大利的东罗马将军——大概一共有十一人——集体约在拉韦纳碰面，商讨采取联合军事行动对付东哥特人的战略。最终决定第一步先从攻打维罗那开始，结果这次行动因东罗马将士们的懦弱不堪与行事浮躁失败了，之后东罗马帝国联军向南全速行进至法恩扎。很快，托提拉率领的军队在图尔雷特追上了东罗马帝国联军，双方展开激战。虽然当时东哥特军队只有五千人，而东罗马帝国联军有一万两千人，然而，战斗的结果是托提拉大获全胜。托提拉的部队将东罗马帝国联军打得四分五裂，伤亡惨重，同时有很多东罗马士兵沦为阶下囚。此外，当时东罗马与东哥特双方还在穆塞洛（又称穆杰洛）峡谷爆发了一场战斗，结果与图尔雷特之战极其相似。随后，托提拉率领军队一路向南挺进，攻下了一座又一座城池。同时沿路令农民们缴纳本该属于地主的地租和本该属于东罗马帝国皇帝查士丁尼一世的赋税来充实东哥特王国国库。不过从其他方面来看，托提拉其实非常善待百姓。之前因为东罗马帝国军队各种无法无天的行为饱受凌辱的百姓们对托提拉充满了好感。542年夏天，托提拉扎营于那不勒斯城外，当时驻守那不勒斯城的罗马守军约为一千人，指挥官叫康侬。

　　因为东罗马帝国在意大利的军队长期拖欠军饷，导致全军军心涣散。即便是带兵的将军们有意缓解那不勒斯面临的紧张局势，也心有余而力不足。不过明眼人一眼就能看出，士兵们的不思战事正好中了将军们的下怀——可以用军心涣散的士兵掩盖自己不作为的事实，在防御严密的几座城市里按兵不动躲

---

① 或许关于托提拉姓名的真相是托提拉的本名其实为托塔德沃斯，而托提拉和巴迪拉两个名字都只是托塔德沃斯的缩称。（见《附录》）——原注

避战事。东罗马帝国皇帝查士丁尼一世从君士坦丁堡加派了强大的陆地和海上军事力量前去增援意大利，但他派出的指挥官们根本不是军事天才托提拉的对手。托提拉大败东罗马帝国舰队，并将东罗马远征军中最重要的一个指挥官德梅特留斯的脖子套上缰绳带到那不勒斯城墙外示众，还要求德梅特留斯向城内的守军和百姓喊话劝降。托提拉本人也向那不勒斯城内遭受围困的东罗马帝国军队喊话，并承诺只要东罗马帝国军队愿意投降，不论是士兵还是百姓都不会受到任何伤害。

托提拉的承诺的确极具诱惑力。那不勒斯城内抵抗的东罗马士兵早已因饥荒和疾病走到山穷水尽的地步；但那不勒斯城守军又不愿因自己的轻易投降而遭到东罗马帝国皇帝查士丁尼一世的怪罪，因此，希望托提拉能恩准三十天的休战期，如果休战期内东罗马帝国皇帝查士丁尼一世没有派出任何增援力量就缴械投降。"没问题，"托提拉慷慨地答复道，"既然你们提出来了，我愿意给你们三个月的时间。"托提拉的回复令东罗马帝国的使者大吃一惊。之后，托提拉果然信守诺言，没有再试图对那不勒斯城发动任何猛攻。托提拉认定城内的东罗马帝国军队因为饥荒，肯定连一个月都撑不住。托提拉的镇定自若使那不勒斯民众觉得或许根本等不到东罗马帝国皇帝查士丁尼一世的增援。结果没过多少天，东罗马帝国军队便自行打开了那不勒斯城城门。

进入那不勒斯城后，托提拉看到民众面黄肌瘦。托提拉跟普罗科匹厄斯一样，都曾亲眼看见饥饿会带来什么样的惨状。托提拉知道，如果立即给那些因为长期忍饥挨饿而导致身体极度虚弱的人无限量供应食物，那饿极了的人很可能会因为一下子吃得太多而撑死。托提拉一直站在挨饿的人们的角度考虑问题，就如同普罗科匹厄斯对他的评价，"很难想象如此高尚善良的行为竟然是敌人或是蛮族人所为"。托提拉下令那不勒斯城城内每人每天都能得到一份定量配给粮，最初量很少，后来粮量逐渐增多，直到人们不再有因饥饿而狼吞虎咽至撑死的风险为止。待所有人都从饥荒的病态中逐渐康复后，托提拉下令打开城门，宣布民众可以自由选择是去是留。

托提拉将康侬及康侬手下的大部分士兵都安置在船上，并称康侬一行完全可以按照自己的意愿自行前往任何港口。康侬及士兵们无颜返回君士坦丁堡，便试图前往罗马，没想到当时风向恰巧相反，康侬一行无奈只得继续停留在那不勒斯城。可以想象，康侬等人自然觉得无地自容，心想既然托提拉曾给过自己逃命的机会自己却没抓住，很可能会被高高在上的托提拉当作囚犯抓起来。然而，"蛮族人"托提拉表现出的慷慨大度再一次出乎众人意料。托提拉派人邀请康侬，并向康侬保证康侬一行尽可把那不勒斯的东哥特人当作自己的朋友。直到风向顺遂可以再次启航前，东哥特人的市场随时向康侬等人开放，并称自己愿意尽最大努力确保康侬一行在那不勒斯生活得称心如意。然而，风向似乎是在故意与康侬作对，一直都逆康侬的理想航向吹来。最后托提拉建议康侬率众走陆路，而且向康侬提供了用于驮行李辎重的牲畜、路上的盘缠，并派出一支东哥特护卫队随行。虽然康侬率众回去的直接后果就是增强托提拉不久之后即将围攻的城市的守备力量，而且托提拉本人也很清楚放康侬回去好比放虎归山，但托提拉还是光明磊落地全力支持康侬率众毫发无伤地离开。虽说托提拉当初的确一言九鼎地承诺过所有士兵都可以"去任何想去的地方"，但纵观历史，像托提拉这般能够以如此大气的方式对待手下败将的君主真是寥寥无几，甚至可谓是前无古人，后无来者。

托提拉对手下东哥特士兵无法无天的扰民行为丝毫不会姑息，惩治力度甚至超过贝利撒留。托提拉恪守"王子犯法，与庶民同罪"的原则，不管犯罪的是什么人，面临的都将是死刑。当时军中有一个级别很高且深受士兵们爱戴的军官犯了罪，托提拉命人逮捕了犯罪的军官。军中一些首领纷纷恳求托提拉网开一面，饶这个军官一命。托提拉心平气和地听完求情者的叙述之后严肃而认真地说自己坚信东哥特人只有永远保持一颗正义的心才能期望上帝的恩泽，上帝才能护佑东哥特人的千秋伟业。托提拉还提醒求情者要永远铭记当年在狄奥多里克大帝一派正气的统治下东哥特人曾获得了多么辉煌的成就；相反，自狄奥达哈德之后的东哥特统治者们均背弃了从根本上成就了东哥特人伟大功绩的公正、仁义的统治之道，最终的下场都是咎由自取。托提拉还提及历史上每当东哥特人幡然悔悟后开始公正行事时，都会重新赢回久违的繁荣。托提拉质问求情者们是否明明有前车之鉴，还非要一再坚持姑息罪犯，令所有东哥特人都变成罪犯的同谋？前来求情的东哥特首领们无力辩驳，这个军官自然是死罪难逃。

根据普罗科匹厄斯的记载："托提拉行事正义凛然，东罗马帝国军队的将士们却不择手段地搜刮、抢掠战俘和百姓的财产。癫狂、傲慢且纵欲无度，毫无节制。"普罗科匹厄斯措辞中满含义愤，一针见血地指出了所谓"文明"的东罗马人与"野蛮"的东哥特人行为的天壤之别。罗马城的百姓为自己当初选择东罗马人代替东哥特人作为统治者而懊悔不已。托提拉知道百姓已心生悔意，决心利用百姓的悔意再下一番功夫。托提拉首先致信罗马元老院，质问元老院是否为曾经背叛东哥特人的愚蠢罪行感到后悔，是否想要通过主动投降来赢取东哥特人的原谅。东罗马帝国的指挥官竟然能够允许记载着如此内容的信送入罗马确实令人匪夷所思。不过，东罗马帝国的指挥官当然不会允许元老院给出任何回复。

过了一阵子之后，一天清晨，罗马城内最繁华的地方一夜之间都钉上了附有托提拉署名的告示，声称东哥特人将很快攻占罗马城，同时还郑重宣告不会对罗马城百姓造成任何伤害。东罗马帝国的军官试图找出究竟是谁张贴了告示，但徒劳无功。不过，人们都怀疑此举是阿里乌教派的牧师所为，所以将阿里乌教派的牧师们驱逐出了罗马城。

不久之后，东罗马帝国皇帝查士丁尼一世收到了一封来自驻守意大利所有将军联合署名的信，信中称东罗马帝国想要在意大利开疆扩土已然无望；另外还称东罗马帝国大势已去，东哥特人的胜利已势不可当，因此最好不要再徒劳挣扎。东罗马帝国皇帝查士丁尼一世内心虽然极不情愿，但不得不承认只有贝利撒留才能帮助自己一统意大利。四年前，贝利撒留距离彻底摧毁东哥特政权只有一步之遥。而今日东罗马帝国皇帝查士丁尼一世也为自己当初草率召唤贝利撒留回朝这一致命错误酿成的苦果付出了巨大的代价。因此，东罗马帝国皇帝查士丁尼一世命令贝利撒留再次前往意大利重整东罗马帝国军队并力挽狂澜。

# 第27章

# 贝利撒留落败

**精彩看点**

贝利撒留重返意大利——贝利撒留难续胜绩——持续封锁罗马——伯拉纠的使命——罗马城内饥荒——百姓获准自谋生路——托提拉占领罗马——贝利撒留再次占领罗马——没有价值的功绩——贝利撒留放弃挣扎、返回君士坦丁堡东罗马帝国皇帝查士丁尼一世不愿意派贝利撒留前往意大利领兵不仅仅是因为对贝利撒留根深蒂固的猜忌，还因为贝利撒留近年来有与东罗马帝国皇帝查士丁尼一世分庭抗礼的势头。542年，东罗马帝国皇帝查士丁尼一世感染瘟疫。据说在东罗马帝国皇帝查士丁尼一世弥留之际，贝利撒留密谋篡位并废除狄奥多拉皇后。不料，后来东罗马帝国皇帝查士丁尼一世竟奇迹般康复，并听信了有关贝利撒留图谋不轨的一切控诉。东罗马帝国皇帝查士丁尼一世下令剥夺了贝利撒留的所有荣誉封号及大笔财产。被剥夺兵权的贝利撒留失去了对赫赫有名的"贝家军"的统帅权。"贝家军"全部被远调至东罗马帝国的其他战线。后来，东罗马帝国皇帝查士丁尼一世声称原谅了贝利撒留，并授予贝利撒留"皇家马厩伯爵"官衔。尽管如此，东罗马帝国皇帝查士丁尼一世对待贝利撒留仍是一副傲慢冷漠的态度，即便迫不得已再次派贝利撒留担任总指挥出征意大利，东罗马帝国皇帝查士丁尼一世似乎仍难以掩盖内心对贝利撒留的不信任。然而，贝利撒留再也无法忍受东罗马帝国皇帝查士丁尼一世的猜忌怀疑，急切地想要证明自己的忠诚，欣然接受了东罗马帝国皇帝查士丁尼一世的命令。据说，贝利撒留甚至承诺愿意自掏腰包承担东罗马帝国军队前往意大利远征路上的所有花销。或许正是贝利撒留的承诺令贪得无厌的东罗马帝国皇帝查士丁尼一世最终动心，决定派遣自己原本不信任的贝利撒留出征。

544年5月，贝利撒留重新获得东罗马帝国驻意大利军队的最高指挥权。贝利撒留在意大利掌兵五年之久，最终无奈班师回朝。贝利撒留意识到东罗马帝国在意大利大势已去，东哥特王国依旧坚不可摧。

究竟是什么导致曾经风光无限地凭借一支小规模军队从维蒂吉斯大军那里夺取几乎整个意大利的贝利撒留，在短短几年之后就无法与兵力远不如自己的对手较量了呢？毫无疑问，原因有很多。一种可能是贝利撒留经历的各种苛责困境在某种程度上挫伤了他的锐气，同时令贝利撒留的思维不再像从前一样敏捷。还有一种可能是贝利撒留现在面对的对手是一位果敢决绝且有勇有谋的壮年，而非从前那个懦弱笨拙且昏聩无能的老朽。此外，还有一些更重要的原因。驻守意大利的东罗马帝国士兵不仅饱受东罗马帝国皇帝查士丁尼一世手下官员的欺压，而且长期目睹军队指挥官们的懒惰和贪婪，这导致整个军队军心极其涣散。东罗马帝国的大量士兵倒戈加入托提拉的军队，因为效忠于托提拉至少能保证士兵们按时收到军饷。剩下的几乎是一群乌合之众，已称不上是一支军队。士兵们明面上声称自己效忠于东罗马帝国皇帝查士丁尼一世，只是希望打着这样的幌子来抢掠、侮辱意大利百姓。一旦真正上了战场，他们便显出原形，变成一群废物。贝利撒留也提拔了一些军官，甚至授予军官们几乎与自己相同的权威。但军官们都知道贝利撒留已失去了东罗马帝国皇帝查士丁尼一世的信任，因此都不愿意服从贝利撒留的命令，经常忤逆贝利撒留的命令。甚至有时候明知自己的判断更加明智，贝利撒留却不得不按照手下其他军官的意见行事。

即便贝利撒留的处境堪称凄惨，但在与对手作战时仍取得了一些优势，并且大幅推迟了托提拉进军罗马的脚步。一年后，贝利撒留意识到如果继续按照目前的节奏打下去，要想征服东哥特人简直就是天方夜谭。因此贝利撒留修书一封，八百里加急呈给东罗马帝国皇帝查士丁尼一世，信中祈求东罗马帝国皇帝查士丁尼一世派遣一支真正有实力的东罗马帝国大军来意大利援助，另外还祈求东罗马帝国皇帝查士丁尼一世能拨款支付因为长期拖欠导致数额已十分庞大的军饷费用。贝利撒留声言，如果没有额外的兵力和军费的支持，那么与东哥特王国的战争几乎是毫无胜算可言，并且为了向东罗马帝国皇帝查士丁尼一世强调这一点，他干脆离开了意大利，在位于亚得里亚海东岸的杜拉佐等待来自君士坦丁堡的援军。

正当贝利撒留等待之际，罗马城又一次惨遭围城封锁。当时驻守罗马城的东罗马帝国守军指挥官是贝萨将军，一个来自色雷斯行省的东哥特人。贝萨曾在过去的岁月中用实际行动证明过自己的确是一个英勇的军人，但他为人铁石心肠，而且贪婪无比，他驻守罗马对于屡遭不幸的罗马人来讲简直是雪上加霜。罗马百姓的疾苦正中贝萨的下怀，因为贝萨可以借机大发横财——以贵得离谱的价格向百姓兜售自己囤积的大量各类供给品。

罗马元老院发现迅速令罗马脱离于水火之中已经无望，便决心尝试能否引诱托提拉同意一些对于罗马城有利的投降条件。元老院选择的大使是一个叫伯拉纠的助祭。伯拉纠在罗马城受困期间向穷人提供生活必需品的慷慨行为赢得了百姓的广泛尊敬与爱戴。伯拉纠此行的使命是劝服托提拉停战数日。另外，如果托提拉答应了罗马元老院提出的条件，伯拉纠则需代表罗马元老院承诺只要停战日期截止之前没有额外的东罗马帝国军队前来援助，罗马城愿意投降。

托提拉接待伯拉纠的方式充满了尊敬与友善，但托提拉认为在双方进入任何讨论之前自己要先把丑话说在前头，托提拉自己在涉及三个方面的问题上心意已决。"首先，"托提拉说道，"如果你希望背叛了东哥特人的西西里岛民众不受责罚全身而退，那免开尊口。其次，我已下定决心攻破罗马城城墙。东哥特人占领罗马城对于罗马百姓来讲未尝不是一件好事，因为从此以后罗马人再也不用担心会遭受围城的大难。再次，你如果想要我将现在效力于东哥特军队的奴隶们归还给原来的奴隶主，那也请免开尊口。我曾经亲口承诺奴隶们会获得自由。如果我失信于原本就命运悲惨的可怜人，你又怎会相信我会信守与你达成的任何条约呢？不过，除了上述三点，你提出的其他任何建议，我都会好好考虑。"

听完托提拉的话后，伯拉纠勃然大怒。伯拉纠愤怒地说，托提拉列出如此条条框框简直就是赤裸裸的侮辱，并称自己认为托提拉之前给自己的礼遇其实就是一次彻头彻尾的嘲弄。"我此次前来，"伯拉纠说道，"本来是有求于你，但现在我不齿再向你提出任何请求。我会向上帝祷告，上帝自会消灭强者的嚣张气焰。"说完后伯拉纠拂袖而去返回罗马城，丝毫未提及元老院让伯拉纠代为传达的信息。

很多天过去了，仍然没有任何援军的身影。罗马城内每天都有百姓活活饿死，但士兵们个个酒足饭饱，军官们更是依然延续着一贯的奢侈。百姓终于爆发了，集中起来团团包围了贝萨的将军府。民众的呼声最终迫使贝萨现身倾听民怨。民众恳求贝萨要么允许百姓离开罗马城，要么就给百姓提供食物。要是两者贝萨都不答应的话，就干脆杀了城里的老百姓，一死百了，再也不用遭受不幸。贝萨面无表情地回复称供粮绝无可能，杀人过于残忍，而放人又非常危险。不过，贝萨最后又说自己收到确切消息称，贝利撒留正率领着新的增援军队快马加鞭赶来解救罗马城。贝萨的气势令民众确信贝萨说的都是实话。聚集的民众随后自行解散，没有采取任何暴力行动。

贝萨的消息的确是真的。东罗马帝国皇帝查士丁尼一世用尽一切推诿拖延的借口后，最终派出了一支援军前往杜拉佐。援军一到，贝利撒留立即率军登船启程。海上航行五天后，贝利撒留的船队终于停靠在罗马港。

罗马城内的饥荒依然在持续，直到最后发生了一件事才迫使贝萨收敛了自己的残暴统治。当时，罗马城中有一个男子，因为实在不堪忍受自己的五个孩子成天围着自己讨要糊口的粮食而自己却无能为力。有一天，他吩咐五个孩子跟着自己出门，声称要去寻觅口粮。男子领着孩子们穿过街道，最后到达台伯河上的一座桥，忽然用身上的斗篷罩住脑袋，纵身一跃跳入河中。当着五个孩子和周围路人的面这个男子溺水而亡。全民痛恨罗马官员的愤怒之火瞬间被点燃。贝萨意识到民众的饥饿问题已然成了一个危险的元素，便承诺百姓可以自行决定去留，并且可以为选择离开罗马城的百姓提供路费。除个别人之外，几乎所有百姓都接受了贝萨的提议。然而，绝大多数百姓要么是在逃亡的路上活活被饿死，要么落入了敌人之手惨遭杀害。

贝利撒留考虑的当务之急是保证罗马城有充分的补给品，但想要实现他的计划则必须先得到贝萨的支持。不料，贝萨丝毫不留情面地拒绝服从贝利撒留的命令，这使贝利撒留的万全之策只能不了了之。之后，贝利撒留又筹备攻打东哥特大营，无奈这个原本可以成功的计划又一次因为手下军官们的不配合而失败。

与此同时，托提拉指挥军队在距离罗马十英里，也就是处于罗马城与罗马港中间的位置架起了一座横跨台伯河两岸的木桥，并在桥上建立了两座塔楼，派出手下最骁勇善战的四百名精兵把守。贝利撒留将妻子安东尼娜及所有的家当都留在港口，并派手下一个叫伊萨克的军官负责驻守港口，自己则率领舰队出征。在舰队的最前方有两艘纵火船开道，计划以此来彻底摧毁托提拉苦心建立旨在阻止贝利撒留从水路靠近罗马城的障碍物。贝利撒留传话命令贝萨从罗马城杀出重围，以此辅助贝利撒留的海上进攻，还声色俱厉地命令伊萨克无论遇到任何情况都不能擅离职守。

贝利撒留的攻桥行动倒是相当成功。桥上的一个塔楼着火，两百名东哥特士兵葬身火海。不过，贝萨并没有按照贝利撒留的要求突围；同时伊萨克忘了贝利撒留之前的三令五申，愚蠢地擅自率兵攻击一群非常强大的对手，最终战败被捕。

贝利撒留正势如破竹节节取胜，忽然收到伊萨克被捕的消息。仓促中贝利撒留料定港口必然已经失守，那么自己挚爱的妻子安东尼娜肯定已落入了敌军之手。"这是贝利撒留人生中头一回，"普罗科匹厄斯记载道，"感受到万分恐惧。"贝利撒留立刻撤下已然快要取得的胜利，启程赶往罗马港。贝利撒留

安东尼娜

的妻子安东尼娜安然无恙,但贝利撒留因内心经历了极大的煎熬痛苦,还因自己的计划未能成功而郁郁寡欢。一切不如意压在贝利撒留身上,如同一座座沉重的大山。贝利撒留最终病倒,生命垂危,在很长一段时间内只能听天由命。就在贝利撒留躺在病榻上时,四名叛变的罗马哨兵打开了罗马城阿西尼亚门,罗马城再一次落入东哥特人之手。

时值546年12月17日晚,托提拉率领军队由阿西尼亚门进入罗马城。托提拉不确定四个叛变的罗马士兵会不会引诱东哥特人陷入圈套。因此,他命令手下士兵囤聚在阿西尼亚门附近等待天明。当天夜里，有消息传来称罗马城内的东罗马帝国军队及官员们已仓皇而逃，托提拉手下的一些军官催促托提拉立即起兵追击。"让东罗马帝国的士兵们走吧，"托提拉说道，"对手都逃走不正是我们想要的结果吗？"

破晓后，眼前的景象证明消息都是真实的。罗马城可谓人去城空，只有少数的东罗马帝国士兵躲在教堂里避难，另外还有大约五百名老百姓。托提拉进入罗马城后的第一步行动就是通过修复圣彼得教堂以感谢上帝赐予自己胜利。正当托提拉翻修教堂之际，助祭伯拉纠告诉托提拉，东哥特士兵正在街上屠杀手无寸铁的罗马百姓。伯拉纠手里拿着《福音书》，恳求托提拉不要忘记基督教仁慈的信条。"好吧，伯拉纠，你终究是……"托提拉面带微笑地说道，"来求我了。""是的，"伯拉纠回答道，"因为上帝让我沦为你的奴隶，我恳求你，我们的主人，求你饶恕你的奴隶们一命吧。"托提拉当即下令禁止东哥特士兵有任何形式的暴力行为，但允许东哥特士兵们抢掠罗马城内的财物。东哥特士兵掳走了不计其数的战利品，特别在贝萨之前居住的地方更是收获颇丰，因为贝萨仓皇逃走时留下了所有的不义之财。

传言称留守罗马城的人中有少数几位曾经富甲一方的罗马人最后被迫沦为乞丐，向东哥特人讨饭吃，其中包含鲁斯蒂西亚——波伊提乌的遗孀。有些东哥特民众要求处死鲁斯蒂西亚，因为鲁斯蒂西亚曾出资引诱罗马官员摧毁狄奥多里克大帝的雕像。不过托提拉坚持称鲁斯蒂西亚年事已高，应该被尊敬对待。

第二天，托提拉再次就一向最看重的话题向东哥特士兵们训话：公正与仁慈事关生死，坚持公正与仁慈是让东哥特人的千秋伟业获得上帝祝福的唯一途径。不久后，托提拉派伯拉纠与其他使者一道前往君士坦丁堡与东罗马帝国皇帝查士丁尼一世商议和平条约事宜，但东罗马帝国皇帝查士丁尼一世声称贝利撒留完全可以依照自己的意愿全权决定双方究竟是继续战争还是握手言和，因此东哥特人应该去询问贝利撒留的意见。然而，托提拉似乎无意与贝利撒留谈判，或许是因为托提拉非常了解自己的死对头贝利撒留是一个一旦下定决心便不达目的誓不罢休的人，双方没有希望能谈出什么理想的结果。

与东罗马帝国皇帝查士丁尼一世协商未果令托提拉十分失望。雪上加霜的是，一筹莫展的托提拉突然又听闻自己派去意大利南部的远征军一败涂地，且惨遭大规模屠杀。接二连三的打击令托提拉怒火中烧，他决心通过报复罗马城来发泄自己的一腔愤懑。他下令焚烧罗马城内辉煌的建筑，"使罗马城成为一个放羊的地方"。如果托提拉当真做了这种毁坏罗马城的野蛮事，那么必将毁尽一生的英名。于是，当贝利撒留得知托提拉的打算后，立刻修书给托提拉，并在信中提出一个一针见血的问题："你是希望自己在历史中打上'摧毁了世界上最伟大的城市的人'的烙印，还是希望通过成为'罗马城的保护者'而名垂青史呢？"送信的人称托提拉拿着贝利撒留的信反反复复看了很多遍，似乎是想要背诵信中的内容一般。经过一番深思熟虑，托提拉回复贝利撒留称罗马城定会安然无恙。托提拉与贝利撒留两人在此次事件中的表现都为后人称道。

罗马城的围城战就此结束。托提拉也终于可以腾出精力关注一下东哥特王国内蒙受战乱之苦的其他地方。很多地方此时正惨遭东罗马帝国军队的残酷蹂躏。托提拉不知为何突然做出了一个非常奇怪的决定：彻底放弃罗马城，同时毁坏了罗马城的大部分城墙。如此一来，任何军队都不可能再利用罗马城城墙作为战时的要塞。托提拉要求罗马元老院全程陪同目睹了拆毁罗马城城墙的过程。同时，托提拉将滞留在罗马城内的为数不多的老百姓一道送去了坎帕尼亚。在历史上，罗马城曾发生过各种千奇百怪的事情。然而，数周时间里，偌大一个城竟然没有一人，而高大的建筑依然如故，这无疑成了罗马历史上最怪诞的一幕。

起初，托提拉留下了大批军队负责监控贝利撒留的动向，自己则带着剩余的少数士兵前往意大利南部。但不久后，不知出于什么原因，托提拉突然转变了心意，认为有必要集结全部兵力改道前往拉韦纳，同时没有留下任何兵力驻守罗马城内外。

一个非常戏剧化的事件发生了：贝利撒留立即启程离开罗马港，一路行军中没有遇到任何阻碍，不费吹灰之力便占领了罗马城。当然，时间不允许贝利撒留完全重建罗马城防，但通过安排人手夜以继日赶工，贝利撒留利用三个星期的时间成功在托提拉之前毁掉的城墙基础上重新建立起了一道毛坯墙。之前离开的百姓们纷纷回到罗马城城内，罗马城又一次恢复了往日的模样。

　　托提拉听到风声后立刻率领全部军队全速赶回罗马城。当托提拉抵达罗马城时，贝利撒留甚至都还没来得及修建新的城门替代之前被托提拉拆毁的旧城门。不过，此刻的罗马城士气饱满，众志成城，托提拉发动了三次狂风暴雨般的猛攻仍然无济于事，最终，托提拉无奈放弃了攻打罗马城。直到此次事件之前，根据普罗科匹厄斯的说法，东哥特人都将年轻的托提拉视为神灵一般崇拜，但在此战之后，东哥特民众愤怒地指责托提拉当初为何不彻底毁灭罗马城或者将罗马城牢牢握在东哥特人的手中。民众并没有揭竿起义，因为东哥特人有一个美德：忠诚于自己选择的领袖，哪怕是一个错误的选择。即便如此，民众不再像从前一样由衷信任托提拉的智慧与运气，同时不再像从前一样满怀激情与希望地去战斗。

　　贝利撒留完成了罗马城的要塞修复工程，同时还给东罗马帝国皇帝查士丁尼一世送去了新城门的钥匙以证明自己在罗马城的胜利。不过，虽说重新占领罗马城看似不愧为一件大功，但实质上对于整个意大利战事的终结也并没有什么帮助。经历了几个月规模不等却几乎毫无成果的突击战后，贝利撒留意识到像自己这般无力取得下属绝对服从的将军根本没有可能征服东哥特人。贝利撒留在经过毫无希望的挣扎斗争后身心俱疲，便授意妻子安东尼娜前往君士坦丁堡恳求东罗马帝国皇帝查士丁尼一世允许自己卸任。东罗马帝国皇帝查士丁尼一世同意了贝利撒留的请求。549年年初，贝利撒留离开了意大利，再也没有回去过。

　　贝利撒留此后的生平对于我们而言已不再重要，不过还是有必要简明扼要地说一下。贝利撒留从意大利返回后又活了十六年。十六年中贝利撒留又完成了一项丰功伟绩,成功挽救君士坦丁堡免遭匈人的屠戮,不负自己一世的英名。贝利撒留晚年又一次因为有谋反的嫌疑而失宠,但后来又重新受宠,享尽了一切富贵与功名后溘然长逝。至于有些空穴来风的故事称晚年失明的贝利撒留不得不沿街挨家挨户乞讨糊口,只当博君一笑,压根无须相信。

# 第28章
# 东哥特王国的覆灭

**精彩看点**

哥特人再次夺取罗马——吉曼努斯远征——吉曼努斯病逝——纳尔塞斯受命攻打意大利——纳尔塞斯进军意大利始末——纳尔塞斯扎营塔吉那附近——一场大战——托提拉驾崩——托提拉的高风亮节——德亚当选国王——拉克塔里山战役，德亚驾崩——法兰克人与阿拉曼人趁火打劫——东哥特王国覆灭——拉韦纳易主贝利撒留前脚刚走，后脚罗马城便失守了。跟上次罗马城失守一样，这次也是因为罗马城城内出了叛徒将罗马城拱手让给东哥特人。罗马城的东罗马帝国守军中有一些伊扫罗士兵因为自己的军饷长期拖欠而心生不满。根据普罗科匹厄斯的记载，事实上士兵们已经很多年都没有收到过东罗马帝国发放的一分钱军饷！东罗马帝国则允许士兵们尽情肆意抢掠意大利当地民众来弥补军饷的缺失。伊扫罗士兵听说上次罗马围城战中有四个战友叛变打开了阿西尼亚门从而获得了托提拉慷慨的奖赏，因此决心效仿前人。托提拉毫不犹豫地接受了伊扫罗士兵的提议。当双方说好的行动时刻到来之时，一阵巨大的号角声响起，罗马城守军立刻赶往河旁边的城墙位置，以为一场大战即将在此处爆发。与此同时，背叛的伊扫罗士兵打开了罗马城西北面的圣保罗门。托提拉率领着东哥特军队先头部队进入了罗马城。东罗马帝国的士兵从罗马城的其他各个城门落荒而逃，但托提拉早已布置了重兵拦截这些逃兵，最后只有极少数东罗马帝国士兵逃得一命。

不过，东罗马帝国军队中有一位异常勇敢的军官——来自西利西亚的保罗。保罗率领着手下四百名士兵藏于哈德良陵避难，并试图利用皇陵作为要塞迎接一切攻击。但东哥特人非常聪明，没有贸然发动攻击，而是悄悄地包围了保罗藏身的皇陵并按兵不动，坐等保罗一行耐不住饥饿的折磨束手就擒。最后，四百名勇敢的士兵意识到坐以待毙只有死路一条，决心发动突击与对手拼个你死我活。或许是冥冥中感觉到此行凶多吉少，四百名士兵出征前彼此拥抱并且"带着死神的气息亲吻彼此"。随后，这四百名士兵抱定了必死的决心，"即便是死路一条，也要死得其所"，从皇陵的大门一拥而出。然而，万万没想到的是，四百名士兵刚冲到东哥特人的阵前就看见前方树立着休战的旗帜，同时四百名士兵做梦也想不到东哥特国王托提拉竟然提出只要他们放下武器并承诺永远不再与东哥特人作战便可毫发无伤地返回君士坦丁堡。托提拉还提议如果四百名士兵愿意的话，可以加入东哥特人的军队，并且与其他东哥特士兵享受同样的待遇。虽然四百名士兵都是铁骨铮铮的硬汉，但毕竟谁也无法抵挡生的诱惑。忽然死里逃生，所有人都禁不住欢呼狂喜。起初，四百名士兵要求返回君士坦丁堡，但一想到回去之后将会遭受种种冷遇，以及已经卸下武器的自己在路上将会遇到的重重危险，转念一想，比起东罗马帝国皇帝查士丁尼一世，托提拉其实更值得效力。因此，四百名士兵最后同意加入东哥特军队。当时还有另外四百名东罗马帝国的士兵没有逃出罗马城，而是在城中的教堂里避难，后来也加入了托提拉的军队。

  在上述事件发生前几个月的时候，托提拉曾派出一支使者团面见法兰克国王提奥德贝尔特一世，请求联姻。不料使者团不光带回对方回绝的消息，同时还有一句非常侮辱人的话。"回去告诉你们国王，"法兰克国王提奥德贝尔特一世说道，"我们并不认同一个占据了罗马城却守不住罗马城还让罗马城落入对手之手的人号称意大利的国王。"这句讥讽令托提拉有如芒刺在背。托提拉决心向全世界证明自己是罗马城名副其实的主人。托提拉差人精心修复了罗马城之前惨遭摧毁的所有建筑物及城墙，同时还召唤当时尚被囚禁于坎帕尼亚的罗马元老院议员们返回罗马城。罗马城又恢复了往日的面貌。罗马城内最后一次出现有国王在场的古老庆典活动，当时国王高坐在"西部恺撒"的御座之上。

  东哥特人再次成为意大利的主人。仍然滞留在罗马城城内的东罗马帝国的残兵败将们已经没了任何兴风作浪的能力。托提拉派使者觐见东罗马帝国皇帝查士丁尼一世，提出希望受封为东罗马帝国皇帝查士丁尼一世的封臣，条件是东罗马帝国皇帝查士丁尼一世需认可托提拉为意大利的统治者。如果东罗马帝国皇帝查士丁尼一世当时能同意托提拉的提议，或许东哥特王国的封建君主制就能确立，并且整个欧洲南部的历史进程都会改变。然而，东罗马帝国皇帝查士丁尼一世最终甚至都没面见托提拉派出的使者，使者们没有得到任何答复便无功而返。

　　托提拉接下来的举动便是出兵执行自己酝酿已久的计划：惩罚失信的西西里岛人。托提拉带兵在西西里岛上那些富饶的城市肆意抢掠扫荡达两年之久，还征服了撒丁岛和科西嘉岛，并顺利攻占了希腊境内原本属于东罗马帝国皇帝查士丁尼一世的许多领土。

　　正当东哥特人节节胜利的时候，忽然传来了一个消息，这个消息令所有东哥特人都坐立不安。东罗马帝国皇帝查士丁尼一世因为经不住教皇维吉里的一

教皇维吉里

再恳求，又派出了一支军队，由东罗马帝国皇帝查士丁尼一世的侄子吉曼努斯率领，远征意大利。东哥特人得知这个消息后人心惶惶。东哥特人人心惶惶的原因之一便是东罗马远征军的新任指挥官吉曼努斯正是东哥特公主玛瑟逊莎的丈夫，而且据说玛瑟逊莎会陪同吉曼努斯一起来到意大利。一想到要与狄奥多里克大帝的后人作战，东哥特人内心总感觉不是滋味，而且东哥特人更担心托提拉手下的很多士兵也许会因为介怀玛瑟逊莎而失去应有的作战水准。除此之外，过去的很多战事也证明吉曼努斯的确是一位颇有能力的将才。虽然吉曼努斯的军事能力远不如贝利撒留，但吉曼努斯的受拥护程度远超伟大的贝利撒留。令所有人意想不到的是，东罗马帝国皇帝查士丁尼一世划拨了一笔数额巨大的资金支持吉曼努斯的远征军，同时吉曼努斯本人也贡献了大笔个人财产。重赏之下，必有勇夫。高额的军饷吸引了包括格皮特人、赫鲁利人、伦巴第人在内的大批蛮族人应召加入吉曼努斯的队伍。如此一来，吉曼努斯此次率领的远征军就成了自东罗马帝国皇帝查士丁尼一世登基以来历次派往意大利的军队中最强大骇人的一支，直接威胁东哥特王国的生死存亡。

命中注定的是吉曼努斯并不能征服托提拉，因为吉曼努斯还没来得及渡过亚得里亚海便不幸病逝。整个东罗马帝国都为吉曼努斯的死感到惋惜。吉曼努斯纯良高尚，很多人都希望吉曼努斯能够继承东罗马帝国皇帝查士丁尼一世的皇位。一旦吉曼努斯登基，从前饱受东罗马帝国皇帝查士丁尼一世剥削的百姓就能守得云开见月明，过上像样一点儿的日子了。

吉曼努斯去世不久之后，玛瑟逊莎便诞下一子，孩子取了跟父亲一样的名字，也叫吉曼努斯。据说，当时东哥特民众中有一部分人渴望小吉曼努斯有朝一日能受封为"西部恺撒"，或者叫"哥特人与意大利人之王"，受到君士坦丁堡朝廷的认可与护佑。然而，小吉曼努斯似乎对王权功名并没有什么野心。小吉曼努斯先是安静地度过了五十年养尊处优的日子，之后因为卷入了一场阴谋，于604年与自己唯一的孩子——一个女儿一同惨遭处死。如此一来，狄奥多里克大帝的血脉全部断绝。

吉曼努斯突然病逝后，摆在东罗马帝国皇帝查士丁尼一世面前亟待解决的问题就是究竟应该派谁代替吉曼努斯担任远征军的总指挥。任命的新人选必须是一个有绝对权威，能令其他所有军官毫无争议心服口服的人。突然将一个军官提拔至拥有最高军事指挥权也许会再一次激起其他军官的嫉妒与逆反，当年贝利撒留的经历就是前车之鉴。东罗马帝国皇帝查士丁尼一世最终任命了当时君士坦丁堡朝廷官衔最高的宫廷大臣纳尔塞斯为远征军总指挥。前文中讲到过纳尔塞斯。十二年前，正是因为纳尔塞斯在贝利撒留的意大利战争中横加干涉最终导致了东罗马帝国的惨败。此时的纳尔塞斯已是七十五岁高龄，身体虚弱，但事实证明纳尔塞斯的头脑依然非常敏捷。正是已逾古稀之年的纳尔塞斯完成了当年正值壮年的贝利撒留都没能完成的使命——摧毁东哥特王国，建立隶属于东罗马帝国的意大利王国。

当东罗马帝国皇帝查士丁尼一世提出有意任命纳尔塞斯为意大利远征军总指挥时，纳尔塞斯称除非答应自己一个条件，否则自己不会接受任命。纳尔塞斯提出的条件是必须得到东罗马帝国皇帝查士丁尼一世毫无限制的资金供应。只要有足够的钱，纳尔塞斯便可以组建一支数量上有压倒性优势的浩荡大军。纳尔塞斯认为即便是吉曼努斯当时组建的大军数量似乎还是不够大，而且他还希望自己到达意大利之后能够通过全额发放之前东罗马帝国拖欠的军饷来安抚即将暴动的士兵，同时收归叛变的士兵。东罗马帝国皇帝查士丁尼一世知道年迈的纳尔塞斯对东罗马帝国忠心耿耿且智慧非凡，而且东罗马帝国皇帝查士丁尼一世也总结出了过往的惨痛教训——过度吝啬军费的确是一个天大的错误，因此同意了纳尔塞斯的要求。没过多久，纳尔塞斯便率领军队来到了亚得里亚海岸边。东罗马帝国皇帝查士丁尼一世在位期间从未见识过规模如此庞大的一支大军。队伍中的士兵除了来自东罗马帝国的每一个地区，还有很多来自东罗马帝国疆土之外的各个蛮族，其中甚至还有来自遥远的波斯王国。波斯国王的一个孙子率领的一大群逃兵也加入了纳尔塞斯的大军。

纳尔塞斯最初的计划是从北面攻入意大利，之后沿着意大利半岛一路向

货币上的德亚

南长驱直入，但这个计划在征途中遭遇了始料未及的困难。因为早在纳尔塞斯出征前，托提拉就已经部署了一支大军前往维罗那。这支军队的指挥官是一个叫德亚的将军。德亚不遗余力地利用各种手段组织纳尔塞斯试图入侵意大利的企图。德亚一边破坏道路，一边开挖沟渠、路堤。与此同时，法兰克人的大军占据了威尼提亚，并拒绝东罗马帝国军队借道通过，声称因为东罗马帝国的军队里有法兰克人的宿敌伦巴第人。当时的情形明眼人都能看出来，如果纳尔塞斯顽固坚守最初的计划，那就意味着纳尔塞斯不光要与东哥特人作战，还要与法兰克人强大的军队为敌。

但纳尔塞斯还能有什么其他选择吗？纳尔塞斯手里并没有足够多的船通过海路运送士兵，想要沿着河岸一路行军似乎也不可行，因为横亘在面前的共有十二条宽宽的河流。纳尔塞斯召开战时会议，在会上维塔利安的孙子约翰将军提出了一条妙计解决了纳尔塞斯的困境。约翰的计谋是，全军沿着海岸徒步行军，同时船队跟着军队一道并排航行，一旦遇到河流，船队就可以排列起来充当桥梁的角色，士兵们便可安然渡河。

纳尔塞斯采纳了约翰的妙计。纳尔塞斯率领全军毫不费力便抵达拉韦纳，并于拉韦纳休整了九日。东罗马帝国大军休整期间，纳尔塞斯收到了一封来自阿里米努姆的东哥特驻军指挥官乌德里拉（或称奥德提拉）的信，信中嘲讽东罗马帝国军队是否准备躲在石头城墙后面永远当缩头乌龟，并且嘲笑东罗马帝国军队不敢站出来像男人一样战斗。看着这封言辞愚笨的信，纳尔塞斯不由得哈哈大笑，待东罗马帝国士兵们都休整好之后，纳尔塞斯便开拔前往阿里米努姆。双方在马雷基亚河的一座桥上爆发了一场小规模战斗，之前口不择言的乌德里拉不幸丧命。东罗马士兵将乌德里拉的头颅砍下带回大营。纳尔塞斯并没有继续攻打阿里米努姆，而是顺着弗拉米尼安路率军疾行至小镇塔吉那（或称塔迪诺）附近。恰逢托提拉刚与德亚率领的军队会师，正于塔吉那安营扎寨。

纳尔塞斯派了一些军官前去敦促东哥特国王托提拉投降，不要冒险与纳尔塞斯的大军开战。托提拉压根就不理会任何关于投降的说法，东罗马来使便要求托提拉给出一个确定的开战日期。"下个星期的今天。"托提拉答复道。不过如此小儿科的伎俩可骗不了纳尔塞斯。东罗马来使返营后，第二天，东哥特人全副武装攻打东罗马大营。然而，纳尔塞斯早已做好战斗准备，打了一场守株待兔的战斗，使托提拉遭受重创被迫撤退。

双方都铆足了劲儿为下次大战做准备。两军阵前的指挥官们都在发表演讲，试图鼓舞士气，为意大利的命运而战。东哥特士兵眼看东罗马帝国数量大得惊人的军队及精良的设备，全军士气极其低迷，托提拉必须要展示极尽雄辩的口才才能避免东哥特士兵们陷入绝望。

"士兵们，"托提拉说道，"即将到来的战役是我们的最后一搏。倘若我们能获胜，东罗马帝国皇帝查士丁尼一世的力量便会土崩瓦解，哥特人的自由便有了保障。像个男人一样，不然等到明天一切都为时已晚。不用顾及你们的战马和武器,因为今天无论成王成寇,以后都再也用不着马和武器了。切记,唯有胜利才能保障你们的安全,逃跑就是自寻死路。不要被对手军队的数量吓破了胆。我们哥特人是为我们的自由而战,为我们的国家而战,为我们生命中珍视的一切而战!对手不过是靠花钱买来的匈人、赫鲁利人充充门面,他们只不过是些来自不同民族、讲着不同语言的形形色色的凑数者而已。古时原本彼此仇深似海,根本没有任何共同的利益而言,今日聚在一起无非都只是为了钱。"

双方军队都以战斗队列拉开了阵势。纳尔塞斯按兵不动,希望托提拉能率先开战。托提拉觉得有必要再等一等,因为他原本指望依靠的一支两千人的军队还没有如约到达指定地点。为了拖延时间,托提拉派信使前去与纳尔塞斯周旋,假装有意和解;但纳尔塞斯拒绝专门召开会议商议此事,因为纳尔塞斯知道所谓和解的请求不过是托提拉想出来的缓兵之计而已。与此同时,为了安抚士兵们的不安情绪,托提拉亲自策马到东哥特军阵前,身着金色盔甲和紫色长袍,展示着自己的马术技巧。托提拉一边绕圈骑马飞驰,一边将自己的矛扔向空中后又在飞驰过程中妥妥接住。托提拉还进行了其他一些类似的马术表演。"就好像托提拉曾经受过马戏团的训练一般。"普罗科匹厄斯描述道。接近正午时分,托提拉苦等的两千名士兵终于抵达,托提拉继而返回帐中更换服饰,同时其余东哥特士兵开始享用午餐。午餐时间一结束,托提拉便率领士兵突然袭击了东罗马帝国军队。因为托提拉料想午餐时间自己稍事休息,之后突然出手必然能令对手始料未及。但纳尔塞斯毕竟是只老狐狸,早已看穿托提拉的心思。东罗马帝国所有士兵依然是严阵以待,就连午餐的食物都是由专人送到队列中给士兵们吃。

显然,托提拉的计划是欠妥的。不过无论是什么样的将才,面对士兵数量和武器精良程度都远远胜过自己的敌人,纵然是再有万般能耐恐怕也无济于事。不仅如此,纳尔塞斯还使尽了浑身解数激发士兵的斗志与血性。开战之前,纳尔塞斯骑马穿梭于各营地之间,同行者的长矛项圈上、手镯上及马匹装饰物上都镶嵌着黄金，而黄金正是对当日表现突出者的嘉奖。即便纳尔塞斯手下的蛮族士兵听不懂纳尔塞斯的训话，但一定能读懂黄金释放的信号，因此与东罗马帝国士兵一道争先恐后地杀敌，渴望获得纳尔塞斯承诺的嘉奖。东哥特人自然是竭尽所能背水一战。但自打战争打响那一刻，局面就对东哥特人非常不利。入夜后，东罗马帝国军队已将东哥特军队驱逐出战场。六千名东哥特士兵阵亡，成千上万的东哥特士兵先是被俘，后来全部惨遭冷血屠杀。

　　战斗结束后，东哥特国王托提拉在两三名忠臣的护送下仓皇逃命，格皮特人首领阿斯巴德提着长矛一路追击托提拉，但因为天色黑暗，阿斯巴德并不知道自己追赶的究竟是何人。一个东哥特人愤怒地大喊道："狗东西！你当真要杀害自己的主人吗？"阿斯巴德这才知道原来自己追击的竟然是托提拉，便用尽全力刺向托提拉，不料随后自己却因受伤而倒地。东哥特人一路护送着托提拉行至距战场七英里外的卡普拉村，随后托提拉便在此不幸去世。同行者将托提拉秘密埋葬于卡普拉村附近。然而，托提拉陵注定不得安宁。战斗结束后没过多久，一个东哥特妇女将托提拉的葬身之处透漏给了东罗马帝国一些军官。得知消息的东罗马帝国军官们难以抑制地想要确认托提拉是否真的已经驾崩，随即开棺验尸，发现原来这个东哥特妇女所讲均为实言。随后东罗马帝国军官们便再次将托提拉的尸首放回去，入土前还专门剥去了托提拉的衣服及随身携带的装饰品，将这些东西寄给了东罗马帝国皇帝查士丁尼一世，以证明东罗马帝国的死敌托提拉已死。

　　在位统治十一年后，年轻而骁勇善战的托提拉最终落得如此悲惨的下场。我们不能像历史上有些人曾经评价的一样，称托提拉为最伟大的东哥特人。因为与狄奥多里克大帝比起来，托提拉既不聪明过人，也不具备掌控全局的能力，但他与狄奥多里克大帝一样恪守公正、励精图治。尽管托提拉在位期间数次以残酷的手段报复对手，这种"势必让对手血债血偿"的做法似乎有损托提拉的明君形象，但从整体来看，托提拉绝对是一个充满了骑士精神同时又拥有鸿鹄之志的君主。与托提拉同时代的人中很难再找出第二个可以与托提拉相媲美的人。历史上能够像托提拉一样因为命途多舛而使人难以抑制同情心的名人当真寥寥无几，或许也只有哈罗德·戈德温森能与托提拉相提并论。这就如同在东哥特历史中，人们将狄奥多里克大帝与英格兰的阿尔弗雷德大帝相提并论一般。

塔吉那大败后，东哥特军队残部退守意大利北部并选举德亚继任东哥特国王。纳尔塞斯继续大兵压境杀向罗马。经历短暂的围城战之后，罗马城再次归属东罗马帝国。这是东罗马帝国皇帝查士丁尼一世在位期间罗马城第五次易主！意大利民众的命运在此次所谓"罗马人"的胜利中的悲惨程度堪称历史之最。据说，东罗马帝国军队中的蛮族士兵"但凡挡道者一律格杀勿论"，也就是说不分敌我，该杀则杀，该抢则抢。驻守在意大利境内其他尚未失守的城市的东哥特士兵燃烧着复仇的怒火，由于再也没有托提拉的管束，他们开始以令人毛骨悚然的残酷手段疯狂报复着无辜的罗马人。德亚亲自下令屠杀托提拉时期曾经作为人质扣押的三百名来自最尊贵的罗马家庭的年轻人。

塔吉那一战令东哥特王国受到了致命一击，不过尚有一丝生机。东哥特王国最后的殊死挣扎非常惨烈。德亚非常清楚，如果没有外援，仅凭东哥特王国孤军奋战，想要抵抗纳尔塞斯的庞大军队毫无胜算可言。因此德亚用尽了各种手段想要拉拢法兰克国王图德巴德组成联盟，并提供了数额巨大的贿赂金。但法兰克人并不买账。法兰克人打的算盘是"鹬蚌相争，渔翁得利"：等到东哥特人大败且东罗马帝国军队也因激烈的厮杀而元气大伤之时将意大利据为己有。

发现无法获得法兰克人的帮助之后，德亚便率领全军前去祈求托提拉的兄弟阿利根的援助。当时阿利根在战略重镇库迈被一支强大的敌军部队包围，而当时东哥特王国的财产有很大一部分囤积在库迈。纳尔塞斯率领全军火速赶往库迈迎战德亚。德亚想要尽量拖延这场实力悬殊的战役：德亚扎营于维苏威火山山脚下一个有利的据点，旁边有一处险峻而狭窄的峡谷作为天然屏障，峡谷脚下便是流淌着的萨尔诺河。两军对峙在峡谷两侧，彼此投掷能充当武器的各种物体袭击对方。纳尔塞斯发现既不能通过武力驱逐东哥特人，也无法使计引诱东哥特人自行撤退。东哥特军队的扎营位置简直是得天独厚，甚至能够保障东哥特军队不间断地从海路获得各种补给品。德亚的打算是一直等下去，等到幸运女神会不经意间眷顾自己。当然，这只不过是德亚的一厢情愿。

不料两个月后，东哥特舰队的总指挥忽然叛变，将原本想要运送给东哥特人的补给品全部交给了东罗马方。如此一来，东哥特方便面临着挨饿的风险，无奈只得放弃了原本固若金汤的据点。一开始东哥特人选择前往拉克塔里山山巅。这里虽不失为一个能免遭攻击的安全据点，但要想寻觅粮食仍然无望。不过东哥特人不齿于向东罗马帝国军队投降。对于东哥特人来说，剩下唯一的出路便是不顾一切与东罗马帝国军队打一场你死我活的硬仗。东哥特人放走了

东罗马帝国军队与东哥特军队在拉克塔里山交战

他们自己的战马，徒步行军并突然向惊恐万分的东罗马帝国军队发起了攻击，战争可谓异常惨烈。普罗科匹厄斯曾写道："荷马笔下的英雄里没有任何一人能够与德亚在当天的战争中表现出的惊为天人的英勇相媲美。"德亚在阵前厮杀了多个小时之后，命令替德亚拿装具护甲的士兵为德亚更换盾牌。盾牌由十二个破损的长矛制成，非常重。更换盾牌的一瞬间德亚失去了保护，对手的一支飞镖扎进了德亚的胸口。意大利最后一位东哥特国王就此驾崩。东罗马士兵割下了德亚的头颅并挂在一根杆子上示众，一来是为了鼓舞东罗马士兵的士气，二来是为了打击东哥特士兵的士气。但即便是痛失君主的事实也丝毫没能减弱东哥特士兵的满腔怒火，他们继续战斗直至夜幕降临，待到第二天破晓之时又继续投入战斗，直到夜晚再次来临东哥特士兵才又一次短暂休战。

德亚被飞镖刺穿胸膛

战败的东哥特军队的残余部众踏上了北去的征途

第三天清晨,疲惫不堪且饥肠辘辘的东哥特人终于觉得自己再也无法继续战斗。东哥特首领们派出使者前去与纳尔塞斯言和。即便如此,东哥特人仍然不愿意屈从自己成为东罗马帝国皇帝查士丁尼一世的臣民,只是承诺永远不会再次拿起武器对抗东罗马帝国,而且提出条件要求东罗马帝国必须保证东哥特人能够安然无恙地离开意大利,并且为东哥特人提供远行路上所需的路费。

东罗马帝国的将军们很快召开会议讨论东哥特人的提议。因为之前已见识过东哥特人在战场上奋不顾身的英勇,他们决定接受东哥特人提出的条件。553年3月,战败的东哥特军队的残余部众踏上了北去的征途。至于这批部众后来的具体下落，史书上并没有记录。或许东哥特人的残余部众后来与法兰克人或阿拉曼人定居在一起，亦或许是一路西行至西班牙加入了西哥特王国。究竟如何，我们不得而知。

虽然战败的东哥特人已经离开，但纳尔塞斯后来仍然经历了艰苦卓绝的战斗才彻底征服意大利全境。驻守意大利其他城市的东哥特士兵仍然进行着顽强的反抗。正当东罗马帝国的将军们全力投入各个城市的围城战时，法兰克人发现等待多日的时机已到。秋天到来的时候，法兰克人在堪称"半野蛮人"的阿拉曼人的辅助下，集结八万人拥入了意大利。勇敢的阿利根之前已守卫库迈达一年之久，转而向东罗马帝国军队投降。因为阿利根认为成为东罗马帝国的将军总比成为法兰克人的奴隶要划算。不久之后，东罗马帝国军队又占据了卢卡，但驻守其他城市的东哥特人纷纷为法兰克人打开城门。入侵者随心所欲地穿行在墨西拿海峡以北的整个意大利半岛，一路烧杀抢掠无恶不作。纳尔塞斯的军队因为在之前的战争中消耗巨大，已不再是法兰克人与阿拉曼人庞大联军的对手。于是，纳尔塞斯只能忍辱负重，任由蛮族军队肆无忌惮地扫荡意大利。

不料入冬之后，因为瘟疫爆发及自身的酗酒放纵，法兰克人与阿拉曼人的联军数量不断减少。与此同时，联军中阿拉曼人的一位首领也返回了位于阿尔卑斯山脉另一侧的家乡。当春天来临之际，坚持操练了一个冬天的东罗马帝国军队在纳尔塞斯的带领下准备与法兰克-阿拉曼联军展开一场事关生死的正面决战。

双方军队在卡西利努姆的沃尔图诺河的两岸对峙。东罗马帝国军队在数量上仍然处于下风，但后来东罗马帝国的将军们靠着优秀的作战能力在当日的战斗中力挽狂澜。法兰克人的联军遭到了毁灭性打击，之后便没有再做任何抵抗，惊慌失措地向自己的老家逃命去了。卡西利努姆大捷后，纳尔塞斯率胜利之师行进在罗马城内。这也是罗马城历史上最后一次举办隆重的胜利游行典礼。

接下来的一年中，失守的城池一个个归属了罗马人。之前抵抗东罗马军队的东哥特人有的惨遭流放，有的伪装并混入了周围的人群中。东哥特王国不复存在，彻底退出了历史舞台。

说来也是奇怪，同样在原罗马帝国的土地上，同样都是由日耳曼人建立，而且成立时间都在5世纪的最后二十五年的两个伟大王国，最终的命运竟会有这般天壤之别。历经十四个世纪之后，法兰克国王克洛维一世当年征服高卢的胜利果实依然开枝散叶泽被后世。即便法兰克国王克洛维一世当年建立的王国已不复存在，然而从真正意义上来讲，法兰克国王克洛维一世堪称法国的缔造者。法兰克人从未因为任何原因受驱逐而离开高卢。尽管他们失去了自己的母语，同时在岁月变迁中不断地受到自己从前征服的庞大外族人的同化，但时至今日，"法国"这一名称仍来自法兰克。狄奥多里克大帝无论从任何方面来讲都要比法兰克国王克洛维一世伟大，但狄奥多里克大帝征服意大利的战果仅仅留存了八十年。东哥特王国的覆灭是多种原因联合导致的结果：最初是因为东哥特人的数量实在少得可怜，无法通过武力占据意大利；东哥特人大都是信奉阿里乌教派的基督教异端，即便东哥特人高风亮节，十分包容各种宗教问题，也不可能真正赢得信奉天主教的臣民的信任；狄奥多里克大帝的继承者们既没有遗传狄奥多里克大帝的天赋才能，也没有像狄奥多里克大帝一样的高尚品格。即便如此，我们依然相信如果当时东罗马帝国皇帝查士丁尼一世能鼓励东哥特的历任国王在意大利建立一个强大的、隶属于东罗马帝国的自治领土，那么东哥特王国最终的结局也必定会不一样。如果东罗马帝国皇帝查士丁尼一世真能如此，那才是做了一个更明智的决定，因为征服意大利给东罗马帝国带来的好处根本不足以弥补为了征服意大利而付出的巨大的人员伤亡和财产损失。

东罗马帝国皇帝查士丁尼一世册封意大利的征服者纳尔塞斯为"皇帝特使"，也就是意大利实际上的统治者。纳尔塞斯选择了当年狄奥多里克大帝的都城拉韦纳作为行宫所在地。纳尔塞斯和他的继承者们以东罗马帝国皇帝的名义统治意大利长达两百年，但统治的面积与当初接手时同伦巴第人和法兰克人连续征战后遗留下来的面积基本相同。不过，至于意大利在纳尔塞斯及其后人统治下经历的风风雨雨是喜是忧，都已与我们讲的故事完全无关了。

# 第29章
# 再谈西哥特人

**精彩看点**

一段模糊的历史——阿马拉里克的婚姻——图迪斯篡权——图迪斯遭谋杀,提乌迪吉塞尔与阿吉拉一世的统治——阿塔纳希尔德的统治及两个女儿布吕尼希尔德和格莱温斯塔此前因为一直在追踪东哥特人的发展消亡史，便没有用太多篇幅书写西哥特人的历史，而此章，我们将再度谈及西哥特人的故事。东哥特人消亡后，西哥特人在西班牙的统治仍然持续了一个半世纪。不过，我们能了解到的关于西哥特人在西班牙统治的内容仅仅是沧海一粟。讲解这段历史的权威人物几乎全部都是牧师。通常情况下，牧师们大都不会在意普通民众最渴望了解的事情，而是费尽心思详述那些民众认为微不足道但因为宗教的关系而能引发牧师自己兴趣的事情。

前文中讲过，早在507年西哥特国王阿拉里克二世驾崩后，狄奥多里克大帝就宣称自己是年幼的外孙西哥特国王阿马拉里克的守护者。狄奥多里克大帝在世期间一直以阿马拉里克的名义管辖着西班牙及免遭法兰克人征服的位于高卢南部的狭窄地带。狄奥多里克大帝还将东哥特将军图迪斯封为西班牙的总督。但实际上，图迪斯可以称作西班牙的国王。据说图迪斯每年都会钦点贡品送往拉韦纳，并信誓旦旦地向狄奥多里克大帝表明自己的忠心。狄奥多里克大帝嫉妒图迪斯的权势，却不敢轻易撤掉图迪斯的职务，唯恐图迪斯叛乱投向法兰克人。狄奥多里克大帝用了很多办法想要劝说图迪斯前来意大利，但图迪斯知道狄奥多里克大帝心里的算盘，因此从来没有应邀去赴鸿门宴。

狄奥多里克大帝驾崩后，当时二十四岁的阿马拉里克成为罗讷河以西全部哥特人疆土的最高统治者。同时，西哥特王国的各种王室珍宝也由拉韦纳转运至纳博讷，因为阿马拉里克选择了纳博讷为行宫所在地。

阿马拉里克极力想要增强国力，便铤而走险与危险的邻国法兰克王国王室联姻。结果，事实证明正是这场联姻导致了阿马拉里克的覆灭。阿马拉里克迎娶的是法兰克国王克洛维一世的女儿克洛蒂尔德（又称霍洛希尔达）。克洛蒂尔德是一位狂热的天主教教徒，就如同她的母亲一般。克洛蒂尔德的名字也是根据母亲的名字命名。阿马拉里克曾承诺克洛蒂尔德可以保持自己的宗教信仰，但阿马拉里克没有信守自己的承诺。根据法兰克历史学家的记载，克洛蒂尔德曾因被要求改宗而受到了残忍的折磨和虐待。后来克洛蒂尔德给自己的

克洛蒂尔德的母亲克洛蒂尔德（法兰克国王克洛维一世的王后）

巴黎的希尔德贝特一世

兄弟们送出了一块沾染了自己血迹的手帕，要求兄弟们为自己报仇雪恨。当然此说法的真实与否我们并不确定。不过毫无疑问，克洛蒂尔德的确颇有怨言地称自己无法按照内心的真实意愿去祷告。法兰克的国王们时刻都在虎视眈眈地等待机会，只待找到一个莫须有的借口便向力量不如自己的邻国发动攻击。当时巴黎的希尔德贝特一世率领一支力量庞大的军队进攻纳博讷。西哥特人大败，逃至西班牙。西哥特王国都城失守，希尔德贝特一世率兵打道回府，掳走了大批的西哥特王室珍宝。同时，一路上还抢劫扫荡了多个阿里乌教派教堂，赚得盆满钵满。克洛蒂尔德与自己的哥哥同行，但还没抵达巴黎便不幸薨逝。阿马拉里克在巴塞罗那的一处教堂中惨遭谋杀，谋杀背后的主谋正是图迪斯。阿马拉里克驾崩后，人们推举图迪斯继任王位。

第 29 章 再谈西哥特人 | 377

我们几乎对图迪斯执政十七年（531年到548年）的历史一无所知。543年，法兰克人的两位国王，即希尔德贝特一世和克洛泰尔一世进攻西班牙，同时包围了卡萨罗古斯塔。当时流传着一个非常狂野的故事。据说虽然当时卡萨罗古斯塔的百姓已经深受饥荒之苦，眼看就要投降，虽然当地百姓均为异教徒，但这些百姓仍然恳请为天主教的殉道士维森特斯祷告。他们身着丧袍，抬着维森特斯的灵柩，庄严地沿着城墙行走，同时嘴里吟唱着赎罪的圣歌。当法兰克人得知卡萨罗古斯塔百姓此举的用意后，仿佛中了邪般惊恐万分，如鸟兽状一哄而散。以上的故事可能只是人们捏造出来为法兰克人的战败找的借口罢了。西哥特人在比利牛斯山脉山脚下追上了落荒而逃的法兰克人，倘若不是法

克洛泰尔一世

兰克人的首领们事先用重金贿赂西哥特将军网开一面放法兰克人一条生路的话，也许西哥特人便能彻底歼灭这支法兰克军队。

即便是天主教教徒们也承认图迪斯是一位睿智能干的统治者，同时图迪斯延续了狄奥多里克大帝"所有条例对于所有子民具有相同的约束力"的公平原则。当东罗马帝国皇帝查士丁尼一世的军队向汪达尔人开战时，汪达尔国王盖利默试图利用汪达尔人与西哥特人彼此之间的宗教同情来拉拢图迪斯与汪达尔人共同作战，但最终无果。后来，图迪斯的侄子，即时任东哥特王国国王的希尔迪巴德也向图迪斯寻求帮助以对抗东罗马帝国皇帝查士丁尼一世。图迪斯亲自率领一支军队袭击了贝利撒留之前从非洲的汪达尔人手中征伐来的一些城市。结果西哥特人惨遭屠戮，图迪斯也是死里逃生。有一种为西哥特人当日的失败找的借口称，西哥特人当天正值礼拜日，做祷告时却突然遭到了突袭。西哥特人原以为既然敌人都是基督教教徒，当日必然也会如同西哥特人一

货币上的汪达尔国王盖利默

样进行宗教祷告，因此压根没有任何防备。如果讲上述故事的人能知道早在距当时两个世纪之前乌尔菲拉斯主教便致力于异教徒皈依基督教的事情的话，或许故事就能讲得再令人信服些了。

西哥特人惨遭突袭后没过多久，图迪斯手下的一个士兵佯装成疯子在图迪斯的行宫刺杀了图迪斯。图迪斯在弥留之际深刻地忏悔了自己当初参与谋杀阿马拉里克的行径，并希望能够饶恕刺杀自己的刺客的性命。

图迪斯的篡位打破了西哥特王国世袭制的王位继承法。西哥特王国的国王又一次变成了经民众选举产生，如同很久之前祖先们采取的方式一样。在一个选举制的君权政体，大家无从得知何人最终将成为掌权派，而且整个庞大的王国也因此根本无法凝聚为同心共力的一体，最终必将无可避免地走向纷争与内战。图迪斯驾崩后，继承王位的是曾经率领西哥特人大败法兰克人的将军提乌迪吉塞尔。提乌迪吉塞尔是一个名副其实的残酷暴君，因此统治王国

提乌迪吉塞尔

阿吉拉一世

十八个月后，他在自己行宫里举办的一次宴会上惨遭一个来宾的谋杀，这让整个西哥特王国都欢欣不已。提乌迪吉塞尔驾崩后，西哥特民众再一次选举国王时出现了很多的争议，南方诸城不认可北方诸城推选的阿吉拉一世。阿吉拉一世登基后武断专制的统治甚至令自己的支持者们都心生厌弃。随后南方诸城在阿塔纳希尔德的率领下揭竿而起。阿塔纳希尔德向君士坦丁堡求助，东罗马

第29章 再谈西哥特人

帝国皇帝查士丁尼一世派出了利贝里乌斯率领着一支强大的军队前去援助阿塔纳希尔德。双方的战争持续了五年之久。阿吉拉一世战败，并被自己的士兵处死，之后阿塔纳希尔德登基称王。

阿塔纳希尔德在位的十四年里，西哥特王国除了由阿塔纳希尔德自己引狼入室而引发的战争，整体可谓国泰民安。阿塔纳希尔德发现当初邀请来的东罗马帝国军队掌控了西班牙的多个城市，而且是请神容易送神难，根本无法将东罗马帝国的士兵们驱逐出去。

如同历史上其他西哥特国王一样，阿塔纳希尔德也试图通过联姻手段与法兰克王国墨洛温家族结成亲家来为自己的王国增加一层保障。然而，如同其

阿塔纳希尔德

布吕尼希尔德

他联姻一样,联姻的结果并不理想。阿塔纳希尔德两个女儿中一个女儿的遭遇堪称法兰西历史上最凄惨的事件之一。妹妹布吕尼希尔德嫁给了奥斯特拉西亚王国的西吉贝尔特一世。婚礼盛况空前,当时非常火的打油诗诗人贝南蒂乌斯·福图纳图斯还专门为婚礼作诗一首以表庆贺。虽然诗歌内容极不符合基督教的传统教义,但作者贝南蒂乌斯·福图纳图斯确实是一个基督教主教。诗歌讲述了爱神用一支箭射伤了西吉贝尔特一世的心,接下来维纳斯女神与儿子丘

纽斯特里亚王国国王希尔佩里克一世

比特相继颂扬新郎的男子气概及新娘的美丽可人。与此同时，西吉贝尔特一世的弟弟纽斯特里亚王国国王希尔佩里克一世迎娶了阿塔纳希尔德的长女格莱温斯塔。格莱温斯塔百般祈求，千般不愿，仍然无法阻挡父母之命，被迫出嫁。两位公主出嫁后都改宗到丈夫信奉的教派。婚后不久，一个叫弗雷德贡达的女人使尽浑身解数将希尔佩里克一世迷得失魂落魄。希尔佩里克一世很快对自己的王后格莱温斯塔失去了兴趣，并下令将格莱温斯塔处死。布吕尼希尔德向自己的丈夫西吉贝尔特一世吹枕边风，煽动丈夫西吉贝尔特一世去为自己惨遭谋杀的姐姐格莱温斯塔报仇。后来在两个法兰克王国之间的战争中，西吉贝尔特一世驾崩，布吕尼希尔德后来作为太后暴政统治东法兰克王国很久。布吕尼希尔德生性如男子般彪悍，思维敏捷，不失为当统治者的人才。但布吕尼希尔德的统治手段残暴且肆无忌惮。据说，布吕尼希尔德煽动的各种暴动总共夺去了数十位国王及王后的生命。最后，布吕尼希尔德落在了杀死姐姐格莱温斯塔的敌人弗雷德贡达的手里。弗雷德贡达命人将布吕尼希尔德绑在一匹马的后面，在路上拖行至死，之后还将布吕尼希尔德千疮百孔的遗体扔进了火里。

布吕尼希尔德被绑在一匹马的后面

阿塔纳希尔德要是知道自己驾崩后女儿终将落得那般惨烈的下场，可能会死不瞑目。567年，阿塔纳希尔德驾崩于托莱多的宫殿，也是自尤里克之后第一个寿终正寝的西哥特国王。阿塔纳希尔德生前深受子民的爱戴及邻邦的敬重。阿塔纳希尔德之前的五位西哥特国王最后的下场都很惨烈——一个在战争中阵亡，另外四个都是遇刺身亡。

# 第30章
# 利奥维吉尔德及众子嗣

**精彩看点**

利奥维吉尔德统治有方——一派富丽堂皇——埃尔蒙涅吉尔德叛变——埃尔蒙涅吉尔德"殉教"——利奥维吉尔德与教会

阿塔纳希尔德驾崩后，西哥特人用了整整五个月才最终确定阿塔纳希尔德的继承者。不过争议的时间虽长，却从没有任何人想要诉诸武力解决。西哥特人已深得教训，知道内战有百害而无一利。西班牙的各个城市都妥协了，放弃推选候选人。尽管高卢当时已经成为整个西哥特王国中影响力最弱的地方，但各个城市都同意从高卢选择一位国王。新继任的国王利乌瓦一世生性缄默，也没有什么雄心壮志，在历史上是一个无功无过的人。利乌瓦一世随后将西班牙的统治权交给了自己的弟弟利奥维吉尔德，自己则安于纳博讷。纳博讷因此也再次短暂地成为西哥特王国的首都。利乌瓦一世在位三年后驾崩，利奥维吉尔德成为整个西哥特王国的统治者。

　　利奥维吉尔德在很多方面都不愧是同时代最伟大的君主之一。利奥维吉尔德首先是一位有勇有谋的将领，他征服了西班牙西北部的苏维汇王国，并从对方手里夺取了多个本已沦陷的城池，还彻底征服了伊比利亚半岛上的原住民。利奥维吉尔德建要塞，筑城市，为西哥特王国建立了一整套新的管理制度，同时还与时俱进地根据西哥特王国的社会变化制定了新的法律。正是在利奥维吉尔德的铁腕统治下，西哥特人及其他已经罗马化的原住民才逐渐感受到彼此是属于同一个王国的子民，各民族之间最终形成了全面的民族大融合局面。

利乌瓦一世

利奥维吉尔德

利奥维吉尔德的宫殿的辉煌宏伟之势远远超过了先前的诸位西哥特国王。利奥维吉尔德是第一个在西哥特贵族集会上坐在突出的宝座上的西哥特国王，而且是第一个将自己戴着王冠的肖像印刻在执政期间发行的硬币上的西哥特国王。罗伯特·骚塞①在诗歌《罗德里克》中直截了当地写道：

> 金色的果子，豪华的排场，
> 貂袍、金丝开衫、珠光荡漾，
> 利奥维吉尔德以万千华贵登场，
> 赤裸裸炫耀无上荣光。

利奥维吉尔德尽管曾显赫一时，但最为人所知的是遭到长子埃尔蒙涅吉尔德背叛的悲剧故事。埃尔蒙涅吉尔德后来成了天主教会的圣人和殉道者。叛变的根源就如同西哥特历史中很多其他悲剧一样，依然是与法兰克人的联姻导致。利奥维吉尔德为儿子埃尔蒙涅吉尔德选择的联姻对象是西吉贝尔特一世与布吕尼希尔德的小女儿英格纳斯。两人的婚礼在托莱多举行。婚礼极尽奢华，处处彰显着富贵，一切都符合利奥维吉尔德的喜好。埃尔蒙涅吉尔德其实早已从父亲利奥维吉尔德那里受封许多象征王权的尊号，颇有"一人之下，万人之上"的味道。不过利奥维吉尔德还是希望与法兰克公主的联姻能确保埃尔蒙涅吉尔德继任王位。

布吕尼希尔德的小女儿英格纳斯自然是信奉天主教；而哥斯温莎王后——阿塔纳希尔德的遗孀，后来嫁给利奥维吉尔德——是一个地地道道的阿里乌教派教徒。法兰克历史学家及天主教主教都尔的额我略记载道：哥斯温

---

① 罗伯特·骚塞（1774—1843），英国作家，湖畔派诗人之一。"消极浪漫主义"诗人，他曾一度激进，后反对法国革命，于1813年被国王封为桂冠诗人。罗伯特·骚塞为早期的浪漫主义者，带领着民谣体诗得以复兴。他尝试使用无韵的不规则诗句，是19世纪和20世纪自由诗体运动的先行者。——译者注

埃尔蒙涅吉尔德

莎王后扯着英格纳斯的头发并将她拖在地上残酷地殴打,之后强迫她接受一位阿里乌教派牧师洗礼。如此夸张的情节很有可能只是捏造的,但从后来事态的发展来看,或许哥斯温莎王后与儿媳英格纳斯当时确实整天吵得鸡飞狗跳。为了息事宁人,利奥维吉尔德打发儿子埃尔蒙涅吉尔德去塞维利亚做整个西班牙南部地区的统治者。

不久后,埃尔蒙涅吉尔德受到妻子英格纳斯和身为塞维利亚天主教的

利安德

利安德①的蛊惑，背弃了父亲利奥维吉尔德的宗教信仰。埃尔蒙涅吉尔德改宗天主教没有落得什么好下场。他联合了当地的东罗马帝国士兵发动兵变，试图从自己信仰异端的父亲利奥维吉尔德手中夺取西哥特王国的政权。

利奥维吉尔德百般恳求自己最爱的儿子埃尔蒙涅吉尔德能够清醒过来，做好一个儿子该做的事。然而，一切都是徒劳。埃尔蒙涅吉尔德不知是鬼迷心窍还是野心难抑，对于父亲利奥维吉尔德的恳切言辞竟一句也听不进去。最终迫于无奈，利奥维吉尔德只得诉诸武力镇压叛乱各省。不久之后，利奥维吉尔德便将埃尔蒙涅吉尔德围困在塞维利亚。塞维利亚围城战达两年之久，最终

---

① 常称"塞维利亚的圣利安德（534—601）"，塞维利亚的天主教主教。利安德在利奥维吉尔德的两个儿子埃尔蒙涅吉尔德和雷卡雷德一世皈依天主教的过程中，甚至在埃尔蒙涅吉尔德背叛父亲起兵造反的过程中都扮演了推波助澜的关键角色。——译者注

塞维利亚失守，城中士兵和百姓遭遇了严重的饥荒。埃尔蒙涅吉尔德逃亡至科尔多瓦，不料一个来自君士坦丁堡的背信弃义的朋友为了一点儿酬金就将埃尔蒙涅吉尔德的行踪透露给利奥维吉尔德。埃尔蒙涅吉尔德藏身在一座教堂中，还送信请求父亲利奥维吉尔德的原谅。后来在回信中，利奥维吉尔德郑重承诺饶恕埃尔蒙涅吉尔德的性命。埃尔蒙涅吉尔德随即离开藏身地，跪在父亲利奥维吉尔德的脚下。利奥维吉尔德痛哭流涕，一把将儿子埃尔蒙涅吉尔德抱在怀里。不过利奥维吉尔德知道再不能信任儿子埃尔蒙涅吉尔德了，也再不能让他参与政权，便命令他脱下象征皇家身份的长袍并以平民身份居住在巴伦西亚。

然而，不到一年光景，利奥维吉尔德便听闻埃尔蒙涅吉尔德背弃了待在巴伦西亚的诺言，准备前往高卢。出发之前，埃尔蒙涅吉尔德将妻子英格纳斯托付给西哥特王国的敌人——来自君士坦丁堡的希腊军官之手。埃尔蒙涅吉尔德似乎谋划着寻求法兰克人的帮助，再次发起企图废黜父亲利奥维吉尔德的叛变。利奥维吉尔德的士兵在塔拉戈那擒获了埃尔蒙涅吉尔德并将他关进大牢。

埃尔蒙涅吉尔德被关进大牢

据说，利奥维吉尔德一次又一次派出信使去埃尔蒙涅吉尔德的牢房中传话，称只要埃尔蒙涅吉尔德愿意放弃信仰天主教便可重获自由之身及皇家身份。但埃尔蒙涅吉尔德仿佛是吃了秤砣铁了心，任何威逼利诱都无法让他回心转意。最后，一位前去为埃尔蒙涅吉尔德行圣餐礼的阿里乌教派的主教回来后称受到了埃尔蒙涅吉尔德极其恶劣的侮辱。埃尔蒙涅吉尔德称这个主教为魔鬼的仆人。利奥维吉尔德怒火中烧，下令处死儿子埃尔蒙涅吉尔德。埃尔蒙涅吉尔德的死刑执行得非常快：行刑者进入牢房，斧起头落。叛变的王子埃尔蒙涅吉尔德一命归西。全程没有再进行任何伪装作态的审讯。

埃尔蒙涅吉尔德的故事令人无限唏嘘。一方面，作为儿子竟然公然因为宗教原因起兵向自己的父亲发起战争；另一方面，一个父亲竟然下令杀死自己的儿子。公正地说，生于埃尔蒙涅吉尔德同时代、同国家的天主教教徒们似乎都

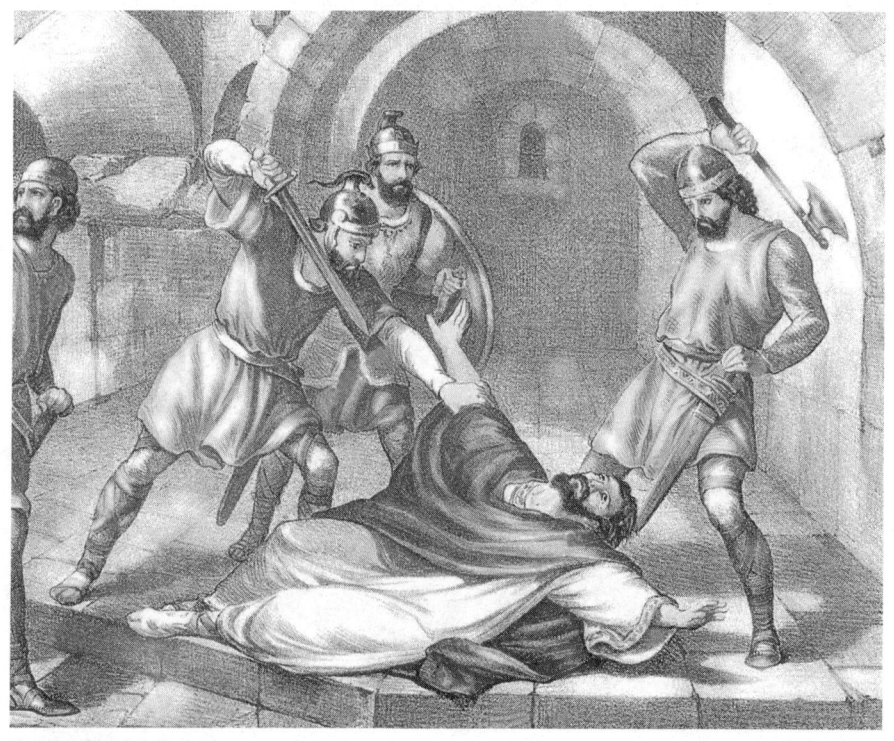

处死埃尔蒙涅吉尔德

追捕英格纳斯

将埃尔蒙涅吉尔德的叛变看作罪行。不过后来,当人们渐渐忘却从前的故事之后,反而开始纷纷颂扬埃尔蒙涅吉尔德当年离经叛道的行为体现了最高贵的基督教美德。甚至自此之后埃尔蒙涅吉尔德的名字还被写在了基督教历史上的圣人和殉道者的那一页上。

东罗马帝国的军官们对待埃尔蒙涅吉尔德的遗孀英格纳斯的方式名义上是以客人的身份待之,实际上将她视为犯人。英格纳斯试图逃跑至高卢的其他亲戚处避难。然而,追捕她的人很快就追上了她,并将她和尚在襁褓中的儿子阿塔纳吉尔德放在一艘船上运往君士坦丁堡。后来英格纳斯死于途中,不过她的儿子阿塔纳吉尔德顺利地到达了东罗马帝国,并被交给东罗马帝国皇帝莫里斯[①],由东罗马帝国皇帝莫里斯抚养长大。此事是我们能了解到的关于东罗马帝国皇帝莫里斯插手统治西班牙的西哥特王国的最后事件。

令人无比遗憾的是,自从埃尔蒙涅吉尔德叛变之后,利奥维吉尔德便将

---

① 莫里斯(539—602),582年到602年在位。——译者注

天主教看作一个威胁国家统治的元素，并且采取了一些被世人诟病为宗教迫害的行动。不过很多相关的故事都过于夸张。利奥维吉尔德的确流放了一些天主教主教，但"利奥维吉尔德统治下所有的天主教教徒都惨遭杀害"的说法是不真实的。利奥维吉尔德压根算不上是一个虔诚的信徒，人们经常诟病利奥维吉尔德是一个伪君子，因为利奥维吉尔德既尊崇基督教正教，同时令异端的圣人们享尽宗教荣耀。利奥维吉尔德很快就发现运用强硬手段对待天主教教会的主教们并不能赢得天主教教徒的拥戴，因此他便决定利用更加柔和的方式来影响天主教教徒们。利奥维吉尔德说服了阿里乌教派的牧师同意只要天主教教徒愿意改宗阿里乌教派，便可以直接改宗，不用另行洗礼；另外，要求阿里乌教派的牧师们在向改宗的天主教教徒们陈述信仰的条款时要尽可能缩小与基督教正教的区别。此举的结果使大量的天主教教徒声称接受了利奥维吉尔德国王的宗教信仰。但总体而言，信仰阿里乌教派的人仍然是少数，且信徒们并非十分虔诚；而天主教教徒却越发虔诚。显而易见，一个信仰异端的君主想要在西班牙保住王位相当困难。当伟大的利奥维吉尔德国王于587年驾崩后，人们相信一场殊死的较量即将上演，最后唯一的结局将会是西哥特人统治的崩溃。

# 第31章
# 西哥特人皈依天主教

**精彩看点**

雷卡雷德一世的政策——哥特人改变信仰——"西哥特人"与"顽固者"——雷卡雷德一世绝非暴虐之流——雷卡雷德一世驾崩

利奥维吉尔德曾试图重新打造一个世袭制的王国。为了达到目的，利奥维吉尔德通过各种暗中运作使儿子雷卡雷德一世被民众选为西哥特王国的"第二国王"。因此在利奥维吉尔德驾崩后，西哥特王国还有由民众选举产生且早已在位的"第二国王"雷卡雷德一世顺理成章继承王位，甚至都不必大费周章地再次进行选举。

如果雷卡雷德一世没能赢得百姓的拥戴的话，那么父亲利奥维吉尔德当初高瞻远瞩的计划也只会竹篮打水一场空。幸亏年轻的雷卡雷德一世早已在当将军时便向世人证明了自己的能力——他曾率领西哥特人战胜了法兰克人，而且在之前的治理中也显示出过人的智慧与能力。因此，利奥维吉尔德驾崩后，西哥特王国非常乐意接受雷卡雷德一世作为唯一的统治者。

雷卡雷德一世非常清楚自己在与权势日益强大的天主教教会的较量中很可能会落于下风。雷卡雷德一世决定与天主教教会化敌为友，自己先行改宗王国中绝大多数子民的信仰，为其他西哥特子民树立榜样。虽然雷卡雷德一世很有可能是因为王国内的各种声音似乎都宣称天主教教义是真理才改宗天主教的，但不论怎样，雷卡雷德一世改宗的这个举动对于西哥特王国的整体命运而言，无疑是最明智的一个决定。

为了证明自己的改宗是经过深思熟虑之后才做出的决定，雷卡雷德一世特意召集了来自天主教和阿里乌教派的主教们共同前来当着自己的面公开辩论各自的宗教教义。雷卡雷德一世声称自己渴望了解真理,而且自己会根据双方辩论的结果再行决定究竟是信仰天主教还是继续做一个阿里乌教派教徒。双方宗教的拥护者们进行了激烈的讨论,各自拿出了毕生所学。当双方的辩论最终结束的时候,雷卡雷德一世公开宣布自己相信《圣经》中的大量事实及神迹都证明了天主教的基督教正教地位。不久后,雷卡雷德一世公开改信天主教。

很快,整个西哥特王国都开始效仿雷卡雷德一世改信天主教。此事乍看似乎有些离经叛道,但实际上西哥特人早已对自己从前信奉的阿里乌教派"与众不同的"教义丧失了兴趣。西哥特人的周围到处都有天主教教徒;西哥特人天天耳濡目染地听说许多发生在天主教圣人们坟冢周遭的神迹。西哥特人心里开始逐渐相信阿里乌教派只是一个无足轻重的宗派,一个妨碍整个基督教世界统一的另类。周围的天主教教徒们信奉天主教的狂热程度深深地影响了西哥特人。各种因素铺天盖地的影响令西哥特人在宗教态度上更加开明,因为阿里乌教派的教义本就要求教徒能够宽容对待与自己的教义相悖的一切。利奥维吉尔德在位期间,一个来自西班牙的西哥特人曾对天主教主教都尔的额我略说:"基督教教徒的责任之一便是应该尊敬其他人信奉的一切,即便是对于中途更换信仰皈依其他宗教者而言也是如此。"此话令都尔的额我略震惊不已。"Visigoth"(西哥特人)一词竟然能够与我们语言中的"bigot"(顽固者)[①]一词挂钩,这完全令人百思不得其解,因为历史上再没有哪个国家能够像西哥特王国一样根本不必承担所谓"顽固"的骂名。如果说西哥特人的名称代表着宗教冷漠或生性温暾,可能更加恰当。

---

[①] 古法语中"bigot"(顽固者)一词的意思是"detested foreigner"(遭厌恨的外国人)"heretic"(异教徒)。有人认为"bigot"一词是"Visigoth"一词的变体形式。不论从宗教角度还是世俗角度而言,信奉天主教的法兰克人对于来自高卢南部及西班牙的西哥特人无疑都深恶痛绝。——原注

雷卡雷德一世改信天主教

然而，西哥特人几乎根本就不了解也不在乎两种教派之间到底有什么区别，只是因为西哥特人信奉阿里乌教派已经长达三个世纪，西哥特人完全是靠着一股对国家的荣耀感才坚持一直信奉阿里乌教派。雷卡雷德一世毅然改信其他教派的确是一着险棋，不过雷卡雷德一世对于自己在百姓中的受爱戴程度还是有信心的。不光是原本不信教的百姓，甚至连牧师，还包括很多阿里乌教派的主教都争先恐后地效仿雷卡雷德一世改宗天主教。

西哥特王国就这么完成了一项壮举。如果雷卡雷德一世没能成功肃清宗教分歧这个在大融合进程中横亘于西哥特人和西班牙人之间的巨大障碍的话，那么利奥维吉尔德当初开创的意欲打造一个空前的、多民族融合的西班牙的基业恐怕也难以实现。

不过，西哥特王国的信仰变迁并不是顺风顺水一蹴而就的，同样也历经了各种阻碍。雷卡雷德一世在高卢南部地区的声望不及在西班牙，因此雷卡雷德一世皈依天主教的消息在高卢南部激起了可怕的叛乱。一个叫阿瑟洛克的阿里乌教派主教联合两个西哥特贵族一起发动叛乱，并且还寻求了法兰克人的帮助。不过，雷卡雷德一世手下的将军们很快便平定了叛乱，随后南部各省的民众也都改称自己为天主教教徒。据说阿瑟洛克见计划失败，最后急火攻心而亡。西班牙也爆发了几起由阿里乌教派的主教们煽动的暴动事件，不过很快都遭到了镇压，而且始作俑者也都受到了惩罚。雷卡雷德一世的继母哥斯温莎太后——就是前文中讲过的曾用令人不齿的残酷手段对待英格纳斯的哥斯温莎王后——同样也对外宣称自己改宗天主教。但哥斯温莎太后内心非常痛恨自己被迫改宗，后来她参与了一起谋害雷卡雷德一世的阴谋，且阴谋最终败露。雷卡雷德一世没有以任何形式惩罚哥斯温莎太后，不过还是将哥斯温莎太后的共犯们都逐出了西哥特王国。不久后哥斯温莎太后暴毙。毫无疑问，人们都认为哥斯温莎太后是受到了上帝的惩罚而暴毙的。

589年5月，雷卡雷德一世召集王国内的主教们全部赶到托莱多庆祝基督教正教的胜利，同时还要拟定管理天主教教会的律法。六十七名主教悉数按

589 年 5 月，雷卡雷德一世召集王国内的主教们集会

照雷卡雷德一世的命令前来集会。雷卡雷德一世向主教们宣讲了此次集会的重要意义，并劝诫主教们祷告、斋戒三日，之后再进行探讨。三日过后，主教们再次聚集在一起。雷卡雷德一世本人先进行了一番演讲，拉开了大集会探讨的序幕。雷卡雷德一世开诚布公地阐明了自己改宗天主教的缘由。值得注意的是，雷卡雷德一世坦率地承认了在自己广开言路并最终走向天主教真理的过程中，"世俗动机"也是重要原因之一。雷卡雷德一世最后诵读了一份关于天主教教义的正式声明结束了自己的演讲。雷卡雷德一世诵读的文件，经过与会主教的认可和批准后，由国王雷卡雷德一世、王后芭多及在场的所有人签字。签完字后，主教们开始着手起草法律敲定西班牙宗教管理的章程。

　　雷卡雷德一世推行的宗教信仰变革在当时是势在必行的。不过全国性的宗教变革带来的后果可绝非是只有善果。伴随着改宗新教派的热忱，雷卡雷德

雷卡雷德一世

一世出手阔绰地赐予天主教教会大量的金钱与荣誉，甚至允许天主教牧师们拥有相当程度的政治权力。这给整个国家埋下了无穷的后患。没过多久，西哥特的国王们便尝到了迫害犹太教教徒及其他异教徒的后果。

雷卡雷德一世本人虽然非常热衷于新皈依的天主教，但并不是迫害其他宗教教徒的刽子手。雷卡雷德一世似乎一直都殚精竭虑地一心为子民的幸福生活而奋斗,他的统治堪称西哥特王国历史上的盛世之一。后世的历史学家们都赞誉雷卡雷德一世为明智的立法者。从雷卡雷德一世开始,西哥特王国制定的所有新的法律都号称对西哥特人和西班牙人具有同样的约束力。

雷卡雷德一世在位期间有一件大事发生,便是法兰克国王贡特朗试图侵占西哥特王国在高卢的领土。法兰克人的六万大军拥入了纳博讷省,并且围攻了卡尔卡松。雷卡雷德一世的将军克洛迪于斯——罗马人,请读者注意克洛迪于斯并不是一个哥特姓名——仅仅率领着一小股部队便沉重打击了入侵的法兰克人。此后西哥特王国存在期间,法兰克人再也没敢动过攻打高卢地区的念头。雷卡雷德一世征服了曾在自己登基早期兴风作浪的巴斯克人,虽未将早期引狼入室引来的"希腊人"①驱逐出西哥特王国,但命令"希腊人"只能待在自己的要塞中,因此雷卡雷德一世的统治后期,西哥特王国可谓国泰民安。

货币上的法兰克国王贡特朗

① 即东罗马帝国的军队和移民。——译者注

601年，雷卡雷德一世驾崩，且在弥留之际公开忏悔了自己的罪过以表明自己的虔诚。为了纪念雷卡雷德一世，西哥特民众推选了雷卡雷德一世年轻的儿子利乌瓦二世继承王位。

# 第32章
# 教会支配的王国

**精彩看点**

教会的权力日益增长——西塞布特的统治——"穷人之父"斯温蒂拉——西塞南斯篡夺王位——金蒂拉与图尔加的统治——德纳斯温斯的统治——雷塞斯温德的统治——二十三年的和平时光

西哥特王国在雷卡雷德一世驾崩后的七十年的历史只需要短短的一章便足以概述。七十年里，西哥特王国总共有十一位国王先后执政。不过，相关的记载非常少，而且几乎没有什么值得关注的大事。这段历史最引人注目的便是教会在西哥特王国的影响力与日俱增。

雷卡雷德一世年轻的儿子利乌瓦二世在位仅仅两年。在雷卡雷德一世在位期间，一个叫维特里克的西哥特贵族曾发动过叛乱，只是没能成功，甚至还获得了雷卡雷德一世的宽恕。但维特里克不知感恩，在雷卡雷德一世死后又发动了针对利乌瓦二世的叛乱，而且成功篡夺了王位取代了利乌瓦二世，成为新的西哥特王国国王。登基后的维特里克砍去了惨遭黜免的利乌瓦二世的右手，将利乌瓦二世扔进大牢，随后处死。

维特里克统治的七年，西哥特王国国力平平。维特里克是一个自私自利的暴君。据说，维特里克试图恢复阿里乌教派的地位。但无论维特里克究竟打什么算盘，他之前的所作所为似乎已经让自己失去了民心，被牧师、百姓及西哥特贵族厌恶。610年，维特里克在一场宴会上遭到刺杀，而且埋葬他遗体的地方并非经过牧师祷告的神圣之地，下葬过程中也没有进行任何宗教仪式。

维特里克的继任者冈德马克的短暂统治根本不值一提，不过再往后的国王——612年经选举登基的西塞布特值得我们多做一番介绍。西塞布特是一

利乌瓦二世

维特里克

冈德马克

西塞布特

位战功赫赫的将军,他迫使希腊人放弃了在西班牙占有的所有财产。如同哥特历史上诸如狄奥多里克大帝及托提拉等伟大的英雄一样,西塞布特对待战俘也非常人性化。这一点使他名垂青史。很多希腊人囚犯都被西哥特人卖去当奴隶,西塞布特却自掏腰包为这些希腊囚犯赎回了自由。西塞布特同时还是一个学者,他慷慨赞助了当时西班牙的各种学问研究。但遗憾的是,我们必须还要补充说明西塞布特是历史上第一个迫害犹太教教徒的西哥特国王。西塞布特给可怜的犹太教教徒的选择是"要么一年之内皈依基督教,要么受鞭笞、断肢、流放,或者全部财产被没收充公"。如此一来,成千上万的犹太教教徒被迫宣称皈依基督教,不过因害怕遭受迫害的恐惧并不能让犹太教教徒从心底里变成虔诚的基督教教徒。从前犹太教教徒是西哥特人亲密的朋友,但西塞布特强迫犹太教教徒改变信仰后,双方变成了死敌。表面上接受了洗礼加入了基督教的犹太教教徒们继续在家中秘密进行犹太教礼拜,并且教唆子女们诅咒镇压犹太教教徒的人。西班牙宗教系统中的一些贤良之士认为宗教迫害是大错特错的,后来上任的国王们也采取了一些措施缓和当初西塞布特强加给犹太教教徒的沉重负担,但犹太教教徒们遭遇的不幸已然无法挽回。对于犹太教教徒而言,不管是否公开承认过皈依天主教,他们都将西哥特人看作不共戴天的仇人。因此当后来摩尔人①进攻西哥特王国时,犹太教教徒们欢欣雀跃地加入了摩尔人的阵营。

621年,西塞布特驾崩。当时西塞布特手下的将军斯温蒂拉经选举继承王位。根据一些作家的说法,斯温蒂拉是雷卡雷德一世的儿子。斯温蒂拉之所以出名是因为他是第一位统治整个西班牙半岛的国王。当初在西塞布特统治时被迫偏安西班牙一隅的希腊人在斯温蒂拉统治时变成了西哥特王国的子民,曾效力于东罗马帝国的希腊士兵们也开始效力于西哥特王国。当初叛乱的巴斯克人也被斯温蒂拉彻底征服。同时,斯温蒂拉还赢得了百姓的一致爱戴。或

---

① 摩尔人是非洲西北部信奉伊斯兰教的民族。——译者注

摩尔人

许是因为斯温蒂拉有意限制了西哥特贵族和主教们的权势,人们赋予斯温蒂拉"穷人之父"的美誉。在没有获得贵族和主教认可的情况下,斯温蒂拉直接任命自己的儿子雷西默共治王国。这时西哥特贵族和主教两个阶层的不满情绪达到了顶峰。在西塞南斯的带领下,西哥特贵族发动了叛乱。因为西哥特贵族们承诺将西哥特王室最值钱的物件赠予法兰克国王达格贝尔特一世,所以

法兰克国王达格贝尔特一世

叛乱获得了法兰克国王达格贝尔特一世的支持。此物件貌似是一个金碟或金桌,重达五百磅,镶嵌着华丽的珠宝,是453年由弗拉菲乌斯·阿蒂乌斯赠送给西哥特国王托里斯蒙德的,算作大战匈人单于阿提拉后的战利品分红。法兰克军队进入西班牙后,曾经支持斯温蒂拉的人纷纷倒戈,最终西塞南斯于萨拉戈萨登基称帝。法兰克军队准备启程返回自己的国土,法兰克国王达格贝尔特一世派使者前来讨要自己出兵相助西哥特人的报酬。虽然西塞南斯按照当日的承诺将宝贵的物件给予了法兰克使者,但西哥特民众一想到即将失去这件价值连城的宝物便愤愤不平。于是,民众又强行从法兰克使者手中将宝物抢了回来,并欢天喜地地将宝物带回托莱多。西塞南斯不敢违背民意,因此不得不赔偿给法兰克国王达格贝尔特一世一笔巨款。

西塞南斯的上位是西哥特贵族的权势压倒了国王及百姓的一场胜利，但这个结果使教会的权势最终凌驾于贵族、国王及百姓三者之上。为了通过获得教会支持来确保自己坐稳篡夺得来的王位，西塞南斯于633年在托莱多召开了一次宗教集会。六十九位主教参加了会议。他们要么是本人亲自到场，要么是派代表前来。主教们商议完所有亟待讨论的宗教事宜后，正式确认了西塞南斯的王权，并宣布斯温蒂拉本人及全家族都无法胜任朝廷中任何尊贵的职位。主

西塞南斯

教们继而颁布法令称未来只要有国王驾崩，继任者必须由西哥特贵族及牧师议会选举；任何试图违背此种国王选举方式的人都有可能再也无法参与教会的圣餐仪式，堕入永恒的自我毁灭。如若某个国王试图不顾这种选举法，不进行由贵族及牧师共同参与的议会便将王位禅让于自己的儿子，那么也同样将面临上述可怕的惩罚。主教们同时还规定，从此以后牧师不必再缴纳任何赋税。

没有人知道惨遭废黜的斯温蒂拉及斯温蒂拉的家人们最后的下场如何。西塞南斯在执政后的第五年驾崩于托莱多。经西哥特贵族及牧师议会选举后，金蒂拉成为新任国王。然而，金蒂拉只不过是被主教们玩弄于股掌之间的工具。

金蒂拉

图尔加

金蒂拉在位期间唯一值得一提的事便是，教会和贵族委员会规定，以后推选的国王必须是贵族出身，而且不得选举任何僧侣出身的人，同时还规定日后的任何国王行加冕礼前必须要立誓绝对不容忍王国内有异教徒或犹太教教徒。

640年，金蒂拉驾崩，主教与西哥特贵族委员会选举了金蒂拉的儿子图尔加继承王位。

年少的图尔加承诺会完全按照牧师们的喜好做一个傀儡国王。而这时教

德纳斯温斯

会和贵族的矛盾不断激化——主教们虽然百般恫吓,却仍然无法阻止西哥特贵族发动叛乱。叛乱首领叫德纳斯温斯,他一举控制了图尔加,并令图尔加穿上僧侣服。根据先王金蒂拉在位时制定的律令,身着僧侣服的图尔加再也没有资格坐上王位。

主教们别无选择,只得接受德纳斯温斯的篡权。德纳斯温斯精力极其旺盛且性格强势。他掌权后的统治充满了恐怖的色彩,令牧师们和西哥特贵族们都恍然发现竟然为自己找了一个"主人"。德纳斯温斯处死了两百名身份最尊贵的西哥特贵族及五百名地位稍逊些的西哥特贵族，因为被他处死的人都曾经涉嫌密谋阻止他登基。还有很多人惨遭流放，而且财产也被没收赐予了那些忠诚于德纳斯温斯的人。教会的管事们还算是识时务，眼看形势不利，赶紧采取措施，试图通过将所有涉嫌密谋妨碍德纳斯温斯登基的牧师降级或逐出教会的方式来讨德纳斯温斯的欢心。德纳斯温斯的一系列行动彻底粉碎了所有反叛。西哥特王国出现了前所未有的一片祥和的景象。

令人大跌眼镜的是如此激进暴烈的一位君主登基时竟然已近耄耋之年。德纳斯温斯执政七年后，主教们装模作样地请求德纳斯温斯能够让位给儿子雷塞斯温德，以防日后德纳斯温斯驾崩后王国内因争夺王位而爆发骚乱。毫无

雷塞斯温德

疑问，主教们的请求其实都只是按照德纳斯温斯的秘密吩咐行事而已。德纳斯温斯龙颜大悦，准许了主教们的请求，儿子雷塞斯温德于649年在牧师及贵族的许可下加冕登基。据说，年迈的老国王德纳斯温斯在儿子雷塞斯温德登基后就开始全身心信奉宗教并致力于慈善行为，最终于652年驾崩，享年九十岁。

雷塞斯温德似乎遗传了父亲德纳斯温斯的精气神，但丝毫不像父亲德纳斯温斯那般暴烈。雷塞斯温德在自己的加冕礼誓言中有一条规定，永远不宽恕任何想密谋夺取王位的人。雷塞斯温德在父亲德纳斯温斯驾崩后最先着手做的一件事便是召集王国内的贵族及高级别的牧师集会，希望众人能够允许雷塞斯温德本人不受此条毒誓的约束。最终集会决定此条誓言不再具有约束力，并规定以后国王有权决定是否宽恕反叛者。此次集会还通过了其他一些关于治理王国的重要法令，其中最重要的一条便是国王在任期内积累的所有财产均不能传给国王自己的家人，而要传给由贵族和高级教士集会选举出的新国王。

雷塞斯温德在位二十三年可谓国泰民安，西哥特王国一片太平，其间只有巴斯克人发动了一次小规模叛乱。叛乱首领是一个叫弗洛亚的西哥特贵族。弗洛亚很快被俘并被处死，但巴斯克人得到了赦免。此后，巴斯克人心甘情愿地接受了西哥特国王雷塞斯温德的统治。

归根结底，雷塞斯温德值得后世铭记的一个主要原因是雷塞斯温德将当初利奥维吉尔德及雷卡雷德一世在位时曾筹划的试图融合西哥特人及西班牙原住民的伟大进程又向前推进了一步。雷塞斯温德继位前的法律规定，禁止西哥特人与西班牙原住民通婚，雷塞斯温德上任后废除了两个族群之间的禁婚令。紧接着，雷塞斯温德按照父亲德纳斯温斯当初的做法，禁止西哥特王国内应用任何罗马律令，违者重罚。此后，西哥特人及罗马人都需受西哥特法典的制约。

672年，雷塞斯温德驾崩，西哥特王国举国哀悼。纵观西哥特王国的历史，在雷塞斯温德之前从未出现过长达二十三年的和平统治景象，而且未来也注定不会再出现如雷塞斯温德统治下的太平盛世。

第33章

# 万巴国王

**精彩看点**

万巴当选国王——高卢叛变——保罗变节——万巴平息叛变——奇怪的结局

关于西哥特王国国王万巴的历史，民间有很多神乎其神的说法。但正如一些严肃谨慎的历史学家的看法，也正如此章试图阐述的那样，有关万巴国王的一些基本的史实本身也的确带有几分传奇色彩。

西哥特王国国王万巴

雷塞斯温德驾崩后,西哥特贵族和高级教士们围拢在盖提柯斯城堡内安放雷塞斯温德遗体的床榻前举行集会,选举雷塞斯温德的继承者。尽管西哥特王国上下风平浪静,但人们心知肚明,王国内部暗藏的危机呼之欲出。在场的所有人都不约而同地认为只有一个人有能力带领西哥特王国渡过即将到来的危机。集会宣布选举万巴为西哥特国王。

起初万巴坚决不肯接受王位,声称自己年事已高,已不堪承受国王的重担。于是,贵族和主教们苦口婆心,花了好一通功夫苦劝万巴登基。但万巴仍坚持要求众人重新选举一位年富力强的青壮年做国王,带领西哥特王国渡过即将到来的艰苦岁月。最后,一位出身王室的西哥特军官拔出了自己的剑,大喊道:"万巴,你今天如果想离开这儿,要么当王,要么死!"其他西哥特众人也一并跟着喊起来。于是,万巴只好接受这个突然被扔给自己的王位。

选举万巴为国王

雷塞斯温德驾崩后第十九天，万巴于托莱多加冕。整个西班牙举国欢庆。然而，西哥特人和西班牙人之间的宿怨很快再一次爆发：万巴登基后没过几个星期便有消息传来，称原属西哥特人的高卢地区有人公开发动叛乱。

叛乱首领是一个叫希尔德里克的西哥特贵族。希尔德里克时任尼姆城长官。希尔德里克一直以来都渴望自己能被选为西哥特国王。希尔德里克的叛乱得到了马格洛讷的主教贡希尔德的支持。此外，希尔德里克集结的军队中还有大批因受到宗教迫害而从西班牙逃离出来的犹太人加入，叛军力量因此得以大幅增强。为了抵抗西班牙的犹太民族的迫害者，这些犹太人无不摩拳擦掌。尼姆城的主教因反抗希尔德里克的暴行换来了锁链加身的下场，主教职位也被夺去，转而由支持叛军的修道院院长雷尼尔担任。

万巴派出的镇压高卢叛乱的将军是一个奸诈狡猾且散漫无礼的希腊人，叫保罗。保罗前脚刚到纳博讷，后脚便召集军队中的军官集会，滔滔不绝地讲述着军官们遭受的来自西班牙统治者的种种不幸，并号召在场的军官们一起宣布不再效忠于昏聩无能的老国王万巴，还声称万巴原本就心知肚明自己无力胜任王位，最后是迫于那些密谋利用万巴为篡位工具的别有用心之徒的强迫才无奈登基的。保罗的长篇大论起到了理想的作用。保罗的一个同谋见缝插针地建议军队应该选择保罗为西哥特国王，所有集会人员均欢声雀跃表示支持。整支军队也认可军官们做出的决定。希尔德里克顺势率众加入了叛变的保罗军队。几周后，保罗于纳博讷加冕，加冕时头戴一顶当初雷卡雷德一世赐给赫罗那教堂的金质王冠。

保罗加冕的同时，万巴正在比利牛斯山脉西侧大战巴斯克人。巴斯克人在保罗派出的密使煽动下起兵造反了。万巴得知高卢地区诸城及东北部西班牙的大部分地区竟已接受叛变的保罗为国王，随即紧急召开战时会议。会上有官员建议回师托莱多以巩固军事力量，而其他人则希望尽快出兵讨伐保罗。万巴认为当务之急是完成对巴斯克人的镇压，之后再片刻不停地全速赶往纳博讷。据说——当然可能是一种夸张的说法——巴斯克人在一个星期内就全面投降。万巴随即率领军队前往西班牙各个叛变的省份。不出几日，所有叛变的地区要么自行投降，要么被攻陷。万巴在克劳苏拉擒获了两名叛军首领，将二人套上锁链并送至托莱多；另外一个叛军首领维提莫则逃往纳博讷报信，将万巴的大军即将到来的消息告知保罗。保罗一得知消息便迁往尼姆城，留下了维提莫守卫纳博讷。

万巴的大军很快便集结至纳博讷城外。万巴劝告维提莫投降，承诺只要维提莫愿意率众投降，所有人都将免受任何责罚。但维提莫不屑一顾地拒绝了万巴的建议。双方经过一番厮杀后，纳博讷城沦陷。维提莫藏在圣母圣坛后方避难，后来一个士兵威胁称如果维提莫再不出来便用一块巨大的石板将维提莫砸个稀烂。维提莫无奈只得出来投降，他和所有的同谋均身加锁链，并在纳博讷的大街上一路遭受着鞭打游行。

万巴随后派出三万士兵攻打尼姆城，同时万巴本人则负责攻打一些较小的城市。保罗的守军进行了激烈的反抗。一天的激战过后，西哥特攻城部队被迫送信给万巴请求派出更多增援部队。第二天清晨，一万名援军抵达尼姆城，双方再次展开厮杀。保罗试图游说手下的将士们冲到城墙外面去作战，声称西哥特人在享受了多年的平静时光后已然成为一群懒散懦弱之徒，一旦遇到劲敌正面作战，肯定会很快落荒而逃。然而，保罗无论怎么花言巧语都无济于事。战争爆发后，人们很快发现西哥特人可绝对不是什么胆小懦弱之辈，纷纷言辞激烈地谴责保罗轻视了对手的勇猛程度。五个小时的激战过后，西哥特军队攻陷了尼姆城正门。万巴的军队冲入城中，一路上遇到挡路的均格杀勿论。

保罗带领着残余的部队和百姓躲在巨大的罗马圆形竞技场中避难。竞技场虽然已遭到破坏，但壮丽的遗址依然是尼姆城中最显眼的建筑。保罗一行将竞技场改造成了临时要塞，如此一来防守就变得非常容易。但因为时间紧迫还没来得及增加补给，导致躲在竞技场内的民众迫于饥饿爆发民变。民众抓住了保罗的一个亲戚，不管保罗是拿出国王的架子发号施令还是放下国王的架子苦苦哀求，民众都压根不予理会。最终民众当着保罗的面杀死了保罗的亲戚。

攻打尼姆城

保罗发现自己已无法得到民众的服从，随即脱下了自己的紫袍，并且当着众人的面将紫袍扔到一边。

大战爆发的第三天，即673年9月3日，尼姆城民众发现任何抵抗都是徒劳，便派出主教阿加巴德前去祈求万巴的宽恕。万巴承诺不会杀人，但自己可以随意决定以其他方式惩罚背叛者。万巴派出官员去恢复尼姆的秩序，并抓捕了叛变的罪魁祸首保罗。两名骑马的人同时抓着头发一路拖曳着将保罗带至万巴的大营。保罗跪在万巴脚下，一把鼻涕一把眼泪地忏悔自己的罪过，祈求万巴能饶自己一命。万巴轻蔑地说可以饶保罗一条狗命。

万巴取得大捷后的第三天，一个由万巴本人及西哥特王国内最高层的官员组成的法庭开始审判保罗及其他叛变者。叛变者承认了自己的罪行。法庭判处叛变者死刑并处没收财产。然而，万巴不愿意违背自己的诺言，下令将死刑改为剥头皮刑及终身监禁。

万巴在稳定了纳博讷的形势并安顿好高卢的治理问题后便返回了托莱多。万巴率军班师回朝时的阵仗就如同古罗马的征服者一般，队伍后面跟着很长的一队剃发且光脚的俘虏。至于保罗，更是装扮成了众人嘲笑的对象——头上顶着一个皮质的王冠，而且王冠还是由融化了的沥青粘在保罗头上的。

在万巴后来统治的七年里，西哥特王国可谓安宁昌盛。万巴的统治手腕强硬且睿智，虽然万巴本人与教堂并没有过节，但他内心很清楚该如何适时出手监管教士。万巴甚至颁布了一条法律，该法律规定：若逢战事，所有级别的牧师都必须像其他百姓一样拿起武器捍卫家园。同时还规定自由之身不再是服役的必备条件。古时的哥特勇士们不屑与奴隶共同作战，但这时西哥特人好战的精神已经开始步步消亡，民众已然将在军中服役看作一个非常邪恶的义务，而且试图尽可能地逃避服役。

导致万巴统治终结的事件的确令人瞠目结舌。680年10月14日，万巴陷入恍惚状态，而且出现了长达数小时神志不清的状况。医生宣布万巴已处于弥留之际。按照当时的习俗，侍从们为万巴换上僧侣服，并剃了发。因为当时的人们深

万巴换上僧侣服,并剃去头发

信如果一个人死亡时的穿戴符合宗教的规定,那么死后必然能在另一个世界中获得救赎。二十四小时过后,万巴恢复了神智。但当万巴得知自己昏迷期间发生的事后便意识到,根据西哥特法律,曾经身着僧侣服的事实已经决定自己再没有资格继续统治西哥特王国。因此,当着王国内所有高层官员的面,万巴签署了公文宣布自己退位,同时指定一个叫埃维希的人继承王位。后来,人们普遍认为当初万巴之所以会莫名其妙地陷入恍惚正是因为埃维希给万巴下了一种会使人睡着的药水。如若事实真是如此的话,那么当时在朝廷上的贵族官员们肯定都是埃维希的同谋。虽然身为国王的万巴自己指定继位者的做法完全有悖于西哥特法律,但贵族和百姓都没有提出任何异议。埃维希的涂油礼[①]及加冕礼均由托莱多的大主教主持,而万巴则退隐至一处修道院内度完余生。

---

① 涂油礼是基督教中极其神圣的一种仪式,曾被作为信徒入教的基本宗教礼仪,后来演变为一种赋予少数人以特殊政治身份和权力的典礼。——译者注

# 第34章

# 衰退的三十年

**精彩看点**

埃维希的家世渊源——托莱多大主教朱利安——迫害犹太教教徒——埃基克登基——犹太教教徒的密谋——维蒂卡的统治

万巴是西哥特王国历史上最后一位伟人。他在位时取得的功勋也是西哥特人历史上最后的辉煌。万巴炽热的激情曾短暂地为王国注入一股全新的生命力，但西哥特王国整体上的衰退之势已是任何人都无法阻挡的。西哥特王国从前遵从的自由律制已然变成了由一手遮天的教士们掌控于手心的专制统治；原本是自由之身的穷人几乎全部沦为奴隶，也自然无心在意王国的生死存亡；贵族们沉迷于长期的和平景象，想当然地认为西哥特王国坚不可摧，一个个玩物丧志，懒散度日。当时的西哥特王国充斥着"违法乱纪的现象"，因此，到最后撒拉逊人①来犯时，整个西哥特王国就如同一个空壳般一碰就碎，瞬间分崩离析。

埃维希继任王位并不符合当时西哥特法律的规定，一方面因为埃维希并非通过正规渠道的选举产生，另一方面因为法律规定国王必须具有纯正的哥特血统。埃维希的母亲事实上是一位西哥特郡主，是德纳斯温斯的堂姐妹；但埃维希的父亲是一个带有波斯血统的希腊人，叫阿尔塔帕兹。阿尔塔帕兹之前遭到放逐才离开了君士坦丁堡，后来在西班牙安家。埃维希身上似乎充满着希腊人一向受人诟病的奸诈狡猾，且热衷于阴谋诡计。埃维希没有半点儿

---

① 撒拉逊人广义上指中古时代所有的阿拉伯人，也可以说撒拉逊人就是阿拉伯人。绝大部分撒拉逊人信奉伊斯兰教，极少数人信仰基督教。——译者注

勇气或野性，在位期间只不过是充当当时的首席顾问朱利安的傀儡。朱利安为人暴烈且肆无忌惮，时任托莱多大主教。朱利安是当时最显赫的人物之一。正是因为朱利安我们才得以了解当初万巴大战保罗的始末。他那些以万巴与保罗之战为话题的著作或许可以称作7世纪最精彩绝伦的文学作品。书中在描述敌人倒下时流露出的狂放的快意显得作者更像是一个士兵而非一个牧师，这非常符合我们所了解的朱利安的个性。虽然朱利安在自己的书中极力称赞万巴的英雄气概和宗教虔诚，但现实中，朱利安常与万巴争吵，而且人们普遍认为朱利安正是最后密谋迫使万巴退位的罪魁祸首。朱利安本人虽有着犹太血统，却是最残酷的犹太教镇压者，而且不论对待教会还是百姓都是一样的暴虐。

为了阻止一切可能会令万巴复位的行动，埃维希和朱利安召开了由主教和贵族参与的集会，重新颁布一遍法律，规定任何穿过僧侣服的人都没有资格担任王国内的高级官位。用来表达新颁布律法的措辞可谓一针见血："有一些人，弥留之际曾穿上僧侣服想要忏悔罪行，后来身体痊愈后，竟然厚颜无耻地称自己当初发过的誓言并不算数。因为他说当时自己正处在意识不清的状态。这就像成人借口说受洗礼时自己还是个婴儿，洗礼并没有经过自己的同意，并因此宣称自己当初所受的洗礼无效一样。这样的人将永堕十八层地狱。就如同洗礼的例子一样，关于僧侣服禁忌的誓言也具有永恒的约束力。我们宣布任何想要违背僧侣服禁忌誓言的人都会受到最严厉的惩罚，甚至将无法维持作为人的基本尊严。"如果牧师们直截了当地宣布万巴再也无缘王位，倒显得更加干脆些。

埃维希继位后的立法过程主要就是毁灭万巴从前奠定的一切的过程，这加速了整个西哥特王国腐化衰亡的趋势。埃维希放松了对逃避兵役者的处罚，同时规定牧师无须上前线保家卫国，另外还恢复了在万巴统治期间参与叛变的人们的地位和财产，而且将所有本该在埃维希在位第一年年末缴清的税款全部清零。从前在万巴统治时得以稍缓了一口气的可怜的犹太教教徒们在埃

埃维希

维希的统治下受到了更加残酷的迫害，因为埃维希身边有一个对自己的犹太同胞深恶痛绝的朱利安不断地煽风点火。

为了防止万巴家族的人发动叛变，埃维希指定万巴的侄子埃基克为王位继任者，同时将自己的女儿许配给埃基克，还要求埃基克发誓有朝一日继承王位后必将保护自己的岳母，同时还要保证王室所有家庭的财产安然无恙。687

埃维希宣布埃基克为自己的继承人

埃基克

年，一场巨大的天灾令土地荒废，百姓民不聊生。因为良心有愧，埃维希认为一定是自己当初的罪孽招来了上帝的惩罚。埃维希随后一病不起，不久后便退隐至一处修道院。687年11月，埃维希驾崩。

埃基克受完涂油礼登基后的第一件事便是召集主教们和贵族们集会，商议关于今后王国治理的问题。所有集会人员到齐后，埃基克出现于殿内，跪在

埃基克召集主教们和贵族们集会

地上，恳求主教们能代替自己主持集会。之后埃基克便离开了，临走前给了集会主持者一份文书。文书上写着一个关于良知的问题，埃基克希望在场的主教们能够给出答复。

文书上的具体内容如下："当初我与先王埃维希的女儿结婚时，先王埃维希强迫我发誓将永远保护先王埃维希的遗孀及子嗣们的财产不受侵害。但当我接受涂油礼登基的时候也曾发誓将对所有的臣民一视同仁。我肯定无法同时遵守两个誓言，因为先王埃维希所遗留的绝大部分财产都是强取豪夺而来。为了保持王位的安稳，先王埃维希打压了很多贵族，使他们沦为奴隶并夺取了他们的财产。在世的贵族们和贵族子嗣们现在要求拿回原本属于自己的财产。我行加冕礼时立的誓言要求我为贵族们主持正义，但我从前向先王埃维希发下的誓言阻止我公正行事。我请求诸位尊敬的主教告知我究竟该怎样做。"

主教们没费多少工夫便有了定论。主教们认为对于整个王国立下的誓言必定比任何私人之间的承诺更加重要。同时，主教们巧妙地解释说正是因为埃维希指定埃基克为继任者，埃基克才有机会作为国王当着整个王国的面立下第二个誓言，也就是说正是埃维希亲自解放了埃基克不必再遵循与第二个誓言前后矛盾的第一个誓言。如此一来，埃基克成功地粉碎了埃维希当初老谋深算为自己的家族谋取利益的算计。

此次集会还有一项重要的议程：集会的主持者朱利安所著的一部神学作品的正统性一直以来饱受民众的诟病。朱利安并不是一个能虚心接受批评的人，因此朱利安煽动主教们准备了一套说辞为自己的作品争辩。说辞中甚至还暗示上帝本人都曾无意间读过朱利安的这本书。众人的努力达到了目的：新任教皇收回了对朱利安作品的责备。

在此次取得了丰硕成果的集会结束两年后，操控西班牙教会的不可一世的独裁者朱利安逝世。新上任的大主教是一个贵族出身的西哥特人，叫西斯伯特。西斯伯特上任大主教之前曾大张旗鼓地展示自己犹如苦行僧般的虔诚。然而，当成为大主教的目的达到后，西斯伯特立刻抛下了伪装的面具，堂而皇之地过上了骄奢淫逸的生活。不过最令当时的民众震惊万分的是西斯伯特居然试图身着"圣袍"。据说，圣袍是当初圣母玛利亚赠予圣希尔迪芬斯之物。而且西斯伯特还试图登上当初人们目睹圣母玛利亚曾站过之后就再也没有受到任何人类的双脚玷污的讲道台。

西斯伯特迫切地希望自己也能够像朱利安一样获得通天的权力，但埃基克是一个比埃维希强势许多的国王。西斯伯特发现自己压根不是埃基克的对手。于是，西斯伯特联合众多西哥特高层贵族策划了一个阴谋，企图谋杀埃基克及王室成员，同时将一些忠于埃基克的人也一网打尽。后来，西斯伯特的阴谋败露，但西哥特王国并没有判处西斯伯特死刑，西斯伯特仅仅受到了流放、逐出教会及没收所有财产的处罚。因为在当时的西班牙，神职人员犯罪通常只会受到轻于普通人的惩罚。

694年，因为另一个阴谋的败露，整个西哥特王国统治阶层陷入了有史以来最惶恐不安的状态。此次阴谋牵扯了西哥特王国内几乎所有的犹太教教徒。犹太教教徒揭竿而起一点儿都不令人感到意外。虽然埃基克继位后也曾缓解对犹太教教徒的镇压迫害，但犹太教教徒仍然生活在水深火热之中。雪上加霜的是，西班牙的犹太教教徒们听闻当时生活在非洲与自己出身相同且信仰相同的同胞们在撒拉逊人的统治下受到了良好的保护且备享尊荣，这成了压垮骆驼的最后一根稻草！西班牙的犹太教教徒们与远在非洲的同胞一道密谋引撒拉逊人进攻西班牙，无非也只是想过上好日子，谁又能出言责备呢？

西班牙的犹太教教徒无论从人数来讲还是从积累的财富来讲都足以强大到成为西哥特王国的一支劲敌。除了少数公开承认自己是犹太教教徒的人，成千上万的犹太家庭都声称自己是基督教教徒，暗地里却依然信奉着祖传的犹太教，并对压迫犹太教教徒的西哥特人恨之入骨。犹太教教徒反叛的密谋败露后，埃基克和西哥特王国的主教们决定连根铲除犹太教：颁布法令规定将所有成年犹太教教徒卖与基督教教徒为奴，并且卖得离家乡越远越好；将所有年满六岁的犹太孩子从父母身边带走，接受基督教的教育，并于适婚年龄与基督教教徒结婚；身为犹太教教徒主人们的基督教教徒严禁私自赋予犹太教教徒人身自由，除非犹太教教徒接受基督教洗礼。

如今看来，当时西哥特王国对待犹太教教徒野蛮且邪恶的做法无疑愚蠢至极，也不可能根除犹太教。西哥特统治者的所作所为使当时王国内哪怕最温顺的犹太教教徒都满腔愤懑，誓与西哥特王国不共戴天。虽然我们对于西哥特人与撒拉逊人之间的战争史知之甚少，不过仍有足够证据表明犹太教教徒的帮助是撒拉逊人夺得最终胜利的重要元素。

此次集会结束三年后，埃基克提拔自己的儿子维蒂卡共同治理西哥特王国。701年，埃基克驾崩，维蒂卡成为西哥特王国唯一的统治者。

虽然维蒂卡在位时间长达九年，然而，历史上留下的关于维蒂卡的信息非常少。后世作家乐于将维蒂卡描述成一个邪恶的大魔头形象，不过有关维蒂卡的记载中大都彰显着维蒂卡的权威及荣誉。维蒂卡赦免了当初所有遭受父亲

维蒂卡

埃基克流放或贬职的人，并恢复和归还他们的头衔和财产。埃基克在位时曾强迫许多家财万贯的人承认亏欠国库钱财并签署书面证明文件。维蒂卡继位后公然烧毁了所有的此类文件。有迹象表明维蒂卡曾试图整顿当时教会的腐败问题。一位身为教士的作家抱怨称时任托莱多大主教的希德理德"狂热信奉宗教，但缺乏基本知识"，一味地听从维蒂卡的指令，不断地侵扰迫害高层神职人员。维蒂卡当时很有可能亲自鼓励牧师结婚——尽管相关史料仅能追踪到9世纪，而且维蒂卡对于犹太教教徒也表现出了一定程度的恩惠——至少维蒂卡没有试图执行父亲埃基克流传下来的荒谬而残酷的宗教迫害法令。维蒂卡的所作所为使他深受百姓的爱戴，但同时令牧师们又恨又怕。牧师们对维蒂卡憎恶无比。因此，也不难解释为什么后来维蒂卡会背负着犯下各式各样可怕罪孽的罪名。西哥特王国在维蒂卡的继任者上任后的第一年突然覆灭也因此被解释为上帝对西哥特王国的报复——正是因为维蒂卡肆无忌惮的恶行引起上帝降怒于悲惨的西哥特王国，人们这才普遍认为维蒂卡是西哥特王国的大罪人。

710年2月，维蒂卡驾崩，留下两个未成年的儿子。维蒂卡生前似乎指定了自己的一个儿子作为王位继承人，但贵族与教士组成的集会并没有理会维蒂卡的遗愿，另行选举了当时担任西哥特军队总指挥的西哥特贵族罗德里克继任王位。

# 第35章

# 西哥特王国覆灭

**精彩看点**

罗德里克的传奇一生——宛若书中的故事——瓜达莱特河战役——撒拉逊人占领西班牙

"西哥特王国最后一任国王罗德里克"可能人尽皆知。不过,关于名声在外的罗德里克的真实历史,我们知之甚少。所谓"罗德里克是一位英雄"的浪漫故事无非是由罗德里克国王驾崩几个世纪后才出现的编年史作者杜撰的而已。不过我们也不能忽视这个在英格兰作家沃尔特·斯科特和罗伯特·骚塞,以及其他国家的许多文人骚客的笔下充当主题的故事。

故事的梗概是这样的。罗德里克的父亲叫西德弗里德,罗德里克是德纳斯温斯的孙子,也是当年维蒂卡"暴虐统治"下的受害者之一。据说"残暴的维蒂卡国王"剜出了西德弗里德的双眼,并将西德弗里德扔进大牢。最后西德弗里德惨死于牢中。为了报杀父之仇,罗德里克发动政变,擒获了维蒂卡,将维蒂卡弄瞎后处死,随后加冕登基。但维蒂卡的两个儿子时刻准备伺机而动为父报仇,同时夺回原本属于自己的王位。

如果罗德里克没有树立朱利安伯爵这个强大的敌人的话,维蒂卡的两个儿子可能还要苦等很久才能找到报仇雪恨的机会。在维蒂卡在位期间因守卫休达勇猛有加,朱利安伯爵一战成名。休达是西哥特王国建立在非洲的要塞中唯一一个没有落入撒拉逊人手中的要塞。朱利安伯爵虽然与维蒂卡沾亲带故,却还是选择了对罗德里克的篡位视而不见,甚至还一如既往地英勇作战,并最终战胜了摩尔人。但当朱利安伯爵得知罗德里克继位后竟然对自己漂

罗德里克

亮的女儿弗洛林达不敬时,便下定决心以叛国为代价报复罗德里克的所作所为。朱利安伺机与撒拉逊人的伊斯兰教首领穆萨·伊本·努赛尔进行了会晤,建议穆萨·伊本·努赛尔领兵攻占西班牙。朱利安伯爵称行动必定万无一失,因为无论西哥特人还是西班牙人,大家都痛恨篡位的罗德里克,一旦战事爆发,自然会弃罗德里克而去。

听到朱利安伯爵的提议后，穆萨·伊本·努赛尔万分心动，随即派出一支一万两千人的军队。军队指挥官是一个叫塔里克的柏柏尔人首领，同时军队中还包含朱利安伯爵及朱利安伯爵率领的西哥特叛军。穆萨·伊本·努赛尔派出的军队从非洲海岸启航，最后登陆的地方后来被称为"塔里克山"。"塔里克山"一词正是"Gibraltar"（直布罗陀海峡）名称的由来。

当时南部省份的总督狄奥德米尔见到仿佛从天而降的穆萨·伊本·努赛尔大军，大惊失色，立即写信给罗德里克请求支援。当时罗德里克正在比利牛斯山脉与叛变的巴斯克人作战。得到消息后，罗德里克当即冲出大营向南急速行军，同时下令西哥特王国内的所有军队立即前往科尔多瓦集结待命。据说，受命前来集结于罗德里克麾下的士兵人数多达十万人。然而，看似黑压压的大军中，真正对罗德里克忠心耿耿的寥寥无几。之前原本就对罗德里克的统治颇有微词的西哥特贵族之间开始彼此嘀咕："我们为什么要冒着生命危险去为一个篡位者搏命？摩尔人无非只是想抢夺些财物。罗德里克战败后，摩尔人自然会带着战利品返回自己的家园，我们也就可以顺理成章地选举中意的人继承王位了。"此时的罗德里克仍然天真地认为既然当时整个西哥特王国都面临着来自异教对手的威胁，那么原本与自己有私仇的人应该会暂时搁置个人恩怨，团结起来共同抵御外敌。胸有成竹的罗德里克放心地将自己的两翼军队的指挥权交给了维蒂卡的两个儿子。

西哥特军队与穆萨·伊本·努赛尔大军的大战在距离加的斯以北十英里的巴尔白特河（现称作瓜达莱特河）河口爆发。罗德里克上阵时身着紫色长袍，头戴镶嵌着珠宝的王冠。他乘坐的战车全车呈象牙白色，拉车的是八匹乳白色的马儿。大战爆发多日后，维蒂卡的两个儿子突然倒戈投敌，因为塔里克答应了维蒂卡的儿子们提出的投降条件。711年7月26日，大战以罗德里克及其支持者的全军覆灭而告终。至于罗德里克本人的命运有三种不同的说法。第一种说法是塔里克亲手杀死了罗德里克；第二种说法是罗德里克在试图渡河逃跑的过程中溺水而亡，直到过了很久之后，人们才在河附近的泥滩里找到

罗德里克与他的军队在巴尔白特河集结

发现罗德里克的尸体

了罗德里克的金靴及坐骑奥雷利奥;第三种传说就如同后人描述中的英格兰国王哈罗德·戈德温森一般,战败且身受重伤的罗德里克死里逃生捡回了一条命,隐姓埋名度过余生,终日忏悔祷告,过着苦行僧般的生活,为自己平生所造的罪孽赎罪。罗伯特·骚塞的诗歌《罗德里克,最后的哥特王》也引用了上述第三种说法。

根据13世纪及后世的西班牙及阿拉伯作家的叙述,罗德里克的生平大致如此。或许后世的记叙中不乏七拼八凑的史料,但说起罗德里克,我们最确定的史实只有罗德里克经历的瓜达莱特河大败标志着西哥特王国的覆灭。信奉伊斯兰教的军队在西班牙肆意行进如入无人之境,接二连三地攻下一座又一座城池,直到最后"位于都城托莱多的皇宫塔楼内伸出了西哥特的先知们挥舞着的绿色旗帜"。

# 第36章
# 不复存在的民族

西班牙的哥特元素——克里米亚半岛的哥特人——最后的哥特语言线索——不复存在的民族

东哥特王国覆灭后，胜利者将东哥特人彻底驱逐出了意大利；但西哥特王国覆灭后，西哥特人却没有遭受同样的命运，而是继续生活在西班牙。西哥特人和较早生活在西班牙这片土地上的原住民在之后的岁月里一起臣服于摩尔人。穆斯林统治西班牙后，原本就拥有相同基督教信仰的西哥特人和西班牙人也因共同憎恨异教徒和同样渴望获得自由而团结在一起，最终演变成了一个新的国家。西哥特王国史也顺势演变成了西班牙史。

在经历了摩尔人长达七个世纪的统治后，本土西班牙人后裔仍自然而然地视西哥特人后裔为自己的长官及首领。瓜达莱特河大战后，曾于罗德里克统治时期担任西班牙南部总督的狄奥德米尔率领着一小股部队奔赴东部海岸进行了一系列英勇无畏的斗争，最终就连战胜方的穆斯林也深受感染，准许狄奥德米尔在穆尔西亚建立一个信仰基督教的封国并允许他终身统治。但后来穆斯林违背了当初与狄奥德米尔的约定。阿拉伯作家笔下的"狄奥德米尔之地"最终都变成了穆斯林的国土。位于西班牙西北边陲阿斯图里亚斯的基督教教徒在一个被后世西班牙的历代国王都视作"一脉相承的老祖宗"的西哥特首领的带领下得以在四分五裂的西班牙保持独立。在持续近八个世纪的收复失

卡斯蒂尔王国的徽章

地运动①的每一场战争中,西哥特人始终充当着一呼百应的领袖和勇冠三军的壮士角色。倘若西班牙人的血统中没有西哥特人的成分,那么压根就不会出现卡斯蒂尔王国②的骑士精神,就连西班牙都有可能仍处在穆斯林的统治下。时至今日,西班牙的贵族家庭仍将具有纯正的西哥特血统奉为吹嘘的资本,即便其中的缘由经常说不清道不明。

---

① 收复失地运动是指伊比利亚半岛从711年的阿拉伯帝国倭马亚王朝征服西班牙开始,到1492年最后一个伊斯兰国家格拉纳达王国灭亡结束,基督教取代伊斯兰教重回西班牙的过程。——译者注
② 卡斯蒂尔王国是位于伊比利亚半岛中部卡斯蒂尔地区的封建王国。——译者注

然而，哥特人作为拥有自己语言的独立族群的存在并不在西班牙，而是在遥远的欧洲东部地区。4世纪末期，厄门阿瑞克缔造的王国在匈人的铁蹄下惨遭蹂躏，苟延残喘，当时幸存的一小部分东哥特人在野蛮的匈人占领的克里米亚半岛有幸寻觅到一处藏身避难之地。也正是在整个欧洲版图上处于偏远一角的克里米亚半岛上，东哥特人以独立民族的身份存在了超过一千年。5世纪初期，克里米亚半岛上的东哥特人转变为信奉天主教的基督教教徒，这里的东哥特主教们也长时期不间断地参与当地教堂举行的集会。1562年，一位来自比利时，叫巴斯贝克的游客偶遇了克里米亚半岛上不显眼的一个小部族派往君士坦丁堡①的两位大使，记录下了一长串两位大使使用的词语。当然，其中的很多词语已然发生了很大的变化，有些甚至压根就不是哥特语，只是一些从周围其他民族的语言中借用而来的衍生词。即便如此，巴斯贝克所列的哥特词汇表却确定无疑地表明当时邂逅的两个来自克里米亚半岛上的某个部族的人所讲的语言毫无疑问就是当初乌尔菲拉斯主教翻译《哥特圣经》时所用的语言②。将近两百年后，也就是1750年左右，维也纳一个致力于慈善事业的耶稣会士蒙多夫为一个原本在一艘土耳其的船上厨房里帮工的囚犯花钱赎身，并从囚犯口中得知囚犯的家乡正在克里米亚半岛，而且囚犯的母语与德语颇有几分相似。也许蒙多夫从囚犯口中获取的信息都是经得起推敲

---

① 当时已更名为"伊斯坦布尔"。——译者注
② 巴斯贝克本人当时并不确定自己偶遇的两个人究竟是哥特人还是撒克逊人，他认为其中的一些人很有可能是当初由查理大帝带至克里米亚半岛的。当时查理大帝带来的人足以装备一支使用火绳枪且人数达八百人的队伍，他们效力于鞑靼可汗，后来还建立了两个城镇，分别是曼卡波及西瓦林。巴斯贝克认为自己列的词汇表中有大约四十个词语与自己的母语弗拉芒语非常相似。有些词在形式上与乌尔菲拉斯主教使用的哥特语的相近程度要超过其他任何日耳曼民族语言：比如说表示"黄金"一词的"goltz"、表示"月亮"一词的"mine"及表示"睡觉"一词的"schlipen"在乌尔菲拉斯主教使用的词语中分别体是"gulth""mēna"及"slēpan"。巴斯贝克认为不属于日耳曼民族语言的一些词语中有些其实就是地地道道的哥特语，比如说"statz"意为"土壤"或"地面"，"slaths"意为"地方"，"ael"意为"石头"，"baar"意为"男孩"，"wichtgata"意为"白色"，"mycha"意为"刀剑"；同时还有些表示代词的词语，比如"tzo"及"ies"分别表示"你"和"他"。巴斯贝克的词汇表中表示九十以内的所有数词均属于哥特语言，但说来奇怪，表示"一百"和"一千"的两个词却是地道的波斯语。——原注

的，而且乌尔菲拉斯主教当初使用的语言在蒙多夫生活的一个半世纪前都曾千真万确地存在，只是形式不同而已。蒙多夫救赎的囚犯压根不了解基督教，却说自己的同胞曾参拜过一棵古老的大树。直到18世纪，克里米亚半岛仍然被称作哥特米亚，至少希腊教堂的官方文件中一直存在"哥特米亚"的称呼。不过现在已经没有任何场合继续使用"哥特米亚"一词，而且根据我们的了解，哥特语言已经彻底失传。

曾经叱咤风云、显赫一时的哥特人最终覆灭。历史上很多曾与哥特人具有相同声望的族群虽然最终都消失在历史的长河中，但他们留下了大量的历史遗迹向后世彰显古老的辉煌。但哥特人正好相反。哥特人没有给后世留下任何灿烂的文学遗产、艺术杰作，也没有留下恢宏的建筑[①]。无论从行为方式还是制度习俗方面而言，现代欧洲没有任何一个民族身上能明显体现出哥特人的印记。一些蹂躏过罗马帝国的其他强大的日耳曼民族以自己民族的名称去命名那些被自己征服的国家。比如说法国以法兰克人命名，勃艮第以勃艮第人命名，伦巴第州以伦巴第人命名，西班牙安达卢西亚自治区以汪达尔人命名。但哥特人没有在曾经征服的土地上留下任何蛛丝马迹。

然而，哥特人虽然已不复存在，也没有留下多少印记向后世展示哥特人曾经盛极一时的辉煌，但后世永远不会忘却哥特人的存在。历史会一直铭记正是勇猛刚毅的哥特人不屈的斗争撼动了腐朽的罗马帝国，使罗马帝国走向覆灭；正是哥特人推翻了一个不堪的旧世界，为即将到来的更加惠泽全人类的文明世界铺好了道路。凡是哥特人决心想要摧毁的一切无不以胜利告终，凡是哥特人试图建立的一切无不以失败收场。但不论结局如何，只要曾经用尽全力去努力尝试过，就已是问心无愧。虽然哥特人如沧海一粟般成为历史的尘埃，但一个出现过像乌尔菲拉斯主教一般淋漓通透地展现了神圣英雄主义的民族，一个拥有过像托提拉一般身体力行彰显着侠义骑士精神的民族，同时

---

① 我们通常所谓的"哥特式建筑"其实与哥特人没有任何历史瓜葛。——译者注

法兰克人

是一个孕育过像狄奥多里克大帝一般恪尽职守、履行睿智仁政治国方略的民族，注定不会沦为历史长河中一粒普通的尘埃，风云哥特史必将成为浩瀚宇宙中一颗永恒的星辰。

# 附录 有关哥特人名

读者在阅读关于哥特人历史的书籍时经常会发现一个令人费解的现象：不同的作者在拼写同一个哥特姓名时拼写方式竟然会有天壤之别。原因在于哥特姓名都是通过希腊和拉丁作者的作品才得以流传下来，而执笔的希腊和拉丁作者们拼写哥特姓名的方式似乎都是凭借主观感受对外来词进行音译。如果英国人对除英语之外的其他语言的拼写方法都一窍不通，仅仅想凭耳朵听音来拼写出法语或德语的姓名，结果可想而知——两个不同的人很难将同一个姓名拼写得一模一样。正因如此，古代不同的作家对同一个哥特姓名的拼写方式往往相差甚远，以致读者很难想象所指竟然是同一个人。现代历史学家有时会选择直接借用本国一些相关领域的专家采用的某一种或多种拼写形式，有时则倾向于采用符合哥特语标准的拼写方式。想要以符合哥特语标准的方式拼写常会令人陷入窘境，因为我们不得不使用一些非常拗口且生疏别扭的字母组合方式。例如，我们需要用"Thiudareiks"和"Audawakrs"两个字母组合方式非常奇怪的词，而不是符合英文拼写和发音习惯的"Theoderic"和"Odovacar"两词来分别表示本书中提及的"狄奥多里克大帝"与"奥多亚克"二人。本书在写作过程中对于姓名拼写所遵循的原则均是力求用最通用的现代英语拼写方式来拼写书中涉及的一些众所周知的姓名，同时保证姓名拼写方式最大限度地接近哥特语的形式；再者，还要避免出现单词难以根据基础英语语法法则发音的情况。遇到某个姓名的拼写方式无法找到接近的哥特语形式的情况，本书均选择保留对应名词的希腊语或拉丁语拼写方式。

哥特人的姓名与盎格鲁-撒克逊人及其他一些古老的日耳曼人的命名方式如出一辙。有些书认为这可以解释盎格鲁-撒克逊人及古老的日耳曼人的人名的含义，由此也产生了将"弗雷德里克"这个姓名的含义解释成"和平统治者"的现象。然而，这种解释其实是一个彻头彻尾的错误。事实上，古老的日耳曼姓名，尤其是由两个词合成而来的日耳曼姓名，并不总是像《圣经》中的姓名一样会刻意包含某种特殊的含义。虽然"Frederick"这个姓名中的确包含一个含义为"和平"的词和一个含义为"统治者"的词，但真正正确的解释是"Fred"一词本身就属于诸多常用于姓名开头词的词语之一，同时"ric"一词本身就属于诸多常用于姓名结尾的词语之一。常用姓名开头词列表中的每一个词都可以与常用姓名结尾词列表中的任意一个词搭配——即便互相搭配的二者原本在意义上互相矛盾。举例来说，如果将某些古老的日耳曼姓名采用直译方式翻译的话，姓名的含义便是"和平与长矛"或"和平与战争"等。

即便我们原本对哥特人的起名方式知之甚少，但我们只需瞥一眼哥特人、盎格鲁-撒克逊人或其他古老的日耳曼人在起名的时候常用的词汇表便能轻而易举地发现上述族群极其享受战争带来的快感。因为常用姓名词汇表中大部分词语的含义都是诸如"战争""战役""胜利""长矛""军队""勇猛""幸运"等。同时还有一些词语的含义是与野兽有关的，主要是"狼"和"熊"。另外，常用姓名词汇表中不乏一些与其他国家名称有关的词语。本书中人物的命名方式也涉及此类现象。乍一看可能觉得某些姓名的拼写方式非常令人费解，但事实是如果一个盎格鲁-撒克逊人给儿子起名为"匹欧泽里阿"（此词由含义为"皮克特人"和"军队"的两个词组成），或者是一个哥特人给儿子起名为"温尼沙哈瑞斯"（此词由含义为"文德人"和"军队"的两个词组成），那很可能是期望儿子长大后能够征服皮克特人或文德人。总之，诸如此类的姓名最初被创造出来的时候肯定是背负着某种特定的寓意，但随着时间的流逝，当一些姓名变成了人们司空见惯、拈来即用的姓名时，父母在给孩子命名时便几乎不会再花费什么心思去揣测名字的含义，就像现代有些父母将女儿命名为"乌苏拉"（此名含义为"小母熊"）一般随意。

下表中是一些哥特姓名中最常出现的词语，词语对应的含义，以及盎格鲁-撒克逊人姓名中一些具有相同含义的词对应的书写形式。

常用于姓名开头词的词语：

| 哥特语 | 含义 | 盎格鲁－撒克逊语 | 哥特语 | 含义 | 盎格鲁－撒克逊语 |
|---|---|---|---|---|---|
| Ahta- | 可怕的 | — | Hauha- | 高 | Héah- |
| Airmana- | 高尚的 | Eormen- | Hildi- | 战争 | Hilde- |
| Alh- | 神殿 | Ealh- | Huna- | 匈人 | Hún- |
| Amala- | 努力、耕耘 | — | Liuda- | 人 | Léod- |
| Anda- | 灵魂、勇气 | — | Mahta- | 强大的 | Meaht- |
| Ans- | 上帝 | Os- | Nantha- | 勇敢的 | Nóth- |
| Athala- | 高贵的 | AEthel- | Ragina- | 商议 | — |
| Athana- | 年 | — | Reda- | 商议 | Ræd- |
| Auda- | 财富 | Ead- | Reika- | 统治者 | Ríc- |
| Badwa- | 战役 | Beado- | Sigisa- | 胜利 | Sige- |
| Baltha- | 英勇的 | Bald- | Sunya- | 真正的 | — |
| Daga- | 白昼、日子 | Dæg- | Swintha- | 强壮的 | Swíth- |
| Filu- | 很多 | — | Thauris- | 大胆的 | — |
| Frithu- | 和平 | Freothu- | Thiuda- | 人 | Théod- |
| Gaisu- | 长矛 | Gár- | Thrasa- | 信心 | — |
| Gawi- | 国家 | — | Waihti- | 斗争 | Wiht- |
| Goda- | 好 | Gód- | Wandila- | 汪达尔 | — |
| Guda- | 上帝 | — | Wili- | 意愿 | Wil- |
| Guntha- | 战役 | Gúth- | Winitha- | 前进 | — |
| Harya- | 军队 | Here- | Wulfa- | 狼 | Wulf- |

附录 有关哥特人名 | 465

常用于姓名结尾词的词语：(现代书籍中，以下词语所在的人名名词在句中成分若为主格，词语最后一个字母"s"通常省略)

| 哥特语 | 含义 | 盎格鲁－撒克逊语 | 哥特语 | 含义 | 盎格鲁－撒克逊语 |
| --- | --- | --- | --- | --- | --- |
| -badws | 战争 | -bad | -liufs | 亲爱的 | -léof |
| -bairhts | 明亮的 | -berht | -mers | 有名的 | -mær |
| -balths | 大胆的 | -bald | -munths | 保护者 | -mund |
| -friths | 和平的 | -frith | -nanths | 勇敢的 | -nóth |
| -funs | 准备好、渴望的 | -fús | -reths | 商议 | -réd |
| -gairns | 欲望 | -georn | -reiks | 统治者 | -ríc |
| -gais | 长矛 | -gár | -swinths | 强壮的 | -swíth |
| -gauya | 老百姓 | — | -wakrs | 警惕的 | -wacor |
| -haryis | 军队 | -here | -wulfs | 狼 | -wulf |

还有几个常用于女性姓名中的词语：

| 哥特语 | 含义 | 盎格鲁－撒克逊语 | 哥特语 | 含义 | 盎格鲁－撒克逊语 |
| --- | --- | --- | --- | --- | --- |
| -gunth[i]s | 战役 | -gýth | -hild[i]s | 战争 | -hild |
| -swintha | 强壮的 | -swíth | — | — | — |

哥特人同其他族群一样，经常会通过将某种常见宠物的名字缩称之后再加上词缀的方式来给人昵称。最常见的词缀为"-ila"，有时候为"-ika"。因此一个叫"奥达默斯"的人很有可能被称为"奥迪拉"或"梅里拉"；叫"乌尔法雷克斯"的人很有可能被称为"乌尔菲拉斯"或者"雷基拉"。然而，正如现代儿童有时被命名为"哈里"或"里兹"一样，哥特人的一些昵称也变成了常用的正式命名方式，比如说"乌尔菲拉斯主教""巴德维拉"和"托提拉"。

另外还有一些哥特姓名是由动词词根演变而来的，或者是通过给其他词语添加"a"或"ya"等音节演变而来。例如"利乌巴一世"(即"利乌瓦一世")都是"利乌弗斯"一词的变体,意思为"亲爱的";"瓦利亚"是"瓦里安"一词的变体,意思为"选择";"瓦里亚"(即乌雷亚斯)是"瓦里汉"一词的变体,意思为"保护"。有些情况下,以字母"a"结尾的姓名往往都是更长的一个姓名的缩写形式,例如"万巴"可能是"万迪巴厄斯"这个长名字的缩写;"盖纳斯"可能是"盖萨纳斯"这个长名字的缩写。哥特人几乎不会使用普通名词或形容词起名,当然也有例外,例如"维苏恩斯"(维桑杜斯),原意为"怀念";还有"拜森"(意思为野牛)一词原本是一个昵称,但有史料中显示"拜森"一词是一些哥特人的官名。

# 译名对照表

| | |
|---|---|
| Edward Gibbon | 爱德华·吉本 |
| Thomas Hodgkin | 托马斯·霍奇金 |
| Edward Augustus Freeman | 爱德华·奥古斯都·弗里曼 |
| Felix Dahn | 费利克斯·达恩 |
| Bessell | 贝塞尔 |
| Georg Waitz | 乔治·魏茨 |
| Joseph Aschbach | 约瑟夫·阿施巴赫 |
| Johann Kaspar Friedrich Manso | 约翰·卡什帕·弗里德里希·曼索 |
| Lembke | 伦布克 |
| Christ | 耶稣 |
| Pytheas | 皮西亚斯 |
| Greek | 希腊 |
| Marseilles | 马赛 |
| Guttones | 歌德人 |
| East Prussia | 东普鲁士 |
| Roman | 罗马 |
| Pliny the Elder | 老普林尼 |
| Tacitus | 塔西佗 |
| Lygian | 利吉尼亚人 |
| *Annals* | 《编年史》 |
| Goths | 哥特人 |
| Adriatic | 亚得里亚海 |
| Western Sea | 西海 |

| | |
|---|---|
| Vistula | 维斯瓦河 |
| Gaius Julius Caesar | 恺撒大帝 |
| Spain | 西班牙 |
| Gaul | 高卢 |
| Ulfilas | 乌尔菲拉斯 |
| Swede | 瑞典人 |
| Norwegians | 挪威人 |
| Black Sea | 黑海 |
| Thervings | 瑟维宁斯 |
| Visigoths | 维斯哥特 |
| West Goths | 西哥特 |
| Ostrogoths | 格兰特斯 |
| Ostrogoths | 奥托哥特 |
| East Goths | 东哥特 |
| Dniester River | 德涅斯特河 |
| Gepids | 格皮特人 |
| Jordanes | 约旦尼斯 |
| Scanzia | 斯堪尼亚岛 |
| Scandinavian Peninsula | 斯堪的纳维亚半岛 |
| Gothland | 哥特兰岛 |
| Gautar | 耶阿特人 |
| Anglo-Saxons | 盎格鲁-撒克逊人 |
| Gutaland | 哥德兰岛 |
| Jutland | 日德兰半岛 |
| Hréth-gotan | 赫瑞哥特 |
| Reidhgotar | 赖德哥特 |
| Herules | 赫鲁利人 |
| Scirians | 斯克里安人 |
| Rugians | 鲁吉人 |
| Turcilings | 特斯林人 |

| | |
|---|---|
| Vandals | 汪达尔人 |
| Danube | 多瑙河 |
| Theodosius I | 狄奥多西一世 |
| Emperor Arcadius | 阿卡迪乌斯大帝 |
| Constantinople | 君士坦丁堡 |
| The Storied Column | 历史风云柱 |
| *Gospel* | 《福音书》 |
| Amalings | 阿马林斯家族 |
| Balthings | 巴尔的斯家族 |
| Amala | 阿玛拉 |
| Anses | 安塞斯 |
| Great Twin Brethren | 孪生神灵 |
| Castor | 卡斯托尔 |
| Pollux | 波吕克斯 |
| Wodan | 奥丁 |
| Tiw | 提尔 |
| Dyaus | 帝乌斯 |
| Zeus | 宙斯 |
| Jupiter | 朱庇特 |
| Indians | 印欧人 |
| Greeks | 希腊人 |
| Baldr | 巴尔德尔 |
| Thôrr | 扫罗 |
| Halya | 哈里亚 |
| Runes | 如尼字母 |
| *Saxon Chronicl* | 《撒克逊编年体史书》 |
| Iceland | 冰岛 |
| British Isles | 不列颠群岛 |
| Bucharest | 布加勒斯特 |
| Gut-annôm hailag | 哥特-阿诺姆海拉格 |

| | |
|---|---|
| Isaac Taylor | 艾萨克·泰勒 |
| Getes | 盖塔 |
| Gaius Octavius Thurinus | 盖乌斯·屋大维·图里努斯 |
| *Getic history* | 《盖塔史》 |
| Claudius Ptolemy | 克劳迪乌斯·托勒密 |
| Gythones | 吉通人 |
| Slavonians | 斯拉夫人 |
| Lithuanians | 立陶宛人 |
| Huns | 匈人 |
| Tartars | 鞑靼人 |
| Scythians | 斯基泰人 |
| Sea of Azov | 亚速海 |
| Spali | 斯帕利 |
| Filimer | 菲利默 |
| Guntharic | 冈萨里克 |
| Ovim | 欧维姆 |
| Ocum | 欧克姆 |
| Halirunôs | 哈里鲁诺 |
| Ostrogotha | 奥斯特哥特 |
| Unwén | 尤文 |
| Hunuil | 亨尼尔 |
| Sarmatian | 萨尔马提亚 |
| Philip the Arab | 阿拉伯人腓力 |
| Moesia | 默西亚 |
| Thrace | 色雷斯 |
| Decius | 德西乌斯 |
| Argait | 阿盖特 |
| Lower Moesia | 下默西亚 |
| Ulpia Marciana | 尤皮亚·玛西亚 |
| Marcianopolis | 玛西亚波利斯 |

| | |
|---|---|
| Burgunds | 勃艮第 |
| Galtis | 盖尔提斯 |
| Cniva | 克尼瓦 |
| Nicopolis | 尼科波利斯 |
| Nikopi | 尼科皮 |
| Yantra | 亚特拉 |
| Balkan | 巴尔干半岛 |
| Philippopolis | 菲利波波利 |
| Gaius Julius Priscus | 盖尤斯·尤利乌斯·普利斯库斯 |
| Abritta | 阿布里塔 |
| Forum Trebonii | 弗罗姆·特雷博尼 |
| Herennius | 赫伦尼乌斯 |
| Gallus | 加卢斯 |
| AEmilianus | 埃米利亚努斯 |
| Valeria | 瓦勒利安 |
| Gallienus | 盖利恩努斯 |
| Crimea | 克里米亚半岛 |
| Trebizond | 特拉布宗 |
| Chalcedon | 卡尔西登 |
| Nicomedia | 尼科美底亚 |
| Bithynia | 比提尼亚 |
| Hellespont | 达达尼尔海峡 |
| Cyzicus | 库齐库斯 |
| Asia Minor | 小亚细亚半岛 |
| AEgean Sea | 爱琴海 |
| Athens | 雅典 |
| Publius Herennius Dexippus | 帕布利亚斯·赫伦尼乌斯·德克西普斯 |
| Piraeus | 比雷埃夫斯 |
| Naulobatu | 那勒布特斯 |
| Anchialus | 安基亚卢斯 |

| | |
|---|---|
| Quintillus | 昆提卢斯 |
| Thessalonica | 帖撒罗尼迦城 |
| Naissus | 纳伊苏斯 |
| Aurelianus | 奥勒良 |
| Cannabaudes | 坎纳鲍德斯 |
| Dacia | 达契亚 |
| Roumania | 罗马尼亚 |
| Hungary | 匈牙利 |
| Diocletianus | 戴克里先 |
| Constantine the Great | 君士坦丁大帝 |
| Constantinople | 君士坦丁堡 |
| Licinius | 李锡尼 |
| Aliquaca | 阿利夸卡 |
| Alhwakars | 阿尔瓦卡尔斯 |
| Hadrianople | 亚得里亚堡 |
| Theiss | 底比斯河 |
| Aoric | 奥里克 |
| Geberic | 格贝里克 |
| Hilderic | 希尔德里克 |
| Ovida | 奥维德 |
| Nidada | 尼达达 |
| Marosh | 玛洛什河 |
| Wisumar | 威斯玛 |
| Pannonia | 潘诺尼亚 |
| Ermanaric | 厄门阿瑞克 |
| Dnieper | 第聂伯河 |
| Gulf of Bothnia | 波的尼亚湾 |
| Esthonians | 爱沙尼亚人 |
| Alaric | 阿拉里克 |
| Alexander the Great | 亚历山大大帝 |

| | |
|---|---|
| Napoleone Buonaparte | 拿破仑·波拿巴 |
| Gudrun | 古德伦 |
| Swanhilda | 斯万希尔德 |
| Balamber | 巴拉姆贝尔 |
| Alatheus | 阿拉索斯 |
| Alhthius | 阿尔希乌斯 |
| Safrax | 萨弗拉克斯 |
| Wideric | 维德里克 |
| Winithari | 威尼斯塔里 |
| Winithaharyis | 威尼斯塔里斯 |
| Antae | 安塔人 |
| Hunimund | 亨门德 |
| Waladamarca | 瓦拉达马卡 |
| Thorismund | 托里斯蒙德 |
| Berismund | 贝里斯蒙德 |
| Valamir | 瓦拉默 |
| Wandalhari | 万达哈里 |
| Theudemer | 狄奥德米尔 |
| Widumer | 维德默 |
| Attila | 阿提拉 |
| Theoderic the Great | 狄奥多里克大帝 |
| Judges | 判官 |
| Athanaric | 阿塔纳里克 |
| Frithigern | 弗里希恩 |
| Alawiw | 阿拉韦 |
| Aoric | 奥瑞克 |
| Julia | 尤利安 |
| Apostate | 叛教者 |
| Jovianus | 约维安 |
| Flavius Valentinianus | 弗拉菲乌斯·瓦伦提尼安努斯 |

| | |
|---|---|
| Valentinian I | 瓦伦提尼安努斯一世 |
| Valens | 瓦伦斯 |
| Procopius | 普罗科皮乌斯 |
| Pruth | 普鲁特河 |
| Caucalanda | 高加兰达 |
| Hauhaland | 豪哈兰达 |
| Highland | 高地 |
| Transylvania | 特兰西瓦尼亚 |
| John Milton | 约翰·弥尔顿 |
| Cappadocia | 卡帕多西亚 |
| Moses | 摩西 |
| Council of Antioch | 安条克理事会 |
| Constantius II | 君士坦提乌斯二世 |
| Arian | 阿里乌 |
| Catholics | 天主教教徒 |
| *Joshua* | 《约书亚书》 |
| *Judges* | 《士师记》 |
| *St. Paul's Epistles* | 《保罗书信》 |
| *Ezra* | 《以斯拉记》 |
| *Nehemiah* | 《尼希米记》 |
| Werden | 韦登 |
| Magnus Gabriel De la Gardie | 芒努斯·加布里埃尔·德·拉·加尔迪 |
| Auxentius | 奥森丢 |
| Battle of Hadrianople | 阿德里亚堡战役 |
| Magnus Maximus | 马格努斯·马格西穆斯 |
| Marcianopolis | 马西安波利斯 |
| Flavius Lupicinus | 弗拉菲乌斯·卢皮奇努斯 |
| Willows | 杨柳堡 |
| Sebastian | 塞巴斯蒂安 |
| Taifais | 泰菲斯人 |

| | |
|---|---|
| Gratianus | 格拉提安 |
| Flavius Richomeres | 弗拉菲乌斯·里克默 |
| Equitius | 艾奎蒂乌斯 |
| Iberian | 伊比利亚人 |
| Victor | 维克托 |
| Trajanus | 图拉真 |
| Cannae | 卡恩 |
| Julius | 朱利叶斯 |
| Theodosiu | 狄奥多西 |
| Magnus Maximus | 马格努斯·马格西穆斯 |
| Flavius Eugenius | 弗拉菲乌斯·尤金尼厄斯 |
| Arcadius | 阿卡狄乌斯 |
| Honorius | 洪诺留 |
| Alaric | 阿拉里克 |
| Macedonia | 马其顿 |
| Thessaly | 帖萨里亚 |
| Thermopylae | 温泉关 |
| Leonidas I | 列奥尼达一世 |
| Spartans | 斯巴达 |
| Phocis | 福基斯 |
| Boeotia | 维奥蒂亚 |
| Megara | 迈加拉 |
| Argos | 阿尔戈斯 |
| Corinth | 科林斯 |
| Stilicho | 斯提利科 |
| Arcadia | 阿卡迪亚 |
| Elis | 埃利斯 |
| Pholoë | 福洛 |
| Peloponnesus | 伯罗奔尼撒半岛 |
| Illyricum | 伊利里亚 |

| | |
|---|---|
| Easter Sunda | 复活节 |
| Pollentia | 波伦提亚 |
| Claudian | 克劳迪安 |
| *Song of Debora* | 《底波拉之歌》 |
| Po | 波河 |
| Aemona | 阿莫纳 |
| Ravenna | 拉韦纳 |
| Radagais | 拉达盖斯 |
| Florence | 佛罗伦萨 |
| Lampadius | 朗帕狄乌斯 |
| Tyrian purple | 泰尔紫 |
| Tuscany | 托斯卡纳 |
| Atawulf | 阿陶尔福 |
| Jovius | 约维乌斯 |
| Tiber | 台伯河 |
| Priscus Attalus | 普里斯库斯·阿塔卢斯 |
| Sarus | 萨鲁斯 |
| Salarian gate | 撒拉门 |
| St. Peter | 圣彼得 |
| St. Paul | 圣保罗 |
| Sicily | 西西里岛 |
| Cosenza | 科森扎镇 |
| Busento | 布森托 |
| Tribigild | 特里比格尔德 |
| Gaina | 盖纳斯 |
| Galla Placidia | 加拉·普拉希提阿 |
| Constantius III | 君士坦提乌斯三世 |
| Jovinus | 约维努斯 |
| Sebastianus | 塞巴斯蒂安 |
| Valence | 瓦朗斯 |

| | |
|---|---|
| Toulouse | 图卢兹 |
| Bordeaux | 波尔多 |
| Narbonne | 纳博讷 |
| Daniel | 丹尼尔 |
| Pyrenees | 比利牛斯山脉 |
| Spain | 西班牙 |
| Barcelona | 巴塞罗那 |
| Eberwulf | 埃伯伍尔夫 |
| Wallia | 瓦利亚 |
| Valentinian III | 瓦伦提尼安三世 |
| Aquitania | 阿基塔尼亚 |
| Agen | 阿让 |
| Angoulême | 昂古莱姆 |
| Poitiers | 普瓦捷 |
| Ricimer | 李希梅尔 |
| Arles | 阿尔勒 |
| Joannes | 约安尼斯 |
| Flavius Aetius | 弗拉菲乌斯·阿蒂乌斯 |
| Aunwulf | 昂乌尔夫 |
| Litorius | 利托里乌斯 |
| Auch | 欧什 |
| Orientius | 欧瑞安蒂斯 |
| Avitus | 阿维图斯 |
| Gaiseric | 盖塞里克 |
| Carthage | 迦太基 |
| Lorraine | 洛林 |
| Champagne | 香槟 |
| Orleans | 奥尔良 |
| Anianius | 阿尼亚努斯 |
| Troyes | 特鲁瓦 |

| | |
|---|---|
| Moirey | 莫里村 |
| Thorismund | 托里斯蒙德 |
| Austrian | 奥地利 |
| Theoderic II | 狄奥多里克二世 |
| Petronius Maximus | 佩特罗尼乌斯·马格西穆斯 |
| Titu | 提图斯 |
| Jerusalem | 耶路撒冷 |
| Licinia Eudoxia | 莉西尼亚·欧多克西亚 |
| Marcian | 马尔奇安 |
| Caesars | 卡萨尔斯 |
| Rechiar | 雷基哈里 |
| Majorian | 马约里安 |
| Libius Severus | 利比乌斯·塞维鲁斯 |
| Anthemius | 安特米乌斯 |
| Olybrius | 奥利布里乌斯 |
| Euric | 尤里克 |
| Euric II | 尤里克二世 |
| Loire | 卢瓦尔河 |
| Gundobad | 耿多巴德 |
| Aegidius | 赛亚里斯 |
| Paris | 巴黎 |
| Belgium | 比利时 |
| Alaric II | 阿拉里克二世 |
| Clovis I | 克洛维一世 |
| Hebrews | 希伯来人 |
| Canaan | 迦南人 |
| Galactorius | 格兰克特瑞斯 |
| Hertford | 哈特福郡 |
| Hartford | 哈特福德 |
| Pillar of fire | 火柱 |

| | |
|---|---|
| Clain | 克兰河 |
| Voclad | 沃克尔 |
| Gesalec | 阿马拉里克 |
| Gulf of Lyons | 里昂湾海岸 |
| Olybrius | 奥利布里乌斯 |
| Glycerius | 格利塞里乌斯 |
| Julius Nepos | 尤利乌斯·尼波斯 |
| Salona | 萨罗纳 |
| Orestes | 欧瑞斯特 |
| Croatia | 克罗地亚 |
| Theodosius II | 狄奥多西二世 |
| Edeko | 埃迪卡 |
| Augustus | 奥古斯都 |
| Augustulus | 奥古斯图卢斯 |
| Romulus Augustulus | 罗慕路斯·奥古斯图卢斯 |
| Odovacar | 奥多亚克 |
| Odoacer | 奥多亚塞 |
| Audawakrs | 奥德沃克斯 |
| Severinus of Noricum | 诺里库姆的塞维林 |
| Naples | 那不勒斯 |
| Misenum | 米塞努姆宫 |
| Lucullus | 卢库勒斯 |
| Zeno | 芝诺 |
| Ovida | 奥维达 |
| Vienna | 维也纳 |
| Aspar | 阿斯帕 |
| Triarius | 特里亚里斯 |
| Theodoric Strabo | 狄奥多里克·斯特拉博 |
| Alamans | 阿拉曼人 |
| Babai | 鲍鲍伊 |

| | |
|---|---|
| Belgrade | 贝尔格莱德 |
| Pella | 佩拉 |
| Alexander the Great | 亚历山大大帝 |
| Isauria | 伊苏里亚 |
| Rusumbladeotus | 雷萨姆布莱德特斯 |
| Trasacodissa | 托萨克迪萨 |
| Basiliscus | 瓦西里斯科斯 |
| Dyrrhachium | 底耳哈琴 |
| Durazzo | 杜拉佐 |
| Theudamund | 狄奥多蒙德 |
| Illus | 伊鲁斯 |
| Romulus | 罗慕路斯 |
| Novae | 诺沃 |
| Thrafstila | 斯拉夫斯蒂拉 |
| Julian Alps | 朱利安阿尔卑斯山脉 |
| Isonzo | 伊松佐河 |
| Aquileia | 阿奎莱亚 |
| Milan | 米兰 |
| Tufa | 图法 |
| St. Brice's day | 圣布赖斯日 |
| Ariminum | 阿里米努姆 |
| Faustus | 浮士德 |
| Thelane | 萨利安 |
| Laurel-grove | 月桂树林 |
| Sunigilda | 苏尼格尔达 |
| Epiphanius | 艾比法纽斯 |
| Laurentius | 劳伦提斯 |
| Geneva | 日内瓦 |
| Godegisel | 哥德吉赛尔 |
| Liberius | 利贝里乌斯 |

| | |
|---|---|
| Anastasius I | 阿纳斯塔修斯一世 |
| Cassiodorus | 卡西奥多罗斯 |
| Como | 科摩 |
| Thankila | 丹基拉 |
| Forum of Trajan | 图拉真广场 |
| Symmachus | 西摩马库斯 |
| Boethius | 波伊提乌 |
| Aristotle | 亚里士多德 |
| Terracina | 泰拉奇纳 |
| Spoleto | 斯波莱托 |
| Count of the Goths | 哥特伯爵 |
| Amalafrida | 阿玛拉弗里达 |
| Thrasamund | 特拉萨蒙德 |
| Thuringian | 图林根人 |
| Ermanfrid | 埃尔曼弗里德 |
| Ostrogotho | 奥斯特哥特 |
| Sigismund | 西吉斯蒙德 |
| Audofleda | 奥多夫莱达 |
| Amalasuintha | 阿玛拉逊莎 |
| Athalaric | 阿塔拉里克 |
| Mundus | 蒙杜斯 |
| Servia | 塞尔维亚 |
| Pitzia | 皮茨亚 |
| Sirmium | 锡尔米乌姆 |
| Thrasaric | 斯拉萨利克 |
| Sabinianus | 沙比亚纽斯 |
| Thulwin | 图尔文 |
| Justin I | 查士丁一世 |
| Rhaetia | 莱提亚 |
| Theudis | 图迪斯 |

| | |
|---|---|
| Sigeric | 西格里克 |
| Godomar II | 哥德玛二世 |
| Cyprianus | 西普里亚努斯 |
| Albinus | 阿尔比努斯 |
| *The Consolation of Philosophy* | 《哲学的慰藉》 |
| Santa Maria della Rotonda | 圣玛利亚·德拉·罗通达 |
| Pope Gregory the Great | 教皇格里高利一世 |
| Gesimund | 格西蒙德 |
| Justinian I | 查士丁尼一世 |
| Theodahad | 狄奥达哈德 |
| Plato | 柏拉图 |
| Lilybaeum | 利利巴厄镇 |
| Belisarius | 贝利撒留 |
| Peter the Patrician | 帖撒罗尼迦城的彼得 |
| Theodora | 狄奥多拉 |
| Gudelina | 古德利纳 |
| Mundus | 蒙杜斯 |
| Syracuse | 锡拉库萨 |
| Palermo | 巴勒莫 |
| Athanasius | 阿塔纳修斯 |
| Straits of Messina | 墨西拿海峡 |
| Reggio | 雷焦 |
| Ebermund | 埃伯蒙德 |
| Paucaris | 普卡里斯 |
| Regeta | 雷吉塔 |
| Vitiges | 维蒂吉斯 |
| Optahari | 奥塔哈里 |
| Silverius | 西尔弗里斯 |
| Leudahari | 卢达哈里 |
| Theudagisal | 狄奥达吉塞 |

| | |
|---|---|
| Mataswintha | 玛瑟逊莎 |
| Asinarian Gate | 阿西尼亚门 |
| Flaminian Gate | 弗拉米尼安门 |
| Narni | 纳尔尼 |
| Constantine | 康斯坦丁 |
| Hunila | 亨尼拉 |
| Pitza | 皮扎 |
| Flaminian Way | 弗拉米尼安路 |
| Milvian Bridge | 米尔维亚大桥 |
| Campania | 坎帕尼亚 |
| Valentine | 瓦朗蒂讷 |
| Wandilhari | 万德里哈里 |
| Wisand | 威斯顿 |
| Bison | 比斯恩 |
| Praenestine gate | 普兰斯廷门 |
| St. Pancrace | 圣潘克拉斯 |
| Aelian Bridge | 艾利安桥 |
| Albes | 阿尔贝斯 |
| Fidelius | 菲德利乌斯 |
| Praetorian Prefect | 首席执政官 |
| Hadrianus | 哈德良 |
| Castle of St.Angelo | 圣安杰洛城堡 |
| Valerian | 瓦勒良 |
| Euthalius | 尤塔利亚斯 |
| Latin Way | 拉丁古道 |
| Sibyl | 西比尔 |
| Ostia | 奥斯蒂亚 |
| Britain | 不列颠岛 |
| Alba Fucentia | 阿尔巴富钦斯 |
| John | 约翰 |

| | |
|---|---|
| Pincian gate | 宾西亚门 |
| Wilitheus | 威利修斯 |
| Hildiger | 希尔迪格 |
| Vespasian | 韦斯巴芗 |
| Uraias | 乌雷亚斯 |
| Wraihya | 瓦里亚 |
| Theudebert I | 提奥德贝尔特一世 |
| Narses | 纳尔塞斯 |
| Firmium | 福尔摩姆 |
| Auximum | 奥西米姆 |
| Urbinum | 厄比纳姆 |
| Urbs Vetus | 乌尔布维特斯 |
| Orvieto | 奥尔维耶托 |
| Wilihari | 威利哈里 |
| Mundila | 蒙迪拉 |
| Faesul | 弗苏拉 |
| Hildibad | 希尔迪巴德 |
| Germanus | 吉曼努斯 |
| Alexander | 亚历山大 |
| Venetia | 威尼提亚 |
| Treviso | 特雷维索 |
| Eraric | 艾拉里克 |
| Totila | 托提拉 |
| Baduila | 巴迪拉 |
| Faenza | 法恩扎 |
| Mucella | 穆塞洛 |
| Mugello | 穆杰洛 |
| Conon | 康侬 |
| Demetrius | 德梅特留斯 |
| Pelagius | 伯拉纠 |

| | |
|---|---|
| Antonina | 安东尼娜 |
| Rustician | 鲁斯蒂西亚 |
| Vigilius | 维吉里 |
| Teia | 德亚 |
| Vitalian | 维塔利安 |
| Usdrila | 乌德里拉 |
| Austrila | 奥德提拉 |
| Marecchia | 马雷基亚河 |
| Taginae | 塔吉那 |
| Tadino | 塔迪诺 |
| Harold Godwinson | 哈罗德·戈德温森 |
| Theudebald | 图德巴德 |
| Aligern | 阿利根 |
| Cumae | 库迈 |
| Vesuvius | 维苏威火山 |
| Sarno | 萨尔诺河 |
| Mons Lactarius | 拉克塔里山 |
| Casilinum | 卡西利努姆 |
| Vulturno | 沃尔图诺河 |
| Clotilde | 克洛蒂尔德 |
| Hlothhild | 霍洛希尔达 |
| Childebert I | 希尔德贝特一世 |
| Chlothar I | 克洛泰尔一世 |
| Caesaraugusta | 卡萨罗古斯塔 |
| Vicentius | 维森特斯 |
| Theudigisel | 提乌迪吉塞尔 |
| Agila I | 阿吉拉一世 |
| Athanagild | 阿塔纳希尔德 |
| House of Clovis | 墨洛温家族 |
| Brunihild | 布吕尼希尔德 |

| | |
|---|---|
| Sigebert I | 西吉贝尔特一世 |
| Venantius Fortunatus | 贝南蒂乌斯·福图纳图斯 |
| Geleswintha | 格莱温斯塔 |
| Fredegunda | 弗雷德贡达 |
| Liuva I | 利乌瓦一世 |
| Liuvigild | 利奥维吉尔德 |
| Robert Southey | 罗伯特·骚塞 |
| *Roderick* | 《罗德里克》 |
| Hermenegild | 埃尔蒙涅吉尔德 |
| Ingunthis | 英格纳斯 |
| Goiswinthia | 哥斯温莎 |
| Gregory of Tours | 都尔的额我略 |
| Seville | 塞维利亚 |
| Leandr | 利安德 |
| Cordova | 科尔多瓦 |
| Valencia | 巴伦西亚 |
| Tarragona | 塔拉戈那 |
| Athanagild | 阿塔纳吉尔德 |
| Reccared I | 雷卡雷德一世 |
| Athaloc | 阿瑟洛克 |
| Baddo | 芭多 |
| Guntram | 贡特朗 |
| Carcassonne | 卡尔卡松 |
| Claudius | 克洛迪于斯 |
| Leuva II | 利乌瓦二世 |
| Witeric | 维特里克 |
| Gundemar | 冈德马克 |
| Sisebut | 西塞布特 |
| Swinthila | 斯温蒂拉 |
| Reccimer | 雷西默 |

| | |
|---|---|
| Sisenanth | 西塞南斯 |
| Dagobert I | 达格贝尔特一世 |
| Kindila | 金蒂拉 |
| Tulga | 图尔加 |
| Kindaswinth | 德纳斯温斯 |
| Recceswinth | 雷塞斯温德 |
| Froya | 弗洛亚 |
| Wamba | 万巴 |
| Gerticos | 盖提柯斯 |
| Hilderic | 希尔德里克 |
| Nimes | 尼姆 |
| Maguelonne | 马格洛讷 |
| Gunhild | 贡希尔德 |
| Ranimer | 雷尼尔 |
| Gerona | 赫罗那 |
| Clausurae | 克劳苏拉 |
| Wittimer | 维提莫 |
| Altar of the Virgin | 圣母圣坛 |
| Erwig | 埃维希 |
| Artabazes | 阿尔塔帕兹 |
| Egica | 埃基克 |
| Sisebert | 西斯伯特 |
| Virgin Mary | 圣母玛利亚 |
| Saint Hildifuns | 圣希尔迪芬斯 |
| Witica | 维蒂卡 |
| Sindered | 希德理德 |
| Walter Scott | 沃尔特·斯科特 |
| Theudefrid | 西德弗里德 |
| Count Julian | 朱利安伯爵 |
| Ceuta | 休达 |

| | |
|---|---|
| Florinda | 弗洛林达 |
| Musa bin Nusayr | 穆萨·伊本·努赛尔 |
| Jebel Tarik | 塔里克山 |
| Theudemer | 狄奥德米尔 |
| Chrysus | 巴尔白特河 |
| Guadalete | 瓜达莱特河 |
| Orelio | 奥雷利奥 |
| Murcia | 穆尔西亚 |
| Asturias | 阿斯图里亚斯 |
| Busbek | 巴斯贝克 |
| Mondorf | 蒙多夫 |
| Gothia | 哥特米亚 |